Basil Kardinal Hume

Pilgerbuch des Lebens

Basil Kardinal Hume

Pilgerbuch
des
Lebens

Herder

Freiburg · Basel · Wien

Titel der englischen Originalausgabe:
To be a Pilgrim. A Spiritual Notebook
© St Paul Publications, Slougth (England) 1984

Deutsche Übertragung von Sr. Johanna Isenbart OSB
und Sr. Christiane Rath OSB, Eibingen

© Verlag Herder Freiburg im Breisgau 1984
Herstellung: Freiburger Graphische Betriebe 1984
ISBN 3-451-20180-1

Vorwort

Dieses Buch trägt in der englischen Ausgabe den Untertitel „Ein geistliches Notizbuch". Das beschreibt am besten seinen Inhalt. Es enthält die geistlichen Aufzeichnungen eines Pilgers und befaßt sich mit dem geistlichen Leben, seinen Grundsätzen und seiner Praxis, und auch ganz allgemein mit der Lehre der Kirche.

Der Band setzt sich vor allem zusammen aus Reden, Ansprachen, Gemeindepredigten, Notizen zu verschiedenen Anlässen. Einige Teile wurden speziell für dieses Buch geschrieben. Es hat also sicher die Grenzen jeder Sammlung von Schriften zu bestimmten Gelegenheiten und die Merkmale des gesprochenen Wortes. Das geschriebene Wort z. B. ist geschliffener (oder sollte es wenigstens sein), als die Aufzeichnung des gesprochenen. Viele Passagen des Buches gehören zu der letztgenannten Kategorie. Außerdem wird man auf Wiederholungen stoßen, wird Gedanken finden die angerissen, aber nicht weiter ausgeführt wurden, und zweifellos andere Mängel. Es ist kein Buch, das man fortlaufend von Anfang bis zum Schluß lesen sollte – dafür ist es nicht gedacht. Vielmehr kann man sich jederzeit einen bestimmten thematischen Abschnitt vornehmen und darüber nachdenken – in beliebiger Reihenfolge und wie es dem einzelnen paßt.

Noch etwas: wenn man älter wird, so glaube ich jedenfalls, sind nicht mehr wie in unserer Jugend viele verschiedene Ideen hilfreich und anregend. Einige „Gedanken" sind im Laufe der Jahre zu vertrauten und lieben Freunden geworden. Sie waren in der Vergangenheit von Nutzen und haben noch heute ihre Bedeutung. Immer wieder kehrt man zu ihnen zurück. Und wenn man spricht oder schreibt, dann über diese Themen.

Der Pilger auf einer geistlichen Reise hat also in seinen Notizen festgehalten, was ihn am meisten interessiert oder bewegt. Er hat seine eigenen Ansichten über Spiritualität. Selbstverständlich akzeptiert er all die weisen Anleitungen der Meister des geistlichen Lebens, aber wirklich zustimmen kann er nur einem Teil ihrer Lehre, wenn er auch den Rest nicht gerade verwirft.

An der Pilgerstraße gibt es auch Wegweiser, aufgestellt vom kirchlichen Lehramt. Sie sollen verhindern, daß wir vom Weg abkommen, der zu der Wahrheit führt, die wir allein nicht finden können. Der Bischof muß diese Wegweiser beachten und sie anderen Pilgern erklären. Auch darüber wird in diesem Buch gesprochen.

Die Veröffentlichung dieser Gedanken stellt für den Bischof eine Möglichkeit dar, seine Aufgabe als Lehrer zu erfüllen. Es wäre gut gewesen, ein Buch zu schreiben, das alle wichtigen Einzelheiten des geistlichen Lebens und der Lehre der Kirche behandelt. Das war nicht möglich. Dennoch hoffe ich, daß diese hier zusammengefaßten Gedanken eines Pilgers einigen anderen auf ihrem Weg Hilfe sein können.

Inhalt

ERSTER TEIL
Der Mensch ist ein Pilger

ZWEITER TEIL
Gott der Pilger

DRITTER TEIL
Das Geheimnis des Pilgers

VIERTER TEIL
Die Aufgaben des Pilgers

FÜNFTER TEIL
Die letzte Wegstrecke des Pilgers

Die Erzählung des Pilgers

Viele Reisende waren unterwegs in Judäa und Galiläa in dieser ersten Weihnachtsnacht, denn man hatte befohlen, eine Volkszählung abzuhalten. Unterkunftsmöglichkeiten waren knapp. Einige, die Armen, hatten nur eine Höhle oder einen Stall als Obdach, wo sie sich von den Anstrengungen der Reise ausruhen konnten. Andere waren noch unterwegs: Menschen auf der Suche. Drei Männer, Pilger, suchten einen König – er sollte, so sagten sie, um diese Zeit herum geboren werden, und ein Stern würde sie zu ihm führen. Wohin dieser Stern sie leiten und was genau sie dort finden würden, dessen waren sie sich keineswegs sicher. Sie stellten Fragen und suchten nach Führung. Das Licht des Sternes sollte ihr Wegweiser sein. Aber sie suchten auch das innere Licht, nach dem weise Menschen immer verlangen.

Der Mensch auf der Pilgerreise durch das Leben braucht ein Licht, das den Weg, der zu unserem wahren und endgültigen Ziel führt, erhellt. Dieser oft desorientierte, oft verwundete Mensch ist jeder von uns. Ich möchte von einem solchen Pilger erzählen, der weder reich noch arm, weder gelehrt noch ein Tor, sondern ein ganz gewöhnlicher Mensch war. Er erzählte mir von sich – und dies ist seine Geschichte.

„Ich war ein Pilger auf dem Weg durch dieses Leben. Als ich die Reise antrat, erschien mir die Welt jung. Ich wußte nicht, wie lang meine Reise werden würde. Ich kannte den Weg nicht, den ich zu gehen hatte, und ich wußte nicht, was mich am Ende dieser Straße erwarten würde. Mein unruhiges Herz war voller Träume und drängender Wünsche. Ich sehnte mich nach Ruhe für mein Herz, ich wollte nicht länger bedrängt werden von Fragen, die ich nicht beantworten und denen ich doch nicht ausweichen konnte. Ich wünschte, alles Sehnen hätte ein Ende, und ich wollte besitzen, damit nichts mehr zu wünschen übrig bliebe.

Man sagte mir, mein Herz würde nicht eher Ruhe finden, bis ich alle Dinge und ihre Begründung kennen würde, und man sprach mir von Schätzen, die ich mir aneignen könnte. Dann würde mein eigensinniges Herz nicht mehr schmerzen. Man nannte mir auch die Namen dieser Schätze: die Kenntnis aller Dinge und ihrer Begründungen werde Wahrheit und der Gegenstand all meiner Wünsche werde Güte genannt. Ich konnte den Sinn dieser Worte ‚Wahrheit‘ und ‚Güte‘ nicht verstehen – es waren seltsame Worte für mich, die nichts in mir anrührten.

Unsicher und verwirrt begab ich mich auf die Suche. Was ist denn diese Wahrheit, die mir alles erklären, was ist diese Güte, die mich jetzt und für immer befriedigen soll? Weise Menschen sagen mir, das eine würde ‚Sinn‘, das andere ‚Glück‘ genannt. Ich dachte weiter darüber nach und erkannte, daß ich, wenn ich die Wahrheit und die Begründung für alle Dinge wüßte, fähig wäre, den Sinn meines und des Lebens der anderen zu begreifen. Dann sah ich, daß es glücklich machte, das Gute in all seinen Erscheinungsweisen zu entdecken und zu besitzen, und daß das höchste Gut die Liebe ist, und es wurde mir klar, daß ich in meinem tiefsten Inneren danach strebte, zu lieben und geliebt zu werden, und zwar voll und ganz und ohne Ende. Wo sollte ich, so fragte ich mich, diese liebenswerteste aller Personen finden, die meine grenzenlose Sehnsucht nach Liebe aufnehmen und befriedigen könnte? Wo würde ich den Sinn aller Dinge entdecken? Während ich weiter suchte, überkam mich die Furcht, daß es dieses Glück, diese Liebe und die Erkenntnis des Sinns aller Dinge überhaupt nicht gäbe, weder hier noch irgendwoanders, weder jetzt noch später. Ich dachte, sie seien vielleicht nur Träume, die den Alpdruck der Enttäuschungen mildern sollten, der das Heute seiner unschuldigen Freuden und das Morgen seiner Seligkeit beraubt. Ich konnte mir nicht vorstellen, sie jemals zu besitzen."

Mein Freund fuhr fort: „Ich traf andere, die sich auf den gleichen Weg gemacht hatten. Ich hörte mir an, was sie zu sagen hatten. Sie erzählten mir, was sie über den Sinn der Dinge, über die Menschen und über das Glück herausgefunden hatten. Und sie sagten zu mir:

‚Hör auf uns. Alles, was du erkennen kannst, ist das, was du siehst, was du mit der Hand berührst und mit deinen Ohren hörst. Alles andere ist nur Traum. Laß dein Herz sich nicht daran wundreiben. Mach dich nicht verrückt damit, Fragen zu stellen, auf die es doch keine Antwort gibt. Es gibt keinen wahren Sinn, den man einsehen kann. Nimm von den vergänglichen Freuden dieser Welt, was du erlangen kannst, nimm sie in deinen Besitz und denke nicht weiter nach. Wahr für dich sind nur deine eigenen Erfahrungen und weiter nichts. Bleib' in der Welt des Nichtwissens und mach den Zweifel zu deinem Freund.'

Ich betrachtete diese Reisenden und fand, daß sie zufrieden und unbeschwert aussahen. Sie hatten offenbar das Suchen aufgegeben. Einige von ihnen besaßen alles, was sie brauchten: schöne Kleider und einen reich gedeckten Tisch. Andere waren berühmt, bekannt und von vielen geschätzt. Einige hatten Macht über andere Menschen. Diese Leute, so dachte ich mir, hatten gefunden, was ich suchte. Sie kümmerten sich nicht darum, ob hinter den Dingen und Menschen ein Sinn stand. Zweifel und Nicht-wissen waren ihnen gute Gefährten geworden, denn sie stellten nicht länger störende Fragen und wurden von den anderen Reisenden geachtet, ja manchmal beneidet. Das Gute, das Reichtum und Macht ihnen verschafften, ge-nügte ihnen. Was wollten sie mehr?

Aber ich sah unterwegs auch andere. Sie waren weder geehrt noch geschätzt. Sie schienen schwer verwundet zu sein. Einige waren blind, einige taubstumm, andere ge-lähmt. Viele von ihnen waren mager und sahen hungrig aus, die Reise fiel ihnen schwer – jedenfalls schien es so – und ich fragte mich, was sie am Ziel zu finden hofften. Sie waren, so meinte ich, sehr zu bedauern.

Ich dachte über das alles nach, voll Mitleid mit denen, die arm waren, und mit ein wenig Geringschätzung für die, die offenbar schon gefunden hatten, was ich am Ziel meiner Reise zu finden hoffte. Aber ich stellte fest, daß es mir nicht besser ging als den anderen. Ich war immer noch auf der Suche, manchmal zögernd, zweifelnd, und manch-mal griff ich, um es mir leichter zu machen, wie die Rei-chen und Mächtigen nach den vergänglichen Freuden. Dann schlug meine Stimmung um. Der Himmel verdun-kelte sich, und ich glich den armen, notleidenden und ih-rer Habe beraubten Pilgern, obgleich ich in einen Mantel gehüllt war und festen Schrittes wanderte – außer wenn ich strauchelte. Ich suchte in mir, in meinem tiefsten Inne-ren, und da war nichts, nur eine schreckliche Leere. Ich sehnte mich und wußte nicht wonach. Ich rang um Verste-hen und wußte nicht, was ich eigentlich verstehen wollte. Ich stand am Wegrand und wartete, griff nach der Gegen-wart, weil ich Angst hatte vor der Zukunft. Ich hoffte im-mer noch, einen Weg zu finden, der endlich dorthin führte, wo die Wahrheit herrscht und die Liebe Wirklich-keit ist. Ich war voller Hoffnung und voller Zweifel, und beides war in meinem geteilten Ich eins. Draußen war es dunkel, denn es war Winter, aber noch finsterer war es in mir. Die Sonne war untergegangen, und es gab für mich weder Licht noch Wärme – kein Stern war da, der mich führte."

Während mein Freund, der Pilger, seine Geschichte erzählte, sah ich die Qual auf seinem Gesicht; die Erinnerung an seine sonnenlose Reise verfolgte ihn noch beim Erzählen. Aber während ich ihn anschaute, veränderte sich allmählich sein Gesichtsausdruck – der Kummer wich dem Frieden. Er nahm seine Erzählung wieder auf.

„Damals, im Dunkel und in der Finsternis des Winters sah ich auf einmal als eine Silhouette gegen den Himmel die Gestalt eines anderen Pilgers. Er ging nicht in der gleichen Richtung wie die übrigen Reisenden. Er kam uns entgegen und schien aus jenem Land der Dämmerung zu kommen, zu dem wir, die Verwundeten, unterwegs waren. Ich fragte mich, ob er nicht vielleicht Nachrichten brächte aus diesem Land. Ich wußte es nicht. Ich sah nur, wie er von Zeit zu Zeit vor einem Lahmen stehenblieb; er sprach mit ihm, und der Krüppel richtete sich auf und ging mit neuer Kraft in den Gliedern weiter. Oder er berührte die Augen eines Blinden, und der ging weiter wie der Lahme, und seine Finsternis hatte sich in Licht verwandelt. Er streckte einem Taubstummen seine Hand entgegen, und singend setzte dieser seinen Weg fort. Der Fremde schaute auf den reichen Reisenden, und ich bemerkte, daß er traurig war, weil der reiche Mann so viel und dennoch so wenig besaß. Fragend blickte der Fremde auf die Mächtigen, denn es schien, als wüßten sie mit dem, worüber sie herrschten, eigentlich nichts anzufangen. Ich erkannte aber auch, daß er mit dem gleichen Erbarmen, mit der gleichen Liebe auf die Reichen und die Mächtigen schaute wie auf die Armen und Notleidenden. Sie alle waren wie Schafe, die keinen Hirten hatten, der sie leiten und ihnen weiterhelfen konnte. Ich fühlte mich hingezogen zu diesem geheimnisvollen Fremden, der uns so ähnlich und zugleich so anders als wir war. Sein Antlitz war freundlich und offen, seine Augen waren klar und schön; weit und tief schienen sie in den geheimen Winkel der Herzen derer zu schauen, mit denen er sprach. Aber ich sah in diesen Augen noch etwas anderes. Sie sahen aus, als hätten sie etwas geschaut, was so groß war, daß man es gar nicht oder doch nur sehr unzureichend beschreiben kann. Ich meinte, diese Augen müßten etwas wunderbar Schönes gesehen haben, denn Bewunderung und ehrfürchtige Scheu stand in ihnen, jenes Staunen von Kindern, die etwas Neues und eben Staunenswertes erblickt haben.

Aber da war noch etwas anderes. Er war, so dachte ich mir, ein Mann ohne Wünsche. Er machte den Eindruck, alles zu haben, obgleich er dem äußeren Anschein nach so wenig besaß. Hier war ein Mensch, so dachte ich, ein vollkommener, ganzer und ganzheitlicher Mensch. Ich ging zu ihm hin, denn seine Gegenwart zog mich an. Da fühlte ich mich plötzlich ganz klein, und eine seltsame Furcht ergriff mich. Am liebsten wäre ich fortgelaufen. Ich fürchtete um meine Freiheit, denn ich wußte nicht, was er von mir verlangen würde. Ich hätte es vorgezogen, auf diesem Pilgerweg einfach weiterzuschlendern in dieser merkwürdigen Mischung aus der Hoffnung, am Ende meiner Reise ein Zuhause zu finden, und der Furcht, es wäre nicht so. Ich wollte allein gehen, meine eigene Kraft sollte genügen. Ich wollte nicht geführt werden. Ich wollte dieser Liebe nicht nachgeben, von der ich wußte, sie würde mich zwingen, mich ihr vollkommen zu ergeben.

Er eröffnete das Gespräch und fragte mich, wohin ich ginge. ‚Ich weiß es nicht genau‘, sagte ich. Aber als ich stockte, um nachzudenken, wurde mir klar, daß ich den

Sinn aller Dinge erkennen und das vollkommene, nie endende Glück erfahren wollte. Dann würde ich Ruhe und zu mir selbst finden. Er antwortete: ,Dann komm und folge mir nach. Ich werde dir den Weg zu jener Stadt zeigen, für die du bestimmt bist. Dort wirst du den Sinn aller Dinge erkennen. Du wirst die Wahrheit schauen und das vollkommene, ewige Glück erlangen. Du wirst geliebt werden von dem, der von allen Liebenden der am meisten Liebende ist. Du wirst vereinigt sein mit dem, der der Liebenswerteste von allen ist. Das wird dann Exstase sein, das unendliche Jetzt der ewigen Seligkeit. Dann wirst du am Ende deiner Pilgerreise angekommen sein. Dann wirst du dich selbst erkennen, denn zur Erkenntnis der Wahrheit und der Liebe bist du erschaffen.'

Als der Fremde so sprach, begann ich für ihn und für das, was er sagte, zu glühen. Er redete anders als die anderen. Er sprach von Dingen, die er geschaut hatte, und beim Zuhören wurde mein Wunsch, ihm weiter zu lauschen und an seiner Seite zu bleiben, immer stärker. Ich sagte zu ihm: ,Laß uns hierbleiben. Laß uns hier, an diesem Ort, Wohnung nehmen.' Aber das ging nicht. Er könne mir zwar, so sagte er, einen Vorgeschmack künftiger Freuden geben, aber ihre Fülle könne ich jetzt noch nicht besitzen. Ich müsse immer weiterwandern auf diesem Pilgerweg des Lebens. Freuden und Leiden würden weiter um die Herrschaft über mein Herz ringen, Licht und Finsternis weiter in meinem Innern miteinander kämpfen.

Wir fuhren in unserem Gespräch fort. Ich sagte: ,Ist nicht dieser Liebenswerteste von allen, der alles erklärt und in gewisser Weise selbst die Erklärung für alles ist, der, den man Gott nennt?' Das Lächeln des Fremden drückte Zustimmung und Freude aus. Dadurch ermutigt, sprach ich weiter. ,Wenn es Gott gibt, dann wäre er ja auch mein Vater und der Vater aller, die auf der Pilgerfahrt durch das Leben sind.' Der Fremde antwortete: ,Warum hast du solche Angst davor, daß es einen Gott geben könne, dem an dir liegt und der das Gute für dich will? Was willst du denn eigentlich? Würdest du eine Welt vorziehen, in der das Leben der Pilger sinnlos und das Glück vergänglich ist und oft von Schmerz und Kummer ausgelöscht wird? Ist es dir nicht lieber, daß der Sinn und Zweck aller Dinge dir zwar jetzt teilweise verborgen ist, am Ende aber offenbar werden wird? Es gibt nur die Wahl zwischen dem Mysterium und dem Absurden.'

,Wenn ich das Mysterium wähle', sagte ich, ,begebe ich mich dann nicht in eine Welt der Träume und der Illusionen und fliehe so aus der Wirklichkeit?'

Der Fremde antwortete: ,Nein, so ist es nicht. Das Mysterium ergreifen heißt, die Wirklichkeit entdecken. Es bedeutet, daß man dem Licht entgegengeht, den Morgenstern aufleuchten sieht und von Zeit zu Zeit einen Blick auf das werfen darf, was in Wahrheit wirklich ist.'

,Sprich weiter über das Licht', sagte ich.

,Es ist nur ein Aufflackern des Lichts durch einen Spalt in der Wolke des Nichtwissens, ein plötzlich aufleuchtender und wieder verschwindender Strahl wie ein Bote der Sonne, die deinem Blick verhüllt ist. Wenn du dieses Licht siehst und bereit bist, näher hinzuschauen, dann wirst du beginnen, ein wenig Sinn in der dich umgebenden Dunkelheit zu erkennen. Deine Augen werden allmählich fähig werden, die Gestalt der Dinge auszumachen. Du wirst anfangen, in den Menschen und Dingen um dich herum die Gegenwart dessen zu erkennen, der selbst die Erklärung für alles ist. Vielleicht beginnst du nun zu begreifen, daß der, von dem ich spreche, mein Vater ist. Er wird Gott genannt, denn eben das ist er.' Ich war verwirrt, vielleicht sogar schockiert, denn das waren seltsame Worte, Gedanken, die über mein Verstehen hinausgingen. ,Zeige mir den Vater', sagte ich, ,das genügt mir.' Der Fremde wog jedes seiner Worte sorgfältig ab: ,Wer mich sieht, der sieht den Vater. Du mußt glauben, daß ich im Vater bin und der Vater in mir ist.'

Da durchfuhr es mich wie ein Blitz, und ich verstand. Mit neuen Augen erkannte ich klar, daß dieser der Sohn des Vaters, den man Gott nennt, war.

Der Fremde war nun kein Fremder mehr, denn in dem Maß, in dem die Freundschaft wächst, verringert sich das Gefühl für den Abstand vom anderen; Glaube und Vertrauen statt Zweifel und Zögern erfüllen das Herz. Im Licht des Blitzstrahls erkannte ich den Weg, der zur vollkommenen Liebe und Wahrheit führt und zu ihm, der der Seiende schlechthin ist, von dem ich und die anderen Pilger ausgegangen waren und zu dem wir zurückkehren müssen. In ihm findet das Leben jedes Menschen seinen Sinn. Und noch etwas wußte ich, und zwar mit vollster Sicherheit und in tiefem Frieden: sein Sohn ist für alle Zeit bei uns und geht mit uns oder besser, wir mit ihm. Er wird uns nicht nur zeigen, wo wir gehen müssen, sondern er selbst ist der Weg, denn er ist die Wahrheit, von der er sprach, und das Leben, von dem er austeilen kann. Er ist uns auf unserem Pilgerweg entgegengekommen, um uns zu finden und zu führen, um uns das Augenlicht wiederzugeben, unsere Taubheit zu heilen und unsere verkrüppelten Glieder zu stärken. Jetzt waren wir fähig, uns in seiner Nachfolge seinem Schritt anzupassen und mit friedvollem Herzen unseren Weg zu suchen durch die Gefahren und das Getümmel dieser ruhelosen Welt, durch die wir uns durchschlagen müssen. Ich begriff nun, daß Gott in seinem Sohn Jesus Christus selbst ein Pilger geworden ist.

Unsere Reise hatte also einen Sinn. Wir suchen Gott, und Gott sucht uns. Gott hat in Jesus Christus gesprochen von Dingen, die ich nicht sehen oder mit den Händen berühren kann, und mit Worten, die mein kaltes Herz erwärmt haben. Deutlich erkannte ich nun, daß der Fremde,

der mein Freund wurde, der menschgewordene Gott
selbst war. Mein Herz konnte diese Wahrheit kaum fassen, so groß und wunderbar war sie für mich. Ich fiel auf
die Knie und konnte nur stammeln: ,Geh fort von mir, ich
bin ein sündiger Mensch.' Ich begann zu ahnen, daß das,
was mir früher absurd erschienen war, Wirklichkeit und
Wahrheit ist. Ich wußte es nun, aber es waren nicht meine
Sinne, die es mir gesagt hatten. Andere Stimmen sprachen
und befahlen in einer mir bisher unbekannten Weise. Es
war die Stimme dessen, der uns kennt und liebt und der
sich aufgemacht hatte, uns zu suchen. Es war ein Licht, das
die Finsternis meines Geistes durchdrang und mir die
Kraft zum Sehen schenkte.

Er nahm mich bei der Hand und richtete mich auf. Er
schaute mich an, und ich wußte: er wollte, daß ich ihm
nachfolge. Ich sagte: ,Ja, Herr, ich will folgen, wohin du
willst und so, wie du willst. Führe mich – und wenn es
dein Wille ist, auch in der Dunkelheit. Es genügt mir zu
wissen, daß du es bist, der mich führt.' In diesem Augenblick erfuhr ich, daß ich Vergebung erlangt hatte, und
spürte neue Kraft in mir. Ich fühlte mich stark und wußte,
daß ich ihm immer und in jedem Augenblick würde folgen
können. Zwar würde ich weiter suchen müssen, aber nun
wußte ich, was ich suchte – das ewige Leben und die
Liebe, die alles übertrifft, was ich je erträumt hatte. In ihm
würde ich das alles finden."

Mein Freund verließ mich, und ich ging allein heim. Am
Wege sah ich eine Gruppe von Gipsfiguren: einen Mann
und eine Frau, ein paar junge Hirten, drei Weise und in einer Krippe ein in Windeln gewickeltes Kind. Ich sah die
Hecke, in die hinein die Krippe aufgebaut war, und eine
Kirche, die sich darüber erhob. Ich betrat die Kirche und
blieb dort, allein und schweigend, um mich zu erquicken,
bevor ich meinen Weg fortsetzte. Ich betete, und ich er-

kannte, daß der Fremde, von dem mein Freund gesprochen hatte, das Kind in Windeln war. Und ich sprach:
„Ehre sei Gott in der Höhe und Friede auf Erden den Menschen guten Willens." Ich staunte über all das, was mein
Freund erzählt hatte, und dachte lange darüber nach. Auch
ich hatte, wie er, den Fremden gefunden und glaubte.

Erster Teil

Der Mensch ist ein Pilger

Der Weg des Pilgers

Das Leben ist eine Pilgerfahrt. Wir sind unterwegs, und früher oder später erreichen wir unser Ziel. Dieses Ziel nennen wir Himmel. Dort werden wir Gott schauen wie er ist, und diese Erfahrung wird Grund einer vollkommenen und nie endenden Seligkeit sein. Dazu wurden wir geschaffen.

Solange wir auf dem Weg sind, müssen wir uns über Gott Gedanken machen: wie er ist, welche Absichten er mit uns hat und was er von uns erwartet. Und zuweilen fragen wir uns, ob er überhaupt existiert. Viele unserer Mitpilger haben sich dafür entschieden zu glauben, daß es keinen Gott gibt. Andere gehen zweifelnd oder unwissend durchs Leben. Aber die Antworten auf die wesentlichen Fragen stehen immer noch aus. Was geschieht nach dem Tod? Nichts? Hat das Leben einen Sinn? Oder leben wir nur in einer absurden Situation ohne Zweck und Ziel?

Könnten wir Gott sehen, sähe unser Leben ganz anders aus. Alle Ungewißheit wäre vorbei. Zielsicher und fest würden wir auf unserem Lebensweg voranschreiten. Es gäbe kein Straucheln, keine Verwirrung. Aber so ist es nicht. Zu dieser Unfähigkeit, Gott mit unseren Augen zu schauen und mit unseren Ohren seine Stimme zu hören, kommt als weiteres Problem, daß wir verwundete und schwache Pilger sind. Wir „funktionieren" nicht, wie wir sollten.

Es gibt Zeiten, in denen wir den in uns gesetzten Erwartungen zu entsprechen scheinen, und Zeiten, in denen wir schwanken. Wir verwickeln uns in alle möglichen Dinge, die uns von den Gedanken an das Ziel unserer Reise ablenken oder uns aufhalten, ja uns auf einen ganz falschen Weg locken. Wir sind Sünder und deshalb ständig in Gefahr, auf Irrwege zu geraten. Darüber hinaus haben wir viel Schmerz und Leid zu ertragen, und das kann unseren Schritt hemmen. Viele sind dem nicht gewachsen, andere leiden so sehr, daß sie nicht glauben können, daß einer da ist, der sie liebt und der möchte, daß sie ihr Ziel erreichen, an dem alles gut sein wird.

Wenn wir die Existenz dieses „Einen" erkennen und wissen, daß er in unser Geschick eingegriffen hat, dann sollten wir darauf antworten. Wir möchten dann mehr über ihn wissen, versuchen, mit ihm in Kontakt zu kommen. Und dabei werden wir erkennen, daß wir ihm gehorchen und dienen sollen. So gelangen wir zu der Einsicht, daß der letzte Sinn und Zweck aller Dinge in Gott zu finden ist, vor allem der Sinn und das Ziel unserer selbst. Dieses Antworten nennen wir „geistliches Leben".

Ohne geistliches Leben verarmt unser Dasein. Wichtige Fragen bleiben unbeantwortet; das Leben selbst erscheint uns sinnlos, und es gibt für uns keine Zukunft mehr. Aber wir sind dazu geschaffen, „Gott zu erkennen, ihn zu lieben, ihm in dieser Welt zu dienen und mit ihm in der künftigen ewig selig zu werden". Das ist der Zweck der Pilgerreise.

Gott erkennen

Wenn man Gott nur schauen könnte – dieser tiefe Her-
zenswunsch unzähliger Menschen aller Zeiten beseelte
auch das Gebet eines bedeutenden alttestamentlichen Pilgers. Mose betete: „Laß mich doch deine Herrlichkeit sehen!" (Ex 33, 18) Doch ihm wurde gesagt: „Du kannst mein
Antlitz nicht sehen, denn kein Mensch kann mich sehen
und am Leben bleiben." Und weiter sprach der Herr zu
Mose: „Stell dich an den Felsen. Wenn meine Herrlichkeit
vorüberzieht, stelle ich dich in den Felsspalt und halte
meine Hand über dich, bis ich vorüber bin. Dann ziehe ich
meine Hand zurück, und du wirst meinen Rücken sehen.
Mein Angesicht aber kann niemand sehen" (ebd. 22–23).

Wir können Gott nicht sehen, aber hier und da zeigt
sich uns flüchtig ein Schimmer seiner „Herrlichkeit". Was
ist diese Herrlichkeit? Was ist die Schechina, in der die
„Herrlichkeit Gottes sich spiegelt, die Fülle des Guten und
Wahren, die Macht, die in Natur und Geschichte wirksam
ist. Die ganze Erde ist voll seiner Herrlichkeit. Das heißt
nicht, daß diese Herrlichkeit die Erde erfüllt in der Weise,
wie die Luft den Raum und das Wasser das Meer füllt. Es
heißt, daß die ganze Erde von seiner Gegenwart erfüllt ist.
Das Äußere der Erde vermittelt uns etwas von der ihr in-
newohnenden Größe Gottes."*

In Menschen und Dingen also können wir seine Herrlichkeit aufleuchten sehen, wie schon Paulus lehrt: „Seit
Erschaffung der Welt wird seine unsichtbare Wirklichkeit
an den Werken der Schöpfung mit der Vernunft wahrgenommen, seine ewige Macht und Gottheit, wie sie in seinen Geschöpfen zu erkennen ist" (Röm 1, 20). Die Güte,
Wahrheit und Schönheit, die wir an Menschen und Din-

---

* God in Search of Man. Abraham Josua Heschel, 1955, S. 82, 83 (Farrer
Strauss Co., New York).

gen wahrnehmen und lieben, sprechen zu uns von diesen Eigenschaften Gottes. Und Macht in jeglicher Form weist hin auf den *Einen,* von dem alle Macht ausgeht und von dem ihre Wirkung hier und jetzt abhängt.

Güte, Wahrheit, Schönheit und Macht im geschaffenen Universum sind unterschiedliche Offenbarungen der Herrlichkeit Gottes, des Schöpfers. Er zeigt seine Macht auf vielerlei Weise: in den Naturkräften, in der Stärke und dem Können der Menschen, in den „Wunderwerken" der Technik. Er offenbart seine Güte und Herrlichkeit in allem, was schön und erstrebenswert ist. Suchen wir nach der Wahrheit, suchen wir zugleich sein Wesen zu erkennen.

C. S. Lewis erklärt das wie folgt: „Ich erfuhr die weit geheimere Lehre, die Lust sei eine Ausstrahlung der Seligkeit, insofern sie unser Empfinden trifft. Wir nennen sie anders – das Gute oder das Wahre oder dergleichen – je nachdem, ob sie auf unseren Willen oder unseren Verstand fällt. Aber ihr Aufleuchten auf unseren Sinnen und in unserem Gemüt ist die Lust. Aber gibt es nicht Lustvolles und Vergnügliches, das schlecht und unrechtmäßig ist? Gewiß gibt es das. Aber wenn wir von ‚bösen Lüsten' reden, bedienen wir uns doch wohl einer verkürzenden Redeweise. Wir meinen damit durch unrechtmäßige Handlungen geraubte Lüste. Schlecht ist das Stehlen des Apfels, nicht dessen Süße. Die Süße bleibt ein Strahl der Herrlichkeit. Das mildert den Diebstahl nicht. Es macht ihn schlimmer. Es macht das Stehlen zum Gottesraub. Wir haben etwas Heiliges mißbraucht."*

Wir sollten uns klarmachen, daß Gott überall gegenwärtig ist. In ihm leben wir, bewegen wir uns und sind wir. Seine Gegenwart offenbart sich uns in seiner Schöpfung.

---

* C. S. Lewis, Briefe an einen Freund. Hauptsächlich über das Beten. Benziger Verlag, 1966, S. 133.

Wenn wir sie betrachten und uns an ihr freuen, begegnen wir ihm. Ebenso sollte uns klar sein, daß wir jeden Augenblick in Gottes Gegenwart hier und jetzt ruhen können. Gott spricht zu uns durch seine Schöpfung, doch auch durch Stille und Schweigen. Und wenn wir diese Stille im Lärm des Alltags nicht finden können, müssen wir sie in unserem Innern suchen. Vielleicht lädt Gott uns durch dieses Schweigen ein, ihn weiter zu suchen.

Wir schauen ihn nicht, wie er ist. In eine Felsspalte gedrückt, nehmen wir einen Schimmer seiner Gegenwart wahr, wenn uns etwas von seiner Herrlichkeit in der Schöpfung aufleuchtet. Damit wir ihn aber tiefer erkennen können, muß er zu uns sprechen und uns etwas über sich mitteilen. In den Zeiten des Alten Testaments hat das auserwählte Volk Gottes über ihn und sein Eingreifen in das Schicksal Israels nachgedacht. All das ist „aufgeschrieben zu unserer Belehrung". Gott benützt diese Berichte und Betrachtungen dazu, um zu uns zu sprechen, sie sind Wort Gottes. Aber wenn „Gott einst viele Male und auf vielerlei Weise zu den Vätern gesprochen hat durch die Propheten", schreibt der Verfasser des Hebräerbriefs, „so hat er in dieser Endzeit zu uns gesprochen durch den Sohn. Er ist der Abglanz seiner Herrlichkeit und das Abbild seines Wesens" (Hebr 1, 1–3).

Das Wort ist Fleisch geworden und hat unter uns gewohnt. Jetzt geht es nicht länger darum, nur auf das Wort Gottes zu hören, wie es in den Schriften des Alten Testaments offenbart ist. Darin liegt die Bedeutung des Abschnitts im Johannesevangelium, in dem von einem Gespräch zwischen dem Herrn und dem Apostel Philippus berichtet wird. Jesus hatte gesagt: „Wenn ihr mich erkannt hättet, hättet ihr auch meinen Vater erkannt. Schon jetzt erkennt ihr ihn und habt ihn gesehen." Philippus verstand ihn nicht und sagte deshalb: „Herr, zeig uns den Vater, und es genügt uns." Der Herr antwortete sehr feierlich: „So lange bin ich bei euch, und du hast mich nicht erkannt, Philippus? Wer mich gesehen hat, hat den Vater gesehen: wie kannst du sagen: ‚Zeig uns den Vater?' Glaubst du nicht, daß ich im Vater bin und der Vater in mir ist"? (Joh 14,6–10)

Wir können etwas vom Göttlichen erkennen, wenn wir die Schöpfung betrachten, und können etwas über Gott aus den Schriften des Alten Testaments erfahren. Doch unser Wissen und Erkennen, das wir aus diesen beiden Quellen schöpfen, ist begrenzt und unsere Fähigkeit des Verstehens ist gering. Weder in Gedanken noch in Bildern können wir der Wahrheit über Gott angemessen Ausdruck verleihen. Ich las einmal, unsere Gottesvorstellung und unser Gottesbild seien „zusammengesetzt aus Fragmenten und Erfahrungen". Der Autor bezeichnete das als „im besten Falle primitiv und kindisch". So weit würde ich wohl nicht gehen. Jedenfalls haben wir in Jesus Christus – wahrer Gott und wahrer Mensch – für uns in menschliche Begriffe übersetzte Wahrheiten über Gott, von denen wir sonst nichts wüßten. Gott hat Mitleid mit unserer Begrenztheit. Er hat zu uns gesprochen durch seinen Sohn, das Bild des unsichtbaren Gottes (Kol 1,15). Verhalten und Taten Jesu Christi, wie sie die Evangelien beschreiben, offenbaren uns in einmaliger und wunderbarer Weise das Geheimnis des Lebens Gottes selbst. Wir können daraus z. B. sehen, was schwache und verwundete Menschen für Gott bedeuten. Das Mitleid und Erbarmen, das der Herr zeigte, sind die Offenbarung der Liebe Gottes zu uns, *seines* Mitleids und *seines* Erbarmens. Jedes Wort Jesu Christi trifft uns mit der Autorität Gottes selbst.

Aber das, was uns in und von unserem Herrn an Schönem und Ermutigendem in bezug auf Gott gezeigt wurde, ist nicht die ganze Offenbarung. Sie enthält auch harte Lektionen und Warnungen. Wir müssen das Ganze sehen, nicht nur den Teil, der uns gefällt.

Mose betete: „Laß mich doch deine Herrlichkeit sehen!" Wie hätte er sich gefreut zu lesen, was Johannes schrieb: „Und das Wort ist Fleisch geworden und hat unter uns gewohnt; und wir haben seine Herrlichkeit gesehen, die Herrlichkeit des einzigen Sohnes vom Vater, voll der Gnade und Wahrheit" (Joh 1, 14). Ja wirklich: Güte, Schönheit, Wahrheit und Macht sind Fleisch geworden. Von ihm, der der Weg, die Wahrheit und das Leben ist, empfangen wir den Antrieb und die Kraft, die uns befähigen, auf unserem Pilgerweg weiterzugehen.

Gott lieben

Es ist uns gesagt worden, daß wir Gott lieben sollen. „Du sollst den Herrn, deinen Gott, lieben mit ganzem Herzen, mit ganzer Seele und mit all deinen Gedanken. Das ist das wichtigste und erste Gebot. Ebenso wichtig ist das zweite: Du sollst deinen Nächsten lieben wie dich selbst" (Mt 22, 37–39). Das geistliche Leben allzu vieler Menschen gründet auf Angst. Es liegt mir fern, die Bedeutung einer gesunden, aus unserer Kindschaft erwachsenen Gottesfurcht herabzumindern. Gelegentlich ist die Angst vor der Hölle kein schlechtes Motiv, die Sünde zu meiden. Darüberhinaus ist von uns gefordert zu versuchen, Gott zu gefallen, und das heißt, daß wir die Gebote halten und tun sollen, was er von uns erwartet. Sittlich gutes Verhalten ist unerläßlich, und zwar nicht nur als Selbstzweck, sondern als Beweis dafür, daß wir Gott lieben und ihm dienen. Wir sollten uns fürchten, sein Gesetz zu brechen und ihm dadurch zu mißfallen. Ernsthaftes geistliches Leben ist nicht möglich ohne Gehorsam gegen Gott. Das ist klar. Aber ein geistliches Leben, das nicht auf dem Streben, Gott zu lieben, gründet, würde verarmen. Immerhin ist dieses Trachten nach der Liebe zu Gott der Inhalt des ersten Gebots.

Furcht erschöpft. Die Liebe muß am Ende die Furcht vertreiben. Aber ich glaube, die meisten Menschen brauchen viel Zeit dazu, etwas über die Gottesliebe zu lernen. Nur langsam geht sie uns auf.

Viele verspüren ein Unbehagen, weil sie eigentlich zugeben müssen, daß sie Gott nicht oder jedenfalls nicht in irgendeiner uns bekannten Weise lieben. Es ist hilfreich, daran zu denken, daß die Sehnsucht, Gott zu lieben, vielleicht alles ist, was wir ihm zu geben vermögen. „Ja, ich möchte Gott lieben..." Wenn wir das sagen können, dann sind wir schon weit fortgeschritten. Bei menschlichen Beziehungen ist es oftmals so, daß wir uns erst dann für jemand zu erwärmen beginnen, wenn wir entdecken, daß er uns liebt. Um wieviel mehr gilt das für unsere Beziehung zu Gott! Johannes bestätigt uns dies (vgl. 1 Joh 4, 10). Wenn wir also durch unsere Lektüre, unser Gebet oder eine Lebenserfahrung entdecken, daß Gott uns liebt, sind wir betroffen und werden beginnen, ihn wiederzulieben.

Wir müssen verstehen lernen, daß „Lieben" eine wesentlich göttliche Erfahrung ist. Das Urbild aller Liebe ist die Liebe Gottes. Wenn Menschen lieben, ahmen sie gleichsam Gott nach, oder genauer gesagt, sie tun „etwas", was für Gott charakteristisch ist. Darum kann die Liebe, die wir erfahren, sei es die elterliche, die Freundesliebe oder das Verliebtsein, uns etwas über Gottes Liebe sagen. Diese Erfahrungen befähigen uns, tiefer in den Sinn der Aussage des Johannes: „Gott ist die Liebe" (1 Jo 4, 16) einzudringen. Unsere Erfahrungen der Liebe sind nur ein Hinweis auf die Liebe, wie sie in Gott ist. Was uns in der Liebe am tiefsten berührt, ist aus Gott. Die Liebe ist Gott eigen. Wir erhalten sie als seine Gabe zu treuen Händen.

Wir müssen daran festhalten, daß Gott uns liebt. Das verlangt Mut und Ausdauer, zumal vieles in der Welt der Vorstellung von einem liebenden Gott zu widersprechen scheint; auch in unserem eigenen Leben gibt es genug,

was uns daran zweifeln lassen könnte. Niemand hat gänzlich befriedigend zu erklären vermocht, warum das Böse
und das Leid im Leben existieren. Gleichwohl gibt es
Wahrheiten, die in die rechte Richtung weisen und anzei-
gen, wo die Lösung zu finden ist: wir sind Sünder und
sind frei. Wir müssen frei sein, damit wir wahrhaft lieben
können. Diese Freiheit mißbrauchen wir als einzelne und
als Gemeinschaft. Die Folge davon ist: Unheil, Leid und
Tod.

Sodann: Gott ist Mensch geworden und hat die ganze
menschliche Existenzweise – außer der Sünde – angenommen und ihr eine neue Bedeutung und einen neuen Wert
verliehen. Darauf werden wir noch zurückkommen.

Wir müssen zudem daran festhalten, daß Gott uns liebt,
und zwar in jeder Krise und wie sehr auch Tatsachen und
Ereignisse dieser Wahrheit zu widersprechen scheinen.
Wir müssen Gott Vertrauen schenken. Es ist leicht zu vertrauen, wenn die Dinge offenkundig dieses Vertrauen
rechtfertigen, aber häufig verlangt Gott von uns, daß wir
unseren Pilgerweg durchs Leben im Dunkel und dennoch
stets im Vertrauen weitergehen. Vertrauen ist ein Beweis
der Liebe.

Gott dienen

Wir sollen Gott dienen. Wie dies geschehen kann, wird
von der Art der Berufung jedes einzelnen abhängen.

Alles Menschliche, die Sünde ausgenommen, hat seit
der Menschwerdung Gottes einen neuen Sinn bekommen. Jesus lebte in Nazareth das ganz gewöhnliche Leben
eines Zimmermanns seiner Zeit und hat damit alle ganz
gewöhnlichen Dinge und Tätigkeiten unseres Alltags geheiligt. Wenn z. B. jemand arbeitet, so erinnert das den Vater daran, daß auch sein Sohn das tat; sitzt jemand mit

seinen Freunden zusammen und unterhält sich, dann wird sich der Vater daran erinnern, wie Jesus mit seinen Freunden zusammen war. Diese Beispiele mögen auf den ersten Blick ein wenig naiv anmuten, doch ist es wert, einmal darüber nachzudenken. Es bedeutet nämlich, daß alles, was wir tun (die Sünde immer ausgenommen), für den Vater anders aussieht als für uns.

Wenn jemand etwa den Fußboden wischt, ist daran sicherlich nichts weiter Großartiges. Aber Gott sieht mehr darin: den Dienst für ihn, und zwar deshalb, weil sein Sohn dreißig Jahre lang ähnliche Arbeiten verrichtete. Fast nichts ist uns aus den Jahren überliefert, in denen der Herr in seiner Familie in Nazareth lebte. Sie haben keinerlei Nachrichtenwert, aber für das, worauf es wirklich ankommt, sind es kostbare Jahre gewesen. Unsere tägliche Arbeit ist unser täglicher Gottesdienst. Tun wir diesen Dienst in Liebe, so gewinnt er an Wert, sowohl in bezug auf die Ehre Gottes wie auf die Freude, die wir selbst dabei erfahren werden.

Je besser wir Gott kennenlernen und je tiefer wir seine Liebe zu uns verstehen, umso leichter wird es uns fallen, ihm in unseren alltäglichen Aufgaben zu dienen, und umso mehr wird uns dieser Dienst befriedigen, wenngleich die Arbeit sich oft als nicht weniger mühsam, langweilig und unbefriedigend erweisen wird.

Wenn wir unser Leben unter dem Gesichtspunkt des Dienstes für Gott betrachten, können wir nicht – ja dürfen wir nicht – das zweite Gebot vernachlässigen: unseren Nächsten zu lieben wie uns selbst. Es ist wichtig, daß wir uns über unsere Verantwortung und unsere Pflichten anderen gegenüber klar sind. Im geistlichen Leben geht es nicht darum, daß es nur uns gut geht und wir allein Freude und Frieden haben. Zweifellos ist unser Streben nach Vereinigung mit Gott eine persönliche und private Angelegenheit. Dennoch ist das Gebot des Evangeliums, unsere

Mitmenschen zu lieben, durchaus eindeutig. Das heißt nicht, daß man irgend ein vages Gefühl des Wohlwollens anderen gegenüber hegt und ihnen das Gute nur wünscht, sondern daß man ihnen hilft, es zu erlangen. Das heißt vielmehr, daß man das Gute auch tun muß. Könnte man einen Menschen vor der Haustür verhungern lassen und dabei ruhig in seinem Zimmer sitzen, die Bibel lesen und beten? Mag sein, daß dieses Beispiel etwas zu brutal ist, aber es zeigt den springenden Punkt: das erste und das zweite Liebesgebot darf nicht voneinander getrennt werden. Johannes sagt sehr deutlich: „Wir wollen daher lieben, weil Gott uns zuerst geliebt hat. Wenn jemand sagt: ‚Ich liebe Gott', aber seinen Bruder haßt, ist er ein Lügner, denn wer seinen Bruder nicht liebt, den er sieht, kann Gott nicht lieben, den er nicht sieht. Und dieses Gebot haben wir von ihm: Wer Gott liebt, der soll auch seinen Bruder lieben" (1 Joh 4, 19–21).

Durch den Gehorsam gegen das Gebot der Nächstenliebe werden wir, ebenso wie durch das Gebot der Gottesliebe, darüber belehrt, wie wir wahrhaft menschenwürdig leben sollen. Andere hassen, sie verletzen, ihre Bedürfnisse außer acht lassen – das ist menschenunwürdiges Verhalten. Wir werden zu Unmenschen, wenn wir andere unmenschlich behandeln. Matthäus berichtet uns, was der Herr über den Tag des Gerichts gesagt hat. Kriterium für unsere Zulassung zum Reich Gottes wird sein, wie wir die Hungrigen, die Nackten, die Gefangenen und die Fremden behandelt haben (Mt 25, 31–46). Und was wesentlich ist: Gibt man den Hungrigen zu essen und den Durstigen zu trinken, so gibt man Christus zu essen und zu trinken. Wir werden in diesem Leben die volle Bedeutung dieser Aussagen niemals ganz begreifen. Doch sie weisen auf die Einheit aller Menschen in Christus hin. In jedem von uns sieht der Vater das Bild des Antlitzes seines Sohnes. Darum sollen auch wir in unseren Mitmenschen Christus

sehen. Überall auf der Welt leben Menschen ganz im Gehorsam gegenüber der Lehre dieser Sätze aus dem 25. Kapitel des Matthäusevangeliums. Doch gibt es auch viele,
die das Evangelium nicht kennen und sich dennoch ganz
dem Dienst an den Armen und ihren Nöten verschreiben.
Auch ihnen hat der Herr etwas zu sagen. „Wann haben wir
dich krank oder im Gefängnis gesehen und haben dich besucht?", fragten sie. „Amen, ich sage euch: Was ihr für einen meiner geringsten Brüder getan habt, das habt ihr mir
getan" (Mt 25, 39–40). In ihrem Dienst am Nächsten haben
sie Christus gedient, obgleich sie seine Gegenwart nicht
erkannten, weil sie nicht die Augen des Glaubens hatten.

Wer sind die Nächsten, die ich lieben soll? Zunächst
sind es natürlich meine Familienangehörigen, die Menschen in meiner Umgebung und alle, die mir am Arbeitsplatz begegnen. Aber genügt das? Das zweite Liebesgebot
verlangt ein lebendiges Gespür dafür, wie fest wir alle
durch das Band unseres Menschseins miteinander verbunden sind, und darum betreffen mich in gewisser
Weise die Interessen und das Schicksal aller Menschen.
Dabei denke ich zunächst an die große Armut in der Welt
und das Schicksal derer, die an diesem Tag verhungern,
vor allem an die Kinder, an die zahllosen Kriege in diesem
Jahrhundert, besonders in den letzten zehn Jahren, und an
das Leiden, das sie mit sich brachten. Ich denke daran,
wieviele Menschen durch andere Gewalt erleiden, wieviele um des Gewissens willen ihre Freiheit geopfert haben und an alle, deren Menschenwürde brutal verletzt
wurde. Ich denke an den Wahnsinn, der uns dazu geführt
hat, Atombomben zu erfinden und uns damit gegenseitig
zu bedrohen. Kann menschliche Narrheit noch weiter gehen? Wäre es nicht der Gipfel der Verworfenheit, eine solche Bombe abzuwerfen, wie gerechtfertigt das auch
scheinen mag?

So hochentwickelt und vielseitig begabt wir heute auch

sind – wir haben den Barbaren in uns noch nicht gezähmt. Wir können brutal und grausam sein. Das Ausmaß und die Sündhaftigkeit der Grausamkeit des heutigen Menschen erschüttern uns viel zu wenig. Wir sind dagegen abgestumpft. Unterdrückung, Folter und Verweigerung der Menschenrechte gehören wie selbstverständlich zum modernen Leben. Wir sind weder weiser noch besser als unsere Vorfahren. Wenn die christliche Lebensphilosophie, deren Grundlage Ehrfurcht und Liebe zu Gott und den Menschen ist, in der ganzen Welt angenommen und praktiziert worden wäre, wären die furchtbaren Verbrechen unserer Zeit nie begangen worden. So richtet sich das Wort des Herrn: „Kehrt um und glaubt an das Evangelium" in unseren Tagen mit noch größerer Eindringlichkeit an die Menschen als zu Lebzeiten Jesu.

Diese Umkehr muß sich in zwei Schritten vollziehen: durch Reue über die begangenen Sünden und durch Abkehr unseres Herzens von der Sünde und Hinkehr zu Gott. Dazu sind wir immer wieder aufgerufen. Eine solche Umkehr des Herzens kann ganz plötzlich geschehen und tief einschneidend sein wie bei Paulus. Gewöhnlich aber ist sie ein lebenslanger Prozeß. Er umfaßt den Entschluß umzukehren, das Bemühen, diesem Entschluß gemäß zu leben, manches Versagen und die ständige Bereitschaft, immer wieder von vorn zu beginnen. Es liegt bei uns, immer neu anzufangen; der Erfolg ist ein Geschenk Gottes. Worauf es vor allem ankommt, ist der Wille, den Versuch nicht aufzugeben – auch das ist schon Geschenk Gottes –, denn dies ständige Mühen ist der Beweis unserer Liebe oder vielmehr unseres Wunsches zu lieben.

Wir werden immer kämpfen müssen. Wie ich schon sagte, ist die Furcht vor den Folgen der schweren Sünde ein guter Beweggrund, die Sünde zu meiden. Gleichwohl brauchen wir höhere und bessere Motive: wir müssen uns bewegen lassen von der Hoffnung auf das, was uns nach diesem Leben bereitet ist und was in einem gewissen Maß schon hier und jetzt erfahren werden kann. Daher ist ein Leben, in dem wir versuchen, Gott und unseren Nächsten zu lieben, ein glückliches Leben, umso glücklicher, je selbstloser wir werden. Verwundet und schwach gehen wir unseren Weg weiter, aber tief in unserem Innern können wir in Frieden sein, weil wir wissen, daß seine Liebe zu uns stärker ist als unsere Gottvergessenheit. Wenden wir uns jedoch von ihm ab, verurteilen wir uns selbst zum äußersten Elend und Verlassensein.

Auf dem Weg zu Gott

Gedanken eines Pilgers

Eines der Worte, in denen ich meine Auffassung vom Leben besonders gut ausgedrückt finde, heißt: „Pilger", ein anderes „suchen" und „Suche".

Ich sehe mich als einen Pilger durchs Leben. Ich komme von nirgendwo her, werde sechzig, siebzig oder vielleicht auch mehr Jahre alt werden, und dann werde ich nicht mehr da sein. Mein Leben auf dieser Erde hat einen genau bestimmbaren Beginn und ein festgesetztes Ende. Es scheint klar zu sein, und es wird immer klarer, daß ich nicht zu dieser Welt gehöre – wenigstens nicht auf Dauer. Was ich bin und was ich tue, ist zweifellos von Bedeutung, solange ich hier bin, aber ich bleibe nicht. Ich bewege mich vorwärts, ich bin ein Pilger. Bin ich wirklich einer?

Wenn nun das Ende des Lebens nichts weiter wäre als ein totales Ausgelöschtwerden – kann ich dann von mir sagen, ich sei ein Pilger? Pilger sind unterwegs auf ein Ziel hin. Ich fände es schwer anzunehmen, daß es nach diesem Leben kein „Ich" mehr gäbe und nichts weiter für mich;

kein „Du" und nichts mehr für dich. Das würde weder das Leben noch den Tod sinnvoll erscheinen lassen.

Und was ist mit all den Hoffnungen und mit den Erwartungen, die ich an das Leben habe? Gibt es für sie tatsächlich keine Verwirklichung in der Zukunft? Was geschähe dann mit all den Menschen, ja mit dem größten Teil der Menschheit, die ein hartes Leben führen müssen, weil es ihnen an Gesundheit, Nahrung und Freiheit mangelt? Hat das Leben nicht mehr zu bieten? Alles in mir ruft vielmehr nach einem Ziel, an dem es weder Tränen noch Schmerzen geben wird und wo meine tiefsten Hoffnungen und Sehnsüchte endgültige und vollkommene Erfüllung finden werden. Der Gedanke, einmal dort hinzugelangen, und der Gedanke an *Einen,* der alles ins rechte Lot bringen wird, hilft mir weiterzugehen. Jeder Pilger nimmt freudig die Beschwerden des Weges auf sich, weil er auf ein Ziel am Ende dieses Weges hinstrebt, auf das er sich freut. Er wird dort finden, was er gesucht hat.

Da ist das Wort „suchen", ein Wort aus dem Mönchsleben. Es erinnert daran, daß der Inhalt aller Berufung zum Mönchtum die Gottsuche ist, wie die Regel des hl. Benedikt sagt. Ich bin auf der Suche, bemühe mich, den letzten Zweck meines Lebens zu erkennen, seinen Sinn und den Sinn hinter allen Dingen und für alle Menschen. Ich möchte wissen, warum ich da bin. Es wäre schwierig, darauf durch eine Meinungsumfrage Antworten zu erhalten. Als Menschen unserer Gesellschaft sind wir richtungslos, desinteressiert, ja ausgeliefert. Aber die Idee des Suchens kann auch umgekehrt gedacht werden. Es ist hilfreich, von unserer Auffassung, wir suchten Gott, umzuschalten auf den Gedanken, daß Gott auf der Suche nach uns ist. Schließlich ist es ja so. Wir sind die Verlorenen. Und Gott sucht uns. Er sehnt sich nach uns, auch wenn wir meinen, wir brauchten ihn nicht.

Ein Pilger wandert oft hinkend und stolpernd durchs

Leben und sucht, oft ganz unbewußt, nach etwas oder einem, der dem Leben wie dem Tod Sinn verleiht. Vielleicht entdeckt er, daß Gott auf vielerlei Weise gesprochen hat, am deutlichsten aber durch seinen Sohn. Hat man ihn gesehen, dann hat man den Vater gesehen.

Ich möchte hier auf bestimmte Erfahrungen eingehen, die mir wenigstens eine Ahnung von Gott vermitteln können. Diese Erfahrungen sind ein Vorgeschmack von dem, was einmal sein wird, Hinweise auf Wirklichkeiten, die nicht durch die Sinne erfahrbar, aber dennoch ganz real sind.

Gehen wir zunächst von der Schönheit aus. Etwas wahrhaft Schönes zu sehen oder zu hören, erfreut Herz und Sinn. Man möchte den Augenblick erfassen, ihn genießen und festhalten. Manchmal möchte man aufjauchzen vor Bewunderung und Entzücken, in die Hände klatschen, jubeln oder singen. Dann ist der Augenblick vorbei, und man wird traurig wegen der Vergänglichkeit solcher Erfahrungen. Aufs neue wartet man auf etwas und denkt: Könnte ich nur etwas sehen oder hören, was noch schöner ist als das Vergangene! Welch eine Freude wäre das! Und welch großartige Erfahrung wäre es, das Schönste von allem Schönen zu schauen oder zu hören. Es wäre die größte aller Freuden und die vollkommene Erfüllung. Dieses Schönste alles Schönen nennen wir Gott. An diesem Punkt müßte ich eigentlich versuchen, eine gelehrte Erklärung darüber abzugeben, warum ich glaube, daß dieses Schönste aller Dinge oder Personen wirklich existiert. Ich bin mir nicht allzu sicher, daß ich das könnte; es hat viel mehr zu tun mit instinktivem Wissen als mit Vernunft.

Sodann ist da die Erfahrung der Liebe. Mit dem Wort Liebe meine ich etwas sehr Edles, Tiefes und Reines. Wenn ich jemand liebe, sehr liebe, möchte ich, daß diese Liebe von Dauer ist. Ich möchte meine Liebe und den Menschen, den ich liebe, nicht verlieren. Ich möchte, daß mir ein vollkommenes, nie endendes Glück geschenkt wird. Aber so ist das nie. Das Glück endet, und mir wird klar, daß uns die tiefste Liebeserfahrung nicht in diesem, sondern in einem späteren Leben zuteil wird. Inzwischen suche ich weiter und sehne mich nach dem, was am liebenswertesten ist. Und das nenne ich Gott.

Da bin ich nun, ein Pilger, rastlos suchend nach dem, durch den ich voll und ganz ich selbst werden kann. Das ist ganz natürlich, und ich entdecke dabei, daß ich erst dann wirklich ich selbst und damit wahrhaft Mensch werde, wenn ich mich an dem Schönsten, in dem die Fülle alles Guten ist, erfreuen und mit ihm vereint sein werde.

Ich bin dazu geschaffen, die Freude über das Schönste herauszusingen und das Liebenswerteste zu lieben. Ich bin für Gott geschaffen. Ihn sehen bedeutet, das Schönste schauen, was es gibt; ihn lieben heißt den Liebenswertesten von allen lieben. Ja, ich bin für Gott geschaffen, und es wäre töricht, das nicht zu begreifen. Es ist meine Pflicht, ihn zu loben und zu preisen, und diesen Lobpreis sollte ich mit Ausdauer üben, bis er zu meiner Freude geworden ist.

Oft ist der Pilgerweg rauh und beschwerlich, aber die Pilger müssen ihn entschlossen und mutig weitergehen. Bleiben sie stehen, um zu schauen, ob es der richtige Weg ist, sind sie verloren. Aber da ist einer, der über sie wacht und sie führt: der Sohn Gottes, der Weg, die Wahrheit und das Leben.

Bergbesteigung

In den Büchern der Könige findet sich eine sehr schöne Geschichte über den Propheten Elijah. So viel ich weiß, ist es leider keine sehr bekannte Geschichte:

Es stand nicht gut um Elijah. Sein Leben war bedroht. Er

fürchtete sich und war auf der Flucht vor seinen Verfol-
gern. Müde geworden – nicht nur körperlich –, legte er
sich unter einen Ginsterstrauch. „Herr, ich habe genug",
sagte er, „nimm mein Leben hin. Ich bin nicht besser als
meine Vorfahren." Dann schlief er ein. Während er schlief,
kam ein Engel, rührte ihn an und befahl ihm, die Nahrung
zu sich zu nehmen, die er neben sich fand, ein in heißer
Asche gebackenes Brot und einen Krug Wasser. Elijah
schlief wieder ein, aber dann erwachte er endgültig, aß
und trank und wanderte, gestärkt durch diese Speise, vierzig Tage und vierzig Nächte, bis er den Horeb, den Berg
Gottes erreichte. Und hier, auf diesem Berg, erfuhr er die
Gegenwart Gottes.

Ein mächtiger Sturm, der die Berge zerriß und die Felsen zerbrach, erhob sich, aber Gott war nicht in dem
Sturm. Nach dem Sturm kam ein Erdbeben und nach dem
Erdbeben ein Feuer. Aber Gott war nicht im Feuer. Nach
dem Feuer kam ein sanftes, leises Säuseln. Dieser leichte
Windhauch kündete Elijah die Gegenwart Gottes; nun
wußte er, daß Gott zugegen war, und er sprach zu ihm
über sein innerstes Herzensanliegen und bekräftigte seine
Entschlossenheit, Gott die Ehre zu geben und ihm zu dienen.

Manchmal bricht Gott in das Leben eines Menschen in
dramatischer Weise ein, unerwartet, unangekündigt,
plötzlich wie ein Sturm nach vorhergehender Ruhe. Oder
er kommt wie ein starker Wind, der Bäume entwurzelt,
das Meer aufwühlt und die Schiffe in Seenot bringt. So geschah es dem hl. Paulus vor Damaskus. Aber häufiger, ja
meistens, ist Gottes Kommen sanfter und vielleicht weniger auffällig, so wie der Abendwind nach einem schwülen
Tag.

Wie den einzelnen Menschen, so geht es auch der Kirche als ganzer. Große Ereignisse können die Kirche erschüttern, und es mag scheinen, als würden sie sie

zerstören; alte Bräuche werden entwurzelt wie morsche Bäume, das Schiff Petri wird vom Wind umhergetrieben und gerät in Seenot. Ein großes Konzil kann diese Wirkung haben. Aber im gewöhnlichen Leben der Kirche geht es anders zu. Der Geist weht sanfter, wie eine leichte Brise, nicht wie ein Wind; er ist wie ein milder Schein, nicht wie ein grelles Licht.

Für die Apostel geschah das Kommen des Geistes natürlich ganz anders. Ein starker Sturm wehte und Feuerzungen ließen sich auf ihnen nieder. Und ebenso dramatisch und bestürzend wie diese letzte Offenbarung der Gegenwart Gottes, die Herabkunft des Heiligen Geistes, war die Wirkung. Die Jünger waren plötzlich wie verwandelt. Aus Männern, die nicht sehr mutig und hoffnungsstark waren, wurden furchtlose und zuversichtliche Menschen. Mit uns ist das gewöhnlich anders: eher werden wir Gottes Gegenwart wie eine sanfte Brise, wie einen Lichtschimmer und die Wärme eines verglühenden Holzfeuers erfahren.

Von Zeit zu Zeit ergeht es uns wie dem Propheten Elijah. „Herr, ich habe genug. Nimm mein Leben hin. Ich bin nicht besser als meine Vorfahren." Man ist versucht, sich hinzulegen und zu schlafen. Der Schlaf soll einen davor schützen, sich allzu sehr auf das Leben der Kirche einzulassen oder sich von den Schwierigkeiten des Lebens so sehr belasten und niederdrücken zu lassen, daß man nicht mehr weiter kann. Aber immer wird ein Gottesbote uns anstoßen und wecken: „Iß und trink. Empfange den Leib und das Blut Christi in der Eucharistie, denn damit empfängst du die Nahrung, in deren Kraft du vierzig Tage und vierzig Nächte oder noch länger zum Berg Gottes wandern kannst." Das ist die Tagesration für den Tagesmarsch auf unserem Pilgerweg.

Aber hin und wieder sollten wir auf unserem Weg zum Gipfel des Berges und zur vollen Anschauung Gottes innehalten, um die sanfte Brise zu spüren, den Geist Gottes, den Heiligen Geist. Gott ist mit uns im Heiligen Geist, der uns in Taufe und Firmung in besonderer Weise zuteil wurde.

Wir müssen innehalten, hören und schauen. Dieses Hören und Schauen ist Gebet.

Zweigeteilt

In gewissem Sinn sind wir alle zweigeteilt. Das ist freilich nur eine Redeweise. Der eine Teil ist der äußere Mensch, an dem man auf dem Flur vorbeigeht, den man gelegentlich trifft, dem man bei der Arbeit oder beim Spiel begegnet. Dann ist da aber noch der innere Mensch, das Ich in der Tiefe, die wahre Person, die zu kennen schon schwieriger ist. Bekannte können etwas darüber vermuten und mit diesen Vermutungen mehr oder weniger Recht haben. Freunde und Verwandte kennen uns ein wenig besser, ein paar von ihnen vielleicht sogar recht gut. Aber wir allein kennen diesen inneren Menschen, dieses Ich in der Tiefe wirklich, auch wenn wir uns selbst manchmal nicht ganz begreifen. Möglicherweise fürchten wir uns, diesen inneren Menschen allzu genau zu betrachten. Dann würden wir nämlich seine dunkle Seite sehen, die Tiefpunkte, die Unsicherheit, den Mangel an Vertrauen, die Enttäuschungen, die Traurigkeit, innere Wunden. Hier ist der Schmerz angesiedelt.

Doch gibt es auch die helle Seite, die Höhepunkte, das hohe Streben danach, etwas zu sein und etwas zu erreichen, das Gespür für das Beste, das Angesprochenwerden durch die Güte und Liebenswürdigkeit anderer. Hier ist das Paradies.

Dennoch erfahren wir einen Konflikt zwischen unserer dunklen und unserer hellen Seite, zwischen unserem besten Streben und dem, was wir als weniger gut erkennen. Wie läßt sich dieser Konflikt lösen? Wir blicken über uns hinaus und suchen nach etwas, das uns vollkommen befriedigen kann und von dem wir spüren, daß es uns Würde und Adel verleihen wird. Wir strecken uns aus nach etwas, das über die engen Grenzen normaler menschlicher Erfahrung hinausreicht. Dieses Streben hat die größten Werke der Kunst und der Literatur hervorgebracht. Dennoch kann der Künstler das Tiefste nicht in seiner ganzen Fülle zum Ausdruck bringen, ebenso wie er niemals *die* Schönheit schlechthin darzustellen vermag, die schöner ist als die, welche er sieht, und erhabener als das Schöne, das er schaffen kann.

In gewisser Weise ist die Erfahrung des Künstlers auch die Erfahrung eines jeden von uns. Wenn wir genau zusehen, ist sie tief in uns allen. Sie ist das Bedürfnis zu bewundern, zu staunen, sich anziehen zu lassen von etwas, das größer und edler ist als wir selbst. Mit anderen Worten: sie ist das Bedürfnis, zu verehren und anzubeten.

Hohe Gedanken und Worte über dieses Sichausstrecken nach ihm, dem Schönsten und Besten, klingen oft hohl, weil es eben auch die andere Seite gibt, den Schmerz, den wir gespürt haben oder noch spüren, das Unrechte, das wir tun oder denken – entgegen unserem besseren Wissen oder gegen unser besseres Ich. Das ist eine andere Welt, in der wir uns quälen und der wir doch nicht entfliehen können.

Jede Erfahrung von Schwäche, das Wissen um innere Wunden, das Gewissen, das uns verurteilt – das alles ist der Beweis dafür, daß wir nicht sind, wie wir sein sollten. Sie zeigen, daß wir geheilt werden müssen, daß wir Hilfe brauchen. Wir sind nicht unabhängig, oder anders gesagt: wir sind erlösungsbedürftig.

Dies beides, das Bedürfnis anzubeten und die Erlösungsbedürftigkeit, ist der innerste Kern der Religion.

Gott ist Mensch geworden, damit wir fähig sind, den Vater im Geist und in der Wahrheit anzubeten; er ist Mensch geworden, um unsere Wunden zu heilen. Mehr noch: der Christ macht die Entdeckung, daß Gott die Liebe ist, wie Johannes sagt. Es ist Sache des Liebenden, zu helfen und zu heilen und den Geliebten dazu zu bringen, die Liebe zu erwidern.

Die Christen machen zudem die Erfahrung, daß das Gebot des Herrn, „Gott aus ganzem Herzen, mit ganzen Kräften und aus ganzer Seele zu lieben", nicht nur das vom Herrn selbst gegebene Gesetz des Neuen Bundes ist, sondern daß dieses Gesetz der menschlichen Natur selbst innewohnt. Das zweite Gebot folgt aus dem ersten: den Nächsten lieben wie sich selbst. Auch das ist Gesetz Gottes und zugleich die Grundlage menschlichen Lebens.

Wenn wir uns klar machen, daß der, welcher der Beste und Schönste ist, uns tiefer und inniger liebt als je ein Mensch das vermöchte, so spendet uns das Trost und gibt uns Mut. Zugleich ist es für uns ein Anruf, uns nach ihm, der größer ist als wir, auszustrecken. Die Erkenntnis dieser Liebe führt uns dazu, über seine Güte und Schönheit zu staunen und sie zu bewundern. Das erfüllt uns mit Frieden und Glück. Mehr noch: unsere inneren Wunden werden geheilt, und der Konflikt löst sich.

Eine Richtung suchen

Tasten zum Licht hin

Trotz allen Wissens, das die Welt uns vermitteln kann, und trotz des großartigen Fortschritts in unserer Gesellschaft müssen wir heute wieder das Staunen lernen, wenn wir in die Mysterien Gottes und in das Geheimnis seiner

Liebe zu uns eindringen wollen. Doch wir werden nie auch nur eins seiner Geheimnisse enträtseln können, wenn wir nicht demütig und klein werden.

Die Mysterien, die uns geschenkt werden, damit wir über sie nachdenken und sie Teil unseres Lebens werden lassen, sind viel größer als wir und übersteigen um ein Vielfaches unsere Verstandeskraft. Mit unserem Begreifen Gottes und seiner Welt stehen wir sozusagen erst am Fuß des Vorgebirges. Das sollte uns demütig machen. Einmal werden wir den Gipfel des Berges erreichen und zur vollen Schau gelangen.

Tief in uns ist etwas, das uns zum Suchen antreibt. Nicht immer wissen wir, was wir eigentlich suchen. Zum einen geht es wohl darum, zu begreifen, den Grund dafür zu erkennen, warum all das sein muß: Schmerz, Verletzung, Verlust eines geliebten Menschen, Krankheit, quälende Einsamkeit, Verlust der Hoffnung, die Verzweiflung, die sich vom Zweifel nährt. Es ist die Furcht vor der Finsternis.

Aber da ist noch etwas anderes, das darauf drängt und sich danach sehnt, daß alles, was da ist, gut ist. Es ist die Suche nach Freude, nach Frieden und Glück für das Herz. Es ist die Liebe zum Licht.

Die Furcht vor der Dunkelheit – dem Feind, die Sehnsucht nach Licht – dem Freund jedes Menschen, ist eine allen Menschen gemeinsame Erfahrung. Das Heraufdämmern des Tages, das Aufgehen der Sonne, das Vergehen der Nacht sind kostbare, in vielen Liedern und Gedichten besungene Geschehnisse.

Wir erliegen leicht der Versuchung zu denken, wir seien unabhängig, wir brauchten Gott nicht, er gehöre nur in die Vorstellungswelt primitiver Menschen. Sind wir aber heute weiser als unsere Vorfahren? Wir wissen mehr und können mehr erreichen; aber verstehen wir den wahren

Sinn und Zweck menschlichen Lebens besser als sie? Leben wir in größerer Harmonie und tieferem Frieden als die Menschen vergangener Zeiten?

Auf allen Ebenen des Lebens brauchen wir heute wieder ein Empfinden für Sinnhaftigkeit. Ich meine damit jenen letzten sinnvollen Zweck, der dem tiefsten Sehnen und Bedürfnis des Menschen entspricht, ja der es erfüllt. Weder kann der Einzelne unbekümmert durchs Leben gehen, ohne zu wissen wozu, noch kann eine Gesellschaft in Ruhe und Frieden leben, wenn ihre Glieder nicht eine gemeinsame Vorstellung von dem haben, was der Mensch ist und wofür er da ist.

Das schließt ein, daß das Bedürfnis der einzelnen nach dem „Geistlichen", dem „Göttlichen" anerkannt wird, ebenso wie die Ehrfurcht vor dem Leben, das Bestreben, die Würde jedes Menschen zu verteidigen und zu fördern, wie auch den rechten Gebrauch unserer materiellen Hilfsquellen. Kurz gesagt bedeutet dies, daß es eine der Wahrheit entsprechende Vorstellung von der menschlichen Existenz gibt, die von allen geteilt werden kann.

Hunger nach Gott

In unserem öffentlichen Leben entfernen wir uns offensichtlich immer weiter von Gott und von den Dingen Gottes, und doch wird, wie ich meine, in den Herzen der Menschen die Sehnsucht nach ihm immer größer.

Als die Apostel am ersten Pfingstfest auf die Straßen Jerusalems hinausgingen, besaßen sie nichts, was sie den Armen und Bedürftigen hätten austeilen können. Was sie zu geben hatten, war etwas ganz anderes.

„Silber und Gold habe ich nicht", sagte Petrus. „Doch was ich habe, das gebe ich dir: Im Namen Jesu von Nazareth, geh." Der geheilte Krüppel sprang im Tempel umher und pries Gott.

Unsere Städte und Dörfer sind voll von Menschen, die unser Silber und Gold nicht brauchen, es aber verzweifelt nötig hätten, die Frohbotschaft Jesu zu hören, um den Sinn des Lebens und den rechten Weg zum Glück zu erkennen. Sie erfahren, daß es einen Gott gibt, der sie liebt, daß ihr Leben sich nur dann lohnt, wenn Gott ihnen wichtig ist. Die schlimmste Armut ist heute die Armut an geistlichen Werten im Leben. Sie ist eine größere Behinderung als materielle Armut. Es sollte uns Christen immer bewußt sein, wieviel wir zu geben haben, allein dadurch, daß wir getauft sind. Unsere Solidarität mit Christus vertieft sich jedesmal, wenn wir ihn in der heiligen Kommunion empfangen. Uns ist die Kraft geschenkt, Großes für Gott zu tun. Wir tragen den Namen Christi, sind seine Jünger, wir gehören ihm. Warum fehlt es uns dann so oft an Vertrauen? Warum meinen wir, wir seien hilflos, während die Menschen hungernd und wie verloren ihren Weg gehen?

Wir leben in einer Welt, die viel erreicht hat. Unsere Generation bringt es fertig, Menschen auf dem Mond landen zu lassen, aber den Sinn des Lebens erkennt sie nicht. Sie schaut auf die Glaubenden und erhofft von ihnen Hilfe. Doch oft bleiben wir stumm, sind unsicher, was wir antworten sollen. Wir müssen diesem Mangel an Vertrauen abhelfen. Aber wie? Die Antwort ist einfach und fordernd zugleich. Wir brauchen den Beistand des Heiligen Geistes, müssen über Gott sprechen als Menschen, die ihn kennen, die den Unsichtbaren gesehen haben. Das ist jedoch nur möglich, wenn wir lernen zu beten und den Wert des Gebets für unser Leben entdecken.

Lassen wir das Wort Jesu, „Wo zwei oder drei in meinem Namen versammelt sind, da bin ich mitten unter ihnen", zur immer lebendigeren Wirklichkeit für uns werden. Dann werden wir ein Gespür dafür bekommen, was Gott von uns will, und offen sein für die Führung des Heiligen Geistes.

Suche nach Sinn

Im tiefsten Grund seines Herzens, in allem, was er tut und denkt, strebt der Mensch danach, Sinn zu finden, dem Absurden zu entfliehen. Der menschliche Geist sucht nach Sinn, das menschliche Herz nach Glück, einem vollkommenen, nie endenden Glück. Unser Herz ist unruhig, sagt der hl. Augustinus, bis es ruht in dem, der die Wahrheit und Güte, die Erklärung für alles und der wahre Gegenstand unserer Liebe ist.

Können wir Gott erkennen oder nicht? Der Spannung, die in dieser Frage liegt, hat Augustinus mit dem Satz Ausdruck gegeben: „Es ist besser, Gott zu lieben, als ihn zu erkennen." Es ist schwer, jemand zu lieben, den man nicht kennt. Aber das Erkennen Gottes und die Liebe zu ihm nähren sich gleichsam gegenseitig. Indem man versucht, ihn zu lieben, lernt man ihn kennen. Und je mehr man ihn kennenlernt, umso mehr liebt man ihn.

Wir sprechen von unserem Wissen über Gott, worauf es aber ankommt, ist, Gott zu *kennen*. Weil wir Gott kennen möchten, darum gibt es in unserem Leben das Gebet. Nur in der Erfahrung des Betens werden wir merken, daß nicht nur wir auf der Suche nach Gott sind, sondern daß Gott uns ständig sucht. Diese Erkenntnis kann uns auf vielerlei Weise zuteil werden. Oft kommen wir Gott am nächsten in der Erfahrung von Schwachheit und Leid. Gerade in unserer Verlassenheit kann Gott zu uns sprechen. Und manchmal ist ein Schicksalsschlag der Anstoß zu unserer Suche.

Wir begreifen nur langsam, daß Gott uns sucht, weil wir blind und taub sind. Die moderne Zivilisation mit ihrer Überbewertung der wissenschaftlichen und technologischen Errungenschaften bringt die Gefahr mit sich, daß die Menschen immer weniger empfänglich für Gott werden und damit immer weniger bereit, zu hören und zu sehen. Aber wenn Wissenschaft und menschliches Können uns im Stich lassen und wir uns hilflos und schwach fühlen, kann das ein Augenblick der Gnade sein. Wir merken, daß wir nicht unabhängig sind.

Jeder Mensch sucht nach dem Sinn des Lebens, nach einer Erklärung für das Dasein und für seine Lebenserfahrungen. Doch ebenso sucht der Mensch nach Glück, nach jenem Von-sich-Losgelöstsein, das am intensivsten in der Liebe erfahrbar wird.

Tatsächlich sind die Suche nach Sinn und die Suche nach Glück identisch. Der Mensch sucht etwas, das über ihm, jenseits und außerhalb seiner selbst liegt. Er streckt sich danach aus, diese Wirklichkeit, dieses Transzendente, dieses Absolute zu ergreifen. Und es stellt sich als tiefreichendste Wahrheit heraus, daß diese Wirklichkeit und diese Transzendenz ein lebendiger, ein personaler und unendlicher Gott ist. Wir alle erfahren dieses Suchen und diesen Hunger – der eine mehr, der andere weniger. Aber das ist unsere menschliche Weise, eine noch intensivere Suche und einen noch größeren Hunger zu beschreiben und zu erfahren: Gottes Suche und Hunger nach uns.

Gott sucht uns

Wenn Erwachsene mit Kindern Verstecken spielen, können die Kinder nie verlieren. Es wäre unfair, würden sich die Erwachsenen so verstecken, daß man sie nicht finden kann. Sie sorgen dafür, daß sie gefunden werden. Wenn es einem Kind dennoch nicht gelingt, dann geht der Erwachsene auf die Suche nach ihm.

Ist es nicht auch so mit Gott? Er gibt uns jede Möglichkeit, ihn zu finden. Und selbst wenn wir uns ablenken lassen und die Suche aufgeben, dann ergreift er die Initiative – er schickt uns vielleicht eine besondere Erfahrung von Glück oder Leid – und geht auf die Suche nach uns. Gott will uns für sich. Zweifeln wir nie daran. Es ist töricht, sich vor ihm zu verstecken.

Mir gefällt der Gedanke, daß der Mensch auf der Suche nach Gott ist. Langsam kommen wir darauf, daß dies nur *ein* Ausdruck dafür ist, wie wir auf Gottes Suche nach uns eingehen. Bei ihm liegt die Initiative. Gott offenbart sich in seiner Suche nach dem Menschen in einer Weise, wie es dem geschaffenen Universum nicht möglich ist. Es ist eine ganz besondere Art der Offenbarung. Sie erreichte ihren Höhepunkt, als der Sohn Gottes Mensch wurde.

Spalten in der Wolke des Nichtwissens

Bei unserer Suche nach dem Sinn und Zweck des Lebens versuchen wir immer wieder, einen Strahl der Herrlichkeit Gottes einzufangen.

Es ist nicht möglich, mit bloßem Auge in die Sonne zu blicken. Das Auge ist zu schwach, die Sonne zu stark. Unsere natürliche Begrenztheit wird noch verstärkt durch die Schwächen, die aus unserer menschlichen und ererbten Sündhaftigkeit stammen.

Es ist, als hätte sich zwischen Gott und uns eine Wolke geschoben. Von Zeit zu Zeit durchdringt diese Wolke des Nichtwissens ein Lichtstrahl, der uns etwas von Gott zeigt, obgleich wir ihn nicht unmittelbar schauen oder berühren.

Das kann in einem Augenblick vollkommenen Glücks geschehen, in der Erfahrung wahrer Liebe oder wenn es uns
gelingt, ein weiteres Geheimnis des geschaffenen Univer-
sums zu enträtseln. Doch auch in Kummer und Trauer
können wir seiner Gegenwart innewerden. Für den, der
bereit ist, zu hören und zu sehen, wird Gottes Stimme in
höchstem Glück wie in tiefster Qual unmißverständlich
vernehmbar sein.

Juliana von Norwich, die Verfasserin des Buches „Die
Wolke des Nichtwissens", schreibt: „Der höhere Teil der
Kontemplation, soweit sie hienieden erreicht werden
kann, schwebt ganz in dieser Dunkelheit und in dieser
Wolke des Nichtwissens mit einer Regung der Liebe und
einem blinden Sich-Hinrichten auf das reine Sein Gottes
selbst" (Kap. 8). Und dennoch müssen wir „in diese dichte
Wolke des Nichtwissens den scharfen Speer der sehnenden Liebe bohren" (Kap. 6).

Liebende entdecken im Geliebten bisher nicht gekannte
Tiefen. Oft sehen wir nur richtig, weil wir lieben. Wir verstehen und staunen, und daran wächst die Liebe noch.
Diese menschliche Liebeserfahrung kann uns helfen, uns
ein Bild von „dem scharfen Speer der sehnenden Liebe" zu
machen, der die Wolke durchbohrt und so die Wärme der
Liebe Gottes auf uns herabkommen läßt. In all unseren
menschlichen Erfahrungen müssen wir den tieferen Sinn
zu entdecken suchen, denn sie können uns zu Gott führen
und uns helfen, einen Schimmer seiner Herrlichkeit zu
schauen.

Anselm von Canterbury schreibt: „Noch bist du, Herr,
meiner Seele verborgen in deinem Licht und in deiner Seligkeit, und deshalb weilt sie noch in der Finsternis und in
ihrem Elend. Ich schaue umher und sehe nicht deine
Schönheit, ich horche und höre nicht deinen Wohlklang.
Ich koste und erkenne nicht deinen Wohlgeschmack; ich
taste und fühle nicht deine Zartheit. Denn du, Herr und

Gott, hast all dies in dir auf deine unaussprechliche Weise, der du es den geschaffenen Dingen auf ihre fühlbare Weise gegeben hast, aber die Sinne meiner Seele sind verhärtet, abgestumpft und versperrt durch die alte Krankheit der Sünde" (Proslogion, Kap. 17).

Unsere Sinne empfangen die Strahlen seiner Herrlichkeit auf verschiedene Weise, das Sehen anders als das Schmecken und das Hören. Augen, Ohren, ebenso wie Geschmack und Tastsinn sind die Fenster, durch die die Lichtstrahlen der Herrlichkeit Gottes zu uns dringen. Wollen wir über die Herrlichkeit Gottes nachdenken, muß unser Geist diese Sinneserfahrungen überschreiten. Diese Erfahrungen sind Wege, auf denen die Herrlichkeit in unser Leben gelangt. Das gilt erst recht für die Erfahrung der Liebe wie auch für unsere Empfänglichkeit für das Schöne sowie für unsere Reaktion darauf.

Es wird ein Augenblick kommen, da wir die Schönheit in ihrer reinsten Form schauen. Dies wird ein Augenblick höchster Seligkeit sein. Dann werden wir eintreten in das ewige „Jetzt" der vollkommenen Erfüllung. Wir werden ihn sehen, wie er ist, jene Herrlichkeit, die uns jetzt noch durch die Wolke des Nichtwissens verborgen ist.

Unsere Augen nehmen Gestalt, Form und Farbe auf, alles, was zur Schönheit gehört. Unsere Ohren hören Klänge, die uns erfreuen und entzücken. Aber die Schönheit, die unsere Augen schauen und die unsere Ohren erfreut, spricht von etwas anderem als dem, was sie selbst ist; sie spricht von Gott.

Wenn wir seine Güte und Majestät preisen, tun wir dies in einer Sprache, die seiner würdig ist, verherrlichen wir ihn in Schöpfungen der Musik und Baukunst.

Doch was Gott mehr gefällt, ist die Einfachheit des Herzens, von der die erste Seligpreisung spricht: „Selig, die vor Gott arm sind, denn ihrer ist das Himmelreich." Reinheit des Herzens, das Gespür für unser Abhängigsein, die schmerzliche Sehnsucht nach Gott, unsere inneren Wunden, die nach seiner heilenden Hand rufen, all das bewirkt in uns die Hinkehr zu ihm. Wenn wir anspruchslos und demütig sind, wenn wir unsere Schwachheit und Bedürftigkeit zugeben, dann sind wir bereit für sein Kommen. Wenn wir uns für sein Leben und seinen Willen öffnen, dann haben wir die Gewißheit, daß uns die vollkommene und nie endende Gottesschau zuteil werden wird.

Der Sünder

Sündenbewußtsein

Die Zeit, in der wir leben, verlangt, daß wir uns der Sünde in der Welt schärfer bewußt werden. Immer, wenn sich unser Herz gegenüber der Not anderer verschließt, sündigen wir. Immer, wenn wir unser Vergnügen suchen zum Nachteil anderer, sündigen wir. Immer, wenn wir anderen Kummer machen oder ihnen schaden, sündigen wir. Es ist heutzutage nichts Ungewöhnliches, Menschen mit einem unausgebildeten oder verbildeten Gewissen zu begegnen, oder anderen, deren Gewissen sich vornehmlich nach ihrem Gefühl oder ihren persönlichen Prioritäten richtet, statt nach der nüchternen Erkenntnis von Recht oder Unrecht und nach dem Gesetz Gottes. Der Christ muß ein untrügliches Gespür für die Sünde haben, sein Leben sollte ein Leben der Absage an die Sünde sein. Wenn das Gute in der Welt die Oberhand gewinnen soll, dann müssen Menschen guten Willens sich mit Klugheit und Ausdauer darum bemühen.

Es gibt also die Realität der Sünde in der Welt, und wir sind Sünder. Wir sündigen aus Schwachheit oder Bosheit:

wenn Leidenschaft und unsere eigenen Schwächen uns überwältigen oder aus wohlberechnetem und bewußtem Entschluß, um des eigenen Vorteils willen das Unrecht zu tun.

Jesus Christus litt und starb am Kreuz wegen der Sünde – nicht nur wegen des Verrats des Judas, nicht nur wegen des mißverstandenen Gehorsams und Pflichtgefühls der römischen Soldaten, nicht nur wegen der Schwäche des Petrus und der anderen Apostel, die flohen, sondern wegen der Sündigkeit der aufrührerischen und halsstarrigen Welt, wegen der Sünde der Menschen aller Zeiten. So hat jeder von uns in irgendeiner Weise zum Leiden und Tod des Herrn beigetragen. Es gibt eine Art Solidarität in der Sünde.

Das ist kein Grund, sich von Schuldgefühlen überwältigen zu lassen. Wir müssen unsere Sünden bekennen und unserer Reue Ausdruck geben, müssen versuchen, Unrecht wiedergutzumachen. Haben wir nach einer schweren Sünde das Sakrament der Versöhnung empfangen, können wir mit neuer Kraft unseren Pilgerweg zu Gott fortsetzen.

Bekehrung des Herzens

Die Genialität des Menschen hat in unserer Zeit ein imponierendes wissenschaftliches und technologisches Reich errichtet, aber die Sündhaftigkeit des Menschen hat ihn zum Sklaven in seinem eigenen Königreich gemacht. Im Königreich des Menschen herrscht keine Harmonie, denn Menschen stehen mit anderen Menschen, Völker mit anderen Völkern in Konflikt. Diese tiefgehenden Spaltungen stammen von der Sünde her, denn Sünde bedeutet Trennung: durch sie wird der Mensch von Gott getrennt und der Mensch vom Menschen. Das Herz des Menschen ist

geteilt und muß geheilt werden, um seine Ganzheit wie-
derzuerlangen. Das einzige Fundament, auf dem Gerechtigkeit und Freiheit unter den Menschen gebaut werden
können, ist die Vorrangstellung des Gottesgesetzes im
Herzen jedes einzelnen. Voraussetzung für die Heilung
ist die Reue. Wo Reue ist, folgt Versöhnung. Die Aufforderung des Herrn: „Kehrt um und glaubt an das Evangelium" enthält nicht nur eine Mahnung, sondern zeigt uns
auch den Ausgangspunkt für den Heilungsprozeß, der
uns und unserer Gesellschaft Einheit und Frieden wieder-
geben kann.

Die Erkenntnis der eigenen Sündigkeit sollte uns nicht
niederdrücken oder hoffnungslos machen, vielmehr zur
Demut vor Gott führen. Gott wird uns geben, was wir uns
selbst nicht geben können: den Frieden, der aus der Vergebung kommt, und das Einssein mit ihm, die Grundlage
wahren Glücks. „Ein zerbrochenes und zerschlagenes
Herz wirst du, Gott, nicht verschmähen" (Ps 50/51, 19) –
das ist das Gebet eines Menschen, der die Bekehrung des
Herzens, von der das Evangelium spricht, jedenfalls an-
satzweise erfahren hat. Es ist ein hoffnungsvolles Gebet,
eine Möglichkeit für den einzelnen wie für die Völker, neu
anzufangen. Zugleich ist es der erste Schritt zu jener Gottsuche, die Freude und letztes Ziel aller ist, die Gott zu
eben dieser Suche berufen hat. Dennoch bleiben auf jeder
Stufe die Widersprüchlichkeit und die Folgen der Sünde
bestehen.

In der „Konstitution über die Kirche in der modernen
Welt" haben die Väter des II. Vatikanischen Konzils über
das Geheimnis des Menschen nachgedacht. In diesem Dokument stellen sie fest, daß, wenn man nicht den Sinn
menschlichen Lebens mit Gott in Verbindung bringt, „der
Mensch eine ungelöste Frage bleibt" (GS Nr. 21). „Einer-
seits", so sagen sie, „erfährt er sich als Geschöpf vielfach
begrenzt. Schwach und sündig, tut er oft das, was er nicht

will, und was er will, das tut er nicht. Er leidet an einem
inneren Zwiespalt..." Und dennoch, so sagen die Bischöfe, „fühlt er andererseits in seiner Sehnsucht, daß er
zu einem grenzenlosen und höheren Leben berufen ist"
(GS Nr. 10). Diese Berufung ist Grund zur Hoffnung für
den einzelnen wie für die Gesellschaft.

Das Gute im Menschen sehnt sich danach, von der
Sündhaftigkeit frei zu werden. Da der Mensch aber spürt,
daß er machtlos und verloren ist, läßt er sich von seinem
himmlischen Vater finden, der seinen Sohn gesandt hat zu
suchen, was verloren war. Gott will, daß alle Menschen
gerettet werden, und die Mittel dazu stehen immer bereit.
Dennoch haben wir die erschreckende Freiheit, ja oder
nein zu sagen. Ein großer Teil der Geschichte ist ein Kom-
mentar zu der Weigerung des Menschen, „ja" zu Gott zu
sagen. Auch in unserer Zeit verfallen die Menschen in diesen Fehler: sie versuchen, die „menschliche Stadt" außerhalb des Gottesreiches zu errichten, und ganz offensichtlich scheitern sie dabei. Um Versöhnung mit Gott und
untereinander zu finden, müssen wir umkehren. Wenn
unser Glaube an die Frohbotschaft Jesu Christi dann wieder gefestigt ist, können wir uns an die Aufgabe machen,
das Reich Gottes auszubreiten und die Einheit und den
Frieden zu erlangen, nach denen sich heute so viele sehnen. Die „Zivilisation der Liebe" – ein Wort, das Papst
Paul VI. teuer war – ist die Antithese zu einer Gesellschaft,
in der oft Furcht und Haß die Vorherrschaft haben.

Immer wieder ruft uns Papst Johannes Paul II. zu einer
echten, tief geistlichen Erneuerung auf, zu einer wirklichen Bekehrung des Herzens, waren doch die ersten
Worte des Herrn am Beginn seines öffentlichen Wirkens:
„Kehrt um und glaubt an das Evangelium." Dieser Ruf er-
schallt fort durch alle Zeiten, und jeder, der Christus nachfolgen will, sollte ihn im Ohr behalten. Kehrt um, wird
uns gesagt, wendet euch ab von der Sünde, tut Buße.

Glaubt an das Evangelium, und zwar nicht wie an eine
Ideologie, über die man reden, nicht wie an ein abstraktes
Wertsystem, über das man gelehrte Diskussionen führen
kann. Es ist die dringende Aufforderung, uns Gott zuzuwenden, uns mit ihm und untereinander versöhnen zu lassen. Das ist der durch die Kirche ständig wiederholte
Aufruf Christi, der Sinn auch des Heiligen Jahres, das
Papst Johannes Paul II. zur Feier des 1950. Anniversariums
der Erlösung angeordnet hat.

Wir machen uns keine Illusionen über uns selbst oder
über die Welt, in der wir leben. Wir müssen täglich neu
gegen die Selbstsucht und gegen die Sünde ankämpfen.
Es ist ein unerbittlicher Kampf. Doch es gilt, eine noch
größere Schlacht zu schlagen. Die ganze Menschheit leidet an ihrer Schwachheit, aber darüberhinaus existiert in
unserer Welt auch die absichtliche Sünde, die Sünde der
Gleichgültigkeit gegen Gott und die Sünde des bewußten
Ungehorsams gegen sein Gebot. Solche Übel sind sogar
zum Teil in unseren Gesetzen verankert. Unter den Menschen gibt es schreckliche Grausamkeit und Ungerechtigkeit, die sogar zur Struktur mancher Gesellschaftsformen
gehören.

Buße, Umkehr, Versöhnung sind nötig. Die Umkehr beginnt tief in uns selbst, sie bedeutet eine radikale innere
Umwandlung, die sich auf unsere Beziehung zu Gott und
zu unseren Mitmenschen auswirkt. Dabei ändert man
nicht plötzlich seine Sympathien oder übernimmt einfach
bestimmte neue Ideen. Vielmehr geht es darum, eine neue
Wertordnung zu übernehmen. Es geht um eine Umwandlung des Herzens. Sie führt uns dazu, mit ganzem Herzen
und bereitwillig anzunehmen, was das Evangelium
sagt, und den zu lieben, der es sagt. Sie treibt uns an, unermüdlich für eine neue und menschlichere Welt zu arbeiten.

„Seht den Menschen", sagte Pilatus, als er Jesus, dor-

nengekrönt und von Geißelhieben zerfetzt, der Menge
vorführte. Ist das wirklich das wahre Bild des Menschen?
Denn wenn Gott Mensch geworden ist, sollten wir in ihm
doch die Vollendung alles Menschlichen erblicken können.

„Wir sahen an ihm keine Schönheit und keine Würde,
er sah nicht so aus, daß wir an ihm Gefallen fanden" (Jes
53,2). Der Staat, den Pilatus vertrat, und die Amtsträger
der Religion, für die Caiaphas sprach, hatten ihr Werk getan. Die Wahrheit über Gott, die Wahrheit über den Menschen – nun, „Was ist Wahrheit?", fragte Pilatus. Er hätte
fortfahren können: „Das soll jeder selbst entscheiden." Er
tat es nicht – aber wir tun es.

Es ist besser, ihn los zu werden, es ist besser, daß einer
für das Volk stirbt, als daß das ganze Volk zugrunde geht,
sagte der Hohepriester Caiaphas. Er könnte alles und alle
in Unruhe versetzen mit seiner Lehre über die Armen und
über die Opfer der Ungerechtigkeit. Wir dürfen die eta-
blierte Ordnung nicht stören. Caiaphas hätte wahrscheinlich in diesem Sinne fortfahren können. Er tat es nicht –
aber wir tun es.

So töteten sie ihn. Die weltliche Macht, Pilatus, und die
geistlichen Führer, Caiaphas, hätten es verhindern können. Sie taten es nicht.

Das Gottesreich gewinnt nicht leicht Gestalt und Gehalt
im Reich der Menschen. Seit Jahrhunderten existieren
beide, oft in Konflikt miteinander, dann wieder wirken sie
wie in zwei getrennten Welten, trachten danach, sich voneinander unabhängig zu machen durch Trennung von Kirche und Staat. Auf Kalvaria schien es, als habe Caesar Gott
besiegt. Aber das Grab hat nicht all unsere Hoffnungen in
sich begraben. Mit den Augen des Glaubens sehen wir
hinter der Gestalt des gekreuzigten Christus das Bild des
auferstandenen Herrn.

Mit denselben Augen des Glaubens sehen wir aber

auch, daß in unserer heidnischen und säkularisierten Welt viele gute Menschen darum bemüht sind, den Werten, die im Gottesreich gelten, in der oft so grausam und gedankenlosen Welt des Menschen ebenfalls Geltung zu verschaffen. Diese Augen des Glaubens vermögen im Todeskampf der Welt die Möglichkeit zu erblicken, daß Gott zum Besten des Menschen sein Ziel erreicht. Daß Christus das Leiden angenommen hat, bringt der Welt den Frieden. Durch seine Wunden sind wir geheilt. Heil soll geschenkt, Frieden hergestellt werden. Doch dazu bedarf es der Bekehrung der Herzen und des Willens zu handeln. Darum kommt das Gottesreich nur so zögernd. Darum wird es zuerst im Herzen und Leben der Glaubenden errichtet und wirkt in der Gesellschaft weiter wie ein Sauerteig oder ein Senfkorn. Darum müssen wir Gottes Führung und Schutz für so viele Mächtige und Einflußreiche erbitten und für die Bekehrung vieler beten. Wir müssen seinen Plan mit uns und mit unserer Zeit wenigstens zum Teil in die Wirklichkeit umsetzen.

Die Erlösung des Menschen durch Christi Tod ist eine frohe und sehr zeitgemäße Botschaft, aber wir haben für sie vielfach das Gespür verloren. Allzu oft in der Geschichte hat man versucht, eine Welt ohne Gott zu errichten, das heißt eine Welt, die so tut, als ob es Gott nicht gäbe, und immer hat man festgestellt – wie wir es heute zu spüren bekommen –, daß ihr dann etwas fehlt. Setzen wir unseren Glauben auf Christus, der für uns gestorben und auferstanden ist. Das ist die wahre, radikale Alternative für unsere heutige Gesellschaft.

Die neue Welt, die Christus vorausgesagt hat, kann nur entstehen, wenn die Menschen neu werden. Ändern sich die Menschen, ändert sich die Welt. Mitten in der Welt wächst das Reich Gottes.

Es ist nie leicht, der Finsternis zu entfliehen, und noch schwerer ist es, gut zu sein. „Gut" soll hier nicht ausschließlich und nicht einmal in erster Linie in moralischem Sinn verstanden sein, vielmehr meine ich damit etwas viel Tiefgehenderes. Das Evangelium nennt es Bekehrung des Herzens, griechisch „metanoia". Es ist ein ganz radikales, inneres Tun, das der einzelne vollziehen muß, ein Tun, das sich dann in tiefgreifender Weise auf die Gesellschaft, in der er lebt, auswirken wird. Es geht zum Teil aus der Erkenntnis hervor, daß das, was wir in unserem Erdenleben hier und heute erfahren, nicht alles ist, nicht alles sein kann, sondern daß es eine Wirklichkeit gibt, über welche die Wissenschaft nichts auszusagen vermag und die für die Technik nicht erreichbar ist: eine Wirklichkeit, die zum Reich des Ewigen, des Geistigen und damit zur Religion gehört.

Gottes Barmherzigkeit und Liebe

Im ersten Eucharistischen Hochgebet stehen Worte, die mich immer mit großer Freude und Frieden erfüllen. Wir beten da: „Auch uns, deinen sündigen Dienern, die auf deine reiche Barmherzigkeit hoffen ..." Es ist gut, daß wir fähig sind, uns ehrlich und demütig als Sünder zu bekennen.

In der Geschichte vom Pharisäer und Zöllner, die im Tempel beten, konnte der Zöllner, der sich seiner Sündhaftigkeit tief bewußt war, nur sagen: „Gott, sei mir Sünder gnädig." Das ist zweifellos eines der wenigen Gebete, die wir vollkommen aufrichtig beten können. Wie wir aus den Worten des Herrn selbst wissen, wurde der Zöllner gerechtfertigt und gerettet. Denn da er seine Schwäche und sein Elend voll erkannte und demütig bekannte, gelangte er geradewegs zum Herzen des Herrn.

Gottes Liebe ist in Jesus Christus offenbar geworden. Es

ist eine barmherzige Liebe, eine Liebe, die Verständnis hat
für die menschliche Gebrochenheit. Aus dieser verständ-
nisvollen Liebe erwächst sein Wille, uns zu erlösen. Eben
weil wir schwache und schuldige Sünder sind, müssen wir
von uns selbst erlöst werden, befreit aus der Gefahr, Gott
und einander die Liebe zu versagen. Je größer die
Schwachheit und je ernster die Gefahr, umso überwältigender und zärtlicher ist die Liebe und Fürsorge Gottes
für uns in Jesus Christus.

Wenn wir ehrlich und demütig unsere Hinfälligkeit annehmen, sind wir davon befreit, etwas darstellen zu müssen, dann brauchen wir uns nicht mehr zu mühen, auf
andere Eindruck zu machen und uns selbst zu rechtfertigen. Wir können uns und anderen gegenüber wahrhaftig
sein. Wir können die rettende und heilende Kraft Christi
dankbar annehmen. Wir haben keinen anderen Erlöser.
Wir brauchen kein anderes Heilmittel.

Vergebung

Als die Pharisäer den Herrn kritisierten, weil er sich mit
den Sündern abgab, sprach er die folgenden Worte, die
meiner Meinung nach zu seinen kostbarsten und tröst-
lichsten gehören: „Nicht die Gesunden brauchen den Arzt,
sondern die Kranken" (Mt 9,12). Schwachheit, morali-
sches Versagen und unsere große Erlösungsbedürftigkeit
richten zwischen uns und Gott keine Barrieren auf, sondern binden uns im Gegenteil enger an ihn. Die vollkommene Liebe treibt die Furcht aus, sagt Paulus. Im
geistlichen Leben vieler Menschen herrscht die Angst und
nicht die Liebe. Ein geistliches Leben, das auf Furcht ge-
gründet ist, ruht auf einem falschen Fundament. Letztlich
kann solch ein Leben Gott nicht wohlgefällig sein und uns
nicht zu ihm führen.

Versöhnung

Was uns am stärksten zur Reue und zur Versöhnung mit Gott wie auch untereinander bewegt, ist der Gedanke an die Liebe des Vaters zu uns, das sichere Wissen, daß er immer bereit ist, uns zu vergeben. Der Prophet Jesajah beschreibt Gottes Haltung uns gegenüber in einem bewegenden Vergleich: „Kann denn eine Frau ihr Kindlein vergessen, eine Mutter ihren leiblichen Sohn? Und selbst wenn sie ihn vergessen würde: ich vergesse dich nicht" (Jes 49,15).

Wir dürfen mit Gott nicht spaßen oder falsches Spiel mit ihm treiben. Wenn wir uns jedoch beständig bemühen, wenn wir nach ihm verlangen und ihn finden möchten, dann ist er da mit seiner vergebenden Liebe und der Bereitschaft, uns den Reichtum zu schenken, den sein Sohn für uns erworben hat. Denn Gott ist voller Erbarmen, und durch Jesus Christus sind wir, die wir nun zur Familie Gottes gehören, mit Gnaden beschenkt. Gottes Liebe zu uns und seine bleibende Bereitschaft zu vergeben können sich als eine unwiderstehliche Anziehungskraft für alle erweisen, die sich dieser Liebe und Bereitschaft bewußt werden. Die Barrieren, die wir errichten wollten, brechen zusammen. Immer gewaltiger zieht es uns zu Gott hin, je mehr wir seine Liebe kennenlernen.

Durch den Tod und die Auferstehung Jesu Christi sind wir fähig geworden, uns auf den Weg zu machen; von der Verfallenheit an die Sünde aufzubrechen zum „Leben, das mit Christus verborgen ist in Gott". Das Evangelium fordert von uns die Bekehrung des Herzens, es ruft uns auf, uns zu wandeln, anders zu werden.

Wenn wir uns von dem, was uns von Gott trennt, abwenden wollen, müssen wir „nein" sagen; „nein" zur Sünde, „nein" zu schlechten Gewohnheiten, „nein" zur

Nachlässigkeit im Dienst an Gott und den Nächsten, „nein" zu allem, was Gott mißfällt. Dieses „Nein" zu uns selbst nennen wir Selbstverleugnung. Wir müssen diese Selbstverleugnung in vernünftiger und kluger Weise praktisch einüben, um besser „nein" zu uns selbst sagen zu können, wenn unsere Fehler, Schwächen und Sünden sich zwischen uns und unsere Liebe zu Gott und unseren Dienst für ihn stellen.

Noch wichtiger jedoch ist, „ja" zu Gott sagen, „ja" zu den Forderungen, die er an uns stellt, „ja" zum Leiden, das er uns vielleicht zu tragen auferlegen will, „ja" zu der Liebe, die wir nach seinem Willen weiterschenken sollen.

Wesentlich für unsere Umkehr ist, daß wir unser Gebetsleben vertiefen und bewußter die Eucharistie mitfeiern. Tun wir das, können wir sicher sein, daß Gott zu uns sprechen und uns führen wird. Er wird uns in zunehmendem Maße zeigen, was in unserem Leben der Vereinigung mit ihm entgegensteht. Er will diese Vereinigung. Und in unserem Innersten wollen auch wir sie.

Von der Sünde zur Vereinigung mit Gott

Von der Sünde zur Vereinigung mit Gott: das ist der Weg, den jeder von uns zurücklegen muß, das ist die Pilgerfahrt des Menschen. Tag für Tag müssen wir auf diesem Weg voranschreiten, fort von dem, was uns von Gott trennt, hin zu dem, was uns mit ihm vereinigt.

Geistliche Gesundheit

Die Erfahrungen der Ärzte und Priester machen deutlich, wie viele Menschen noch immer beunruhigt, ja gequält sind von der uralten Frage nach dem Sinn von Schmerz,

Leid und Tod. Angst, Todesfurcht, innere Leere, verzehrende Einsamkeit erfassen die Menschen in einer säkularisierten Gesellschaft, einer Gesellschaft, die Gott als unnötig, überflüssig oder gar schädlich verbannt hat, oder in der er nur am Sonntag und als Privatbeschäftigung zugelassen ist.

Dieser Gesellschaft ist es nicht gelungen, die wirklich tiefgreifenden Probleme zu lösen. Immer noch fürchten wir den Tod und rätseln über ihn, immer noch schreckt uns das Leid. Die Konsumgesellschaft, die alle möglichen materiellen Güter und allen Wohlstand zu bieten hat, vermochte weder die tiefste Sehnsucht des menschlichen Herzens zu stillen, noch ihm die Freude und Zufriedenheit zu geben, nach der es verlangt. C. G. Jung schreibt in seinem Buch „Auf der Suche nach der Seele":

„Unter all meinen Patienten, die in der zweiten Lebenshälfte standen, war nicht einer, dessen Problem nicht im letzten der Mangel an einem religiösen Lebensentwurf war. Es kann mit Sicherheit gesagt werden, daß sie alle deswegen krank geworden waren, weil sie das verloren hatten, was die lebendigen Religionen aller Zeiten ihren Anhängern gegeben haben, und daß nur die wirklich geheilt wurden, die ihre religiöse Einstellung wiedererlangten."

Über diese Feststellung habe ich oft nachgedacht, und dabei kam ich auf den Gedanken, daß das, was für den einzelnen gilt, sicherlich auch für seine Beziehungen zu anderen, für die Gesellschaft selbst Geltung hat. Vieles mag beim Patienten nicht in Ordnung sein, aber ihm kann geholfen werden. Immer gibt es Zeichen der Hoffnung, immer gibt es Anzeichen der Besserung. Trotz allem, was scheinbar dagegen spricht, bleibt in jedem von uns ein religiöser Funke, der zu einem hellen und wärmenden Feuer entfacht werden kann. Die Aussicht auf einen Heilungsprozeß ist da.

Wie können wir diesen Funken in uns feststellen? Wahrscheinlich ist das bei jedem anders – kein Wunder, denn jeder Mensch ist einmalig. Ich glaube, dieser Funke hat etwas mit einer tief in uns verborgenen Sehnsucht zu tun. Wir sehnen uns danach, das Gute ganz allgemein oder das Gute, das wir an vielen Menschen und Dingen im Umkreis unserer Erfahrung wahrnehmen, zu erkennen und zu besitzen. Schließlich werden wir bemerken, daß unser Trachten nach dem Wahren und Guten uns dazu bringt, nach diesem Wahren und Guten in seiner absoluten Form zu suchen. Diese absolute Wahrheit und dieses absolut Gute nennen wir Gott.

Das Leben und die Lebensqualität sind bedroht. Der einzelne und die Gesellschaft können nicht grundlegend geheilt werden ohne eine radikale Umwandlung. Zu diesem Prozeß gehört wesentlich das Religiöse. Persönliche Erneuerung und Erneuerung der Gesellschaft folgen dem gleichen Muster. Rückkehr zu Gott ist die Voraussetzung zur Rückkehr der Gesundheit.

Demut

Der heilige Benedikt wird der Meister der Demut genannt, und seine Regel war und ist ein klassisches Werk darüber. Für ihn ist die Demut der Schlüssel zum rechten geistlichen Verhalten überhaupt.

Die Demut ist eine christliche Grundtugend, die Mitte christlichen Lebens. Durch sie wird man ein wahrhaft religiöser Mensch. Sie ist nicht nur eine monastische, sondern eine allgemein christliche Tugend.

Demut ist nicht mit Bescheidenheit gleichzusetzen, obwohl diese ein Zeichen von Demut ist. Es gehört zur Demut, daß man keine hohe Meinung von sich hat. Der Demütige stellt sich der Wahrheit über Gott und über sich selbst.

Demut bei jemand anderem zu sehen, ist etwas Schönes, aber der Versuch, selbst demütig zu werden, ist ein mühevolles Unterfangen. Es schmerzt. Es schmerzt, kritisiert, mißverstanden, falsch beurteilt, von oben herab behandelt, abgeschrieben zu werden. Aber das gehört nun einmal zum Weg zur Demut. Keiner geht diesen Weg gern. Merkwürdigerweise beginnt man manchmal, so glaube ich, erst dann zu erkennen, wie wertvoll man in Gottes Augen ist, wenn man feststellt, wie gering man von anderen Menschen geachtet wird. Dann hört man auf, sich zu fragen, was die anderen von einem denken; denn man hat den Wert entdeckt, den man in den Augen des Vaters hat.

Ich habe die Erfahrung gemacht, daß wirklich herausragende und weise Menschen oft tief demütig sind. Sie kennen ihre Grenzen und wissen, wieviel sie nicht wissen. Es tut gut, einem gelehrten und zugleich weisen Menschen zu begegnen, der staunen kann und einfältig ist wie ein Kind.

Die Weisen aus dem Morgenland waren gelehrte Männer in hohen Stellungen. Aber gerade ihre Weisheit und Gelehrsamkeit befähigten sie, sich vor einem Kind zu beugen und kleinzumachen, von dem sie erkannten, daß es größer war als sie. Sie waren demütig, darum knieten sie nieder und brachten ihre Gaben dar. Ihre Gaben waren Ausdruck ihrer Demut.

Irgendwann einmal im Leben überfällt uns wohl das Gefühl des Gescheitertseins. Wir haben große Enttäuschungen erlebt und empfinden, daß wir weniger gut sind, als wir sein sollten, und weniger erfolgreich, als wir gern wären. Dieses Gefühl des Scheiterns und der Unzulänglichkeit kennen sicherlich alle, und auch der Herr muß es am Ende seines Lebens gehabt haben. Alle hatten sich gegen ihn gewandt. Sie werden ihn hinrichten, sie beleidigen ihn. Wir wissen, daß dieser Augenblick des Scheiterns der Augenblick des Sieges Gottes war. Es ist sehr wichtig, sich das klarzumachen. Wenn man sich als unzulänglich oder gescheitert, enttäuscht oder fassungslos erfährt, gerade dann kann Gott in unser Leben treten und es zu *seinem* Erfolg werden lassen.

Krumme und Lahme

Vielen Menschen gelingt es einfach nicht, auf die Forderungen des Evangeliums einzugehen, entweder weil ihnen das Ideal viel zu hoch zu sein scheint oder weil ihre Lebensumstände und ihre Situation es ihnen unmöglich machen, viel mehr zu tun, als Tag um Tag zu überleben in der vagen Hoffnung, daß am Ende ihres Lebens alles doch noch gut ausgehen wird. So lebt z. B. ein Mensch in einer Ehe, die von der Kirche nicht anerkannt ist, aus der er sich aber aus den verschiedensten Gründen nicht frei machen kann.

Gottes Forderungen an uns sind sehr groß. Ein freiwilliges Verstoßen gegen sein Gesetz, eine Sünde, kann er niemals übersehen oder akzeptieren. Gibt es also für die meisten von uns, die wir einfach keine Heiligenanwärter sein können, keine Hoffnung? Und was ist mit denen, die sich so oft und intensiv bemüht haben, schlechte Gewohnheiten abzulegen und mit der Sünde Schluß zu machen, und die so elend gescheitert sind? Hat Gott kein Interesse an ihnen? Wird er sie verstoßen? Eine erschreckende Frage! Die Antwort ist für mich klar. Gott stößt uns nie zurück; wir sind es, die die Freiheit besitzen, ihn abzulehnen. Es gibt Menschen, die das tun. Aber glücklicherweise geben viele den Kampf nicht auf, beginnen immer wieder von neuem, auch wenn sie nur allzu oft scheitern. Wir sind schwach und verwundet und in unseren Augen gewiß Versager. Aber sind wir damit notwendigerweise auch Versager in Gottes Augen? Wie sieht er uns, unsere Kämpfe und Niederlagen? Wenn wir das Evangelium aufschlagen und die Worte und Taten unseres Herrn betrachten, werden wir die Antwort auf diese Fragen finden.

Werfen wir noch einmal einen Blick auf die Geschichte vom Pharisäer und Zöllner, wie Lukas sie uns berichtet (Lk 18,9–14). „Einigen, die von ihrer eigenen Gerechtigkeit überzeugt waren und die anderen verachteten, erzählte Jesus dieses Beispiel ..." Die Geschichte beginnt mit einer Warnung. Sie bildeten sich ein, von Gott angenommen zu sein, und sie waren es ganz offenbar nicht. Und ebenso offenbar ist, daß sie das nicht realisierten.

In der Tat hatte der Pharisäer in der Geschichte allen Grund zu glauben, daß er bei Gott in Ansehen stand. „Ich faste zweimal die Woche und gebe den Zehnten von allem, was ich besitze." Er brauchte sich auch nicht des Diebstahls, des Betrugs oder des Ehebruchs anzuklagen, er war ein Mann, der seine Religion gewissenhaft praktizierte und, was die Moral anbetraf, einen ausgezeichneten Ruf genoß. Doch er hatte einen verhängnisvollen Fehler. Er „verachtete den Rest der Welt"; er blickte auf den armen Zöllner herab, saß über ihn zu Gericht und verurteilte ihn.

Es gibt nichts Gefährlicheres und nichts Verabscheuungswürdigeres als geistlichen Hochmut; er ist eine subtile Gefahr, die sich nur allzu leicht einschleicht. Andere verachten, sich über sie erhaben fühlen, zufrieden sein mit den eigenen geistlichen Leistungen, das sind Anzeichen für geistlichen Hochmut.

All dies ist das genaue Gegenteil von dem Verhalten des Zöllners. Er besaß nichts, dessen er sich hätte rühmen können. Er „blieb ganz hinten stehen und wagte nicht einmal, die Augen zum Himmel zu erheben". Er konnte sich nur an die Brust schlagen und sagen: „Gott, sei mir Sünder gnädig!" Es gibt kein anderes Gebet, das wir uns so leicht zu eigen machen können. Wie sehr unsere früheren Sünden uns auch drücken, unsere augenblicklichen Schwierigkeiten uns belasten mögen, wie sehr wir uns als Versager, auch als Versager in den Augen Gottes empfinden – immer können wir beten: „Gott, sei mir Sünder gnädig." Bedenken wir, was der Herr über das Gebet des Zöllners sagte: „Ich sage euch, dieser kehrte als Gerechter nach Hause zurück, der andere nicht. Denn wer sich selbst erhöht, der wird erniedrigt, wer sich aber selbst erniedrigt, der wird erhöht werden." Der Zöllner haßte seine Sünde. Seine Bitte um Vergebung schloß den Willen zu dem Versuch ein, seine Sündhaftigkeit zu überwinden.

Natürlich dürfen wir uns nicht mit der Sünde abfinden, dürfen wir nicht selbstzufrieden auf die eigenen Schwächen blicken. Aber es ist gut, sich klarzumachen, daß wir schwache und verwundete Wesen sind und uns mit dem Zöllner identifizieren können. Vielleicht müssen wir immer wieder scheitern, um wirklich demütig zu werden, um endlich einzusehen, daß alles, was wir an Gutem in uns finden, Geschenk Gottes ist. Es liegt an uns, so immer wieder zu versuchen, nicht zu sündigen und Gott in allem zu gefallen. Die Ausdauer im Bemühen darum ist Gabe Gottes, ebenso der Erfolg. Gott gibt das Geschenk dem, der sich danach ausstreckt.

Jesus begegnete oft Siechen und Kranken, Krummen und Lahmen. Betrachten wir betend, wie er mit ihnen umging, erfahren wir viel darüber, was Gott von uns und unserer Armseligkeit hält. Und wir werden dabei auch manches Gebet entdecken, das wir uns zu eigen machen können. Nehmen wir z. B. den Bericht des Markusevangeliums über die Heilung des Aussätzigen (Mk 1, 40–45). Jeder von uns kann sich in diesem Aussätzigen wiederfinden. Seine körperlichen Wunden und Schwächen sind wie ein Spiegel, in dem wir unsere geistlichen Probleme und

Schwierigkeiten sehen können; sein Gebet können wir zu dem unseren machen. Der Aussätzige betet: „Wenn du willst, kannst du machen, daß ich rein werde." Dann wird uns gesagt, daß der Herr „Mitleid mit ihm hatte". Ich stelle mir gern vor, daß der Herr auf uns schaut, wie wir uns mühen zu werden, was wir sein sollen, und dabei scheitern; wenn wir versuchen, ihn und den Nächsten zu lieben und das fehlschlägt. Aber er weiß, daß wir es versuchen wollen, und er wird gewiß Mitleid mit uns haben. Vielleicht heilt er uns auf der Stelle wie den Aussätzigen. „Ich will es – werde rein." Vielleicht will er aber auch, daß wir den Versuch fortsetzen, bessere und engagiertere Christen zu werden. Dann läßt er uns unsere Wunden und Schwächen eine Zeitlang. Vielleicht aber kann er uns auch nur langsam und über Jahre hin heilen. Eines ist sicher: er hört uns zu und antwortet, aber auf seine Weise und so, wie es für uns am besten ist. Auch ist es sicher, daß wir oft gar nicht wahrnehmen, wenn er uns seine heilenden Hände auflegt. Wir müssen ihm vertrauen.

Wie schon gesagt, gibt es viele Begegnungen des Herrn mit den „Krummen" oder den „Lahmen". Immer kann die Berührung und der Dialog mit ihnen zu einem Gespräch zwischen ihm und uns werden. So sind z. B. der „Blinde, der an der Straße saß und bettelte" (Lk 18,35–43), wie auch der Aussätzige Bild eines jeden von uns auf der Pilgerreise durch das Leben. Wir sind wie Blinde, wir sehen Gott nicht, ja oft nicht einmal genau den Weg, den wir zu gehen haben, weder für uns noch für andere. Wir sind hilflos; und so beten wir wie jener Blinde: „Jesus, Sohn Davids, hab Erbarmen mit mir!" Wir könnten versucht sein zu denken, es sei Zeitverschwendung, sich an den Herrn zu wenden, und alle möglichen Gründe werden uns dafür einfallen. („Ich habe das schon einmal versucht, und nichts ist geschehen.") Lukas erzählt uns, daß die Leute dem Blinden befahlen zu schweigen. Aber er ließ sich nicht abweisen und schrie nur umso lauter: „Sohn Davids, hab Erbarmen mit mir!" Da blieb der Herr stehen und ließ ihn zu sich führen. „Was soll ich dir tun?", fragte er. Diese Frage ist an uns gerichtet. Gott wendet sich an einen jeden von uns und fragt: „Was kann ich für dich tun?" Und wir bitten: „Herr, laß mich wieder sehen können." Wird dieses Gebet immer erhört? Ja – aber immer in der Weise Gottes, nicht notwendigerweise so, wie wir es uns vorstellen.

Gott wünscht für uns nur das Eine, Entscheidende: unsere Vereinigung mit ihm. Wie er dieses Ziel erreicht, bleibt uns oft verborgen. Manchmal schenkt er uns so viel Sehkraft, daß wir den nächsten Schritt zu erkennen vermögen, häufig aber gerade nur genug Licht für das innere Auge, daß es Jesus Christus ausfindig machen kann, der uns führt und leitet. Wir bleiben schwach und verwundet und beten weiter um Kraft und Hilfe. Der Erfolg ist nicht überwältigend, aber groß genug, daß wir uns freuen und Gott preisen können, der uns nach seinem Ermessen schenkt, was wir brauchen. Es ist nicht das Schlechteste, ein „Lahmer" zu bleiben. „Nicht die Gesunden brauchen den Arzt, sondern die Kranken" (Mt 9, 12). Er ist für uns gekommen. Wen man liebt, dem möchte man helfen. Die meisten von uns brauchen diese Hilfe bis an ihr Lebensende – dringend. Und er möchte sie uns schenken – er sehnt sich sehr danach.

Fürchtet euch nicht

„Warum sollte ich mich freuen", mag mancher sagen. „Es gehört zu meiner Lebenserfahrung, daß kein Tag vergeht, an dem ich nicht Tränen vergießen muß und traurig oder unglücklich bin. Ich weine bittere Tränen über mich selbst, denn mein Herz ist geplagt von Kummer und Not und mein Leib von Schmerz und Mühsal. Wenn Gott die Güte ist – was man ja von ihm sagt –, wenn er uns mit einer Liebe liebt, der keine menschliche gleichkommt, warum herrscht dann das Böse in unseren Herzen und hat solche Macht in seiner Schöpfung?" Dennoch gilt seine Botschaft: „Freut euch, fürchtet euch nicht."

Schrecken erfaßt uns, wenn wir keinen Ausweg aus der Finsternis finden, wenn sich kein Lichtstrahl zeigt. Schrecken ist ein Kind der Verzweiflung, häßlich und grausam. Doch gerade dann, wenn Schrecken uns packt, wird Hoffnung geboren. Die Finsternis weicht dem Licht. Ein Retter ist geboren, Christus der Herr selbst, denn „Gott hat die Welt so sehr geliebt, daß er seinen einzigen Sohn hingab, damit jeder, der an ihn glaubt, nicht zugrunde geht, sondern das ewige Leben hat" (Joh 3, 16).

Fürchtet euch nicht. Wir brauchen niemals einsam zu sein. Jede Last, die wir tragen, trägt er mit. „Gib mir deine Last", sagt er, „ich will sie zu der meinen machen." Er wird uns nicht immer die Last ganz abnehmen, aber da sie nun auch die seine ist, ist sie leichter zu tragen.

Wir verstehen nicht, warum wir gefallene, sündige, beladene und verwundete Menschen sind. Gott will unsere Traurigkeit und unseren Schmerz nicht, sondern will, daß wir seine Güte erkennen und ihr vertrauen, daß wir seiner Liebe zu uns innewerden und uns freuen. Das Geheimnis, das in seinen Worten verborgen ist, wird uns langsam enthüllt. Es ist das Geheimnis seiner treuen, innigen und aufrichtigen Liebe, die uns ganz nahe ist. Diese Liebe ist der Sinn seines Lebens, sie ist der Grund seines Kommens in die Welt als Mensch.

Zweiter Teil

Gott der Pilger

Gott auf der Suche nach dem Menschen

Wenn man mutlos und niedergeschlagen ist, wenn man versucht ist, den Glauben aufzugeben, dann sollte man sich einen ruhigen Ort suchen, im Neuen Testament das 15. Kapitel des Lukasevangeliums aufschlagen und es langsam und betrachtend lesen.

Es finden sich dort drei Geschichten, die der Herr erzählt. Jede berichtet von etwas Verlorenem: einer Münze, einem Schaf und – als wichtigstes – von einem Sohn. In allen drei Fällen sucht der Mensch, der den Verlust erlitten hat, nach dieser Kostbarkeit. Eine Frau kehrt aufgeregt ihr Haus aus; der Hirt verläßt die übrigen neunundneunzig Schafe, und der Vater wartet auf seinen verlorenen Sohn, denn etwas anderes kann er nicht tun. Jeden Tag geht er vor das Haus, um Ausschau zu halten, damit er ja den Sohn sieht, falls er heimkehren sollte. Er wartet und hofft voller Sorge. Und eines Tages sieht er ihn. „Er sah ihn schon von weitem kommen, und er hatte Mitleid mit ihm. Er lief dem Sohn entgegen, fiel ihm um den Hals und küßte ihn."

Das ist nicht einfach ein Bericht über einen Vater, der seinen eigensinnigen Sohn begrüßt. Wir haben es hier mit Gottes Wort zu tun, einer der klarsten Offenbarungen der Wahrheit über die Liebe Gottes zu uns. Er ist immer da

73

und wartet darauf, daß wir uns ihm zuwenden. Tun wir das, dann schließt er uns in seine Arme und beschenkt uns reich. Juliana von Norwich, eine erfahrene Mystikerin, schreibt:

„So köstlich wird unsere Seele geliebt von ihm, der der Höchste ist, daß es den Verstand aller Kreaturen übersteigt, das heißt, es gibt kein erschaffenes Wesen, das wissen kann, wie sehr und wie süß und wie zärtlich unser Schöpfer uns liebt. Und so dürfen wir denn durch seine Gnade und seine Hilfe mit unseren geistigen Augen in immerwährendem Staunen diese hohe, alles übersteigende, unermeßliche Liebe betrachten, die unser Gott in seiner Güte für uns hegt. Und so dürfen wir auch in Ehrfurcht von der Liebe unseres Gottes alles erbitten, was wir wollen; denn unser natürlicher Wille ist, Gott zu besitzen, und der gute Wille Gottes ist, uns zu besitzen; und unser Wollen und Lieben kann niemals aufhören, bis wir ihn besitzen in der Fülle der Freude. Und weiter sollen wir nichts mehr wollen; denn er will, daß wir nur darauf bedacht sind, ihn zu erkennen und zu lieben, bis die Zeit kommt, daß wir vollkommen sein werden im Himmel."*

Die Barmherzigkeit des Vaters ist groß. Sie bedeutet Zärtlichkeit und Treue gegenüber denen, die er zur Vereinigung mit sich erschaffen hat. Wenn Zärtlichkeit und Beständigkeit sich verbinden, sind sie eine Macht und Grund dafür, daß Gott uns nahe sein möchte. So sagt auch der Evangelist Johannes: „Gott hat die Welt so sehr geliebt, daß er seinen einzigen Sohn hingab, damit jeder, der an ihn glaubt, nicht zugrunde geht, sondern das ewige Leben hat" (Joh 3, 16). Weil er uns so geliebt hat, ist er in seinem Sohn Jesus Christus ein Pilger geworden wie wir.

---

* Juliana von Norwich, Offenbarungen der göttlichen Liebe. Hrsg. Otto Karrer, Verlag Ferdinand Schöningh, Paderborn 1926.

Das Mysterium der Menschwerdung

Die Kirche Christi ist nicht das Produkt menschlicher Weisheit. Es geht ihr auch nicht in erster Linie um humanitäre Belange. Sie hütet und verkündet eine Offenbarung Gottes, und daher hat sie es mit Mysterien zu tun. Mysterien sind tiefe Wahrheiten, die sich dem Zugriff unseres Verstandes entziehen, wenn er sich selbst überlassen bleibt, ihren Reichtum aber den Demütigen und Betenden schenken.

Der Schöpfungsbericht der Genesis birgt einen Schatz an Bedeutung. Gott ist für Juden und Christen keine unpersönliche Macht. Er ist der Schöpfer, der klug und aus Liebe handelt. Von Anfang an werden die Menschen als etwas Besonderes dargestellt, als etwas aus der übrigen Schöpfung Hervorgehobenes – „der Mensch ist nach dem Bild und Gleichnis Gottes geschaffen" –, nicht weil sie Fleisch und Blut sind, sondern weil sie in ihrem Innern einen göttlichen Funken tragen, die Kraft des Verstandes und die Fähigkeit zu wählen und zu lieben. Jeder einzelne Mensch spiegelt etwas wider von Gott und ist von ihm dazu bestimmt, sein vertrauter Freund zu sein, ihn in der Herrlichkeit des Paradieses zu schauen.

Aber Stolz, Eigensinn und Ungehorsam zerstörten die Unberührtheit des Gartens Eden. Der Mensch, von Gott und für Gott geschaffen, lehnte sich gegen ihn auf und geriet in eine Welt von Hader und Sünde. Im Kampf mit sich selbst, in Konflikt mit seinem Nächsten leistete er Gott Widerstand und stürzte die Welt in Finsternis.

Die ganze Heilige Schrift spricht davon, wie Gott auf die Suche nach dem Menschen ging, wie der gute Hirt die zerstreute Herde sammelte, wie der Schöpfer sein Ebenbild wiederherstellte, das so lange vom Menschen verunstaltet und durch die Sünde in Stücke zerbrochen wurde.

Er schuf den Menschen neu in der Person Jesu Christi

und bot der Menschheit ein neues Leben, ein herrlicheres Geschick, ein neues Ebenbild, ein neues Vorbild an.

In Jesus Christus schaut der Gläubige eine zweifache Wirklichkeit. An ihm erkennt er mit den Augen des Glaubens, was der Mensch sein kann und wie Gott ihn gewollt hat. Gleichzeitig kann er im Antlitz Jesu das Bild Gottes des Vaters entdecken. Philippus sagte: „Herr, zeig uns den Vater, und es genügt uns." Jesus antwortete: „Schon so lange bin ich bei euch, und du hast mich nicht erkannt, Philippus? Wer mich gesehen hat, hat den Vater gesehen. Wie kannst du sagen: Zeige uns den Vater? Glaubst du nicht, daß ich im Vater bin und der Vater in mir ist?" (Joh 18,8.10).

Das ist sicherlich das Einzigartige am Christentum: Mittelpunkt unseres Glaubens ist die Menschwerdung Gottes. In Jesus Christus stehen wir im Schnittpunkt von Menschlichem und Göttlichem. In Christus sehen wir, was Gott der Menschheit anbietet und was die Menschheit vom Göttlichen erfassen kann.

Glaube an die Menschwerdung

Keiner kann sagen „Gott ist Mensch geworden", wenn nicht der Geist, der in ihm wohnt, ihm diesen Akt des Glaubens eingibt. Darum müssen wir immer, wenn wir ein großes Fest feiern, es in der Haltung hilfloser Demut tun und erkennen, daß wir aus eigener Kraft keinen einzigen Schritt vorwärts tun können im Verstehen der Dinge Gottes. Es ist ein Geschenk, um das wir ernsthaft, aufrichtig und beständig beten müssen.

Wenn wir nicht glauben, bleiben wir in der Finsternis, die uns furchtsam und traurig macht. Wenn wir nicht glauben, verfehlen wir den wahren Sinn des Lebens, und die Zukunft birgt keine Hoffnung.

Wie feiern wir zum Beispiel jedes Jahr Weihnachten?
Was glauben wir? Machen wir wirklich ernst, knien wir
vor der Krippe und sagen: „Ja, Gott ist in Jesus Christus
Mensch geworden?" Denn eben das feiern wir in der Heiligen Nacht. An die Tatsache der Menschwerdung glauben
heißt, sich nicht in Zweifel und Illusionen ergehen, sondern in die Welt Gottes und damit in die Realität eintreten.
Der Eintritt Gottes in unsere Welt ist Gelegenheit und
Mittel für uns, in Gottes Welt einzutreten.

Ohne diesen festen Glauben an die Menschwerdung
gibt es keinen wahren Frieden, keine wahre Freude, keine
wahre Hoffnung und keinen guten Willen unter den Menschen. Vielleicht liegt eine der größten Schwierigkeiten der
heutigen Zeit und vieler Christen darin, daß wir nur halb
glauben und halb zweifeln. Wir machen nicht ganz ernst
und sagen nicht aus voller Überzeugung: „Ich glaube."

Der Glaubensakt und unsere Möglichkeit, ihn zu setzen, sind ein Geschenk Gottes, das wir von ihm erbitten
müssen, und das verlangt eine Demut des Herzens, die für
den modernen Menschen nicht gerade charakteristisch ist.

Die Feier der Weihnacht ist, wie die aller großen Feste
der Kirche, die Feier des Geheimnisses der Liebe Gottes
zu uns. Es ist oft leichter, die Liebe zu verstehen, die wir
für andere im Herzen tragen, als zu verstehen oder zu entdecken, daß andere uns lieben. Das gilt von der menschlichen Liebe und das gilt noch viel mehr, wenn wir an die
Liebe Gottes denken und über sie zu sprechen versuchen.
Gott hat die Welt so sehr geliebt, daß er ihr seinen einzigen Sohn sandte. Das ist eine vertraute Wahrheit, die freilich ein Geheimnis enthält. Es wird noch größer, wenn wir
bedenken, daß der menschgewordene Gott bereit war,
sein Leben für uns hinzugeben. „Keiner hat eine größere
Liebe als der, der bereit ist, sein Leben für seine Freunde
hinzugeben."

Was aber soll man von einer Liebe sagen, die für die

Unwürdigen, für die Feinde sterben will? Christlich lieben heißt: sich den anderen ganz zuwenden, für die anderen verfügbar sein, den Interessen der anderen den Vorrang vor den eigenen geben. Christus, der Herr, hat diese Liebe bis zum äußersten gelebt. Er hat uns gezeigt, was Gott für uns bedeuten sollte und was wir für Gott bedeuten.

Als Gott Mensch wurde, mußten die Menschen ihr bisheriges Gottesbild völlig ändern. Kein Gottesbild kann jetzt mehr außer acht lassen, wie in der Person Jesu Christi das Göttliche ins Menschliche übersetzt wurde. Ebenso können wir den Menschen und vor allem den Menschen, wie er eigentlich sein sollte, nicht begreifen, wenn wir in unser Nachdenken nicht Christus einbeziehen. Der Mensch wurde als Bild und Gleichnis Christi neu geschaffen; Christus aber ist Bild und Gleichnis des Vaters.

In der Enzyklika „Redemptor Hominis" schrieb Papst Johannes Paul II.: „In der Geschichte der Menschheit hat die Liebe und Barmherzigkeit Gottes den Namen und die Gestalt Jesu Christi angenommen." Jesus Christus ist die menschgewordene Liebe und Barmherzigkeit Gottes.

Im Mittelpunkt unseres Glaubens an Jesus Christus, wahrer Gott und wahrer Mensch zugleich, steht das, was er für uns durch seinen Tod am Kreuz und seine Auferstehung getan hat. Es ist schwierig, das große Mysterium der Liebe zu verstehen, das wir Erlösung nennen. Es ist ein wirkliches Geheimnis, schwer, und dann nur mit Hilfe des Heiligen Geistes, zu erfassen.

Wir kommen diesem Mysterium der Erlösung am nächsten, wenn wir die Eucharistie feiern und uns in Vereinigung mit dem höchsten und ewigen Opfer, das Christus in liebendem Gehorsam auf Golgotha dargebracht hat, selbst darbringen. Im Empfang der Eucharistie werden wir eins mit Christus und durch seine Selbsthingabe ganz in ihn hineingenommen. Wir werden Teil des ganzen Christus, des Leibes Christi, der in jeder Eucharistiefeier dem Vater dargebracht wird. Das ist unser Pfand, das wir bei jeder Entscheidung, die wir in unserem Alltagsleben zu treffen haben, einlösen müssen. Unser ganzes Tun und all unsere Erfahrungen geschehen nun in Einheit mit unserem gekreuzigten und auferstandenen Herrn.

Besinnung über das Opfer Christi

Wenn ein geliebter Angehöriger oder ein naher Freund stirbt, leben die Erinnerungen an ihn weiter fort. Immer wieder denken wir an ihn, rufen uns die kleinen Dinge ins Gedächtnis, die ihn kennzeichneten: seine Art zu schauen, sich zu geben, zu reagieren. Wir denken an das, was er uns sagte, an Zeichen der Zuneigung, besonders aber an jeden Anhaltspunkt dafür, daß wir ihm etwas bedeuteten. In dieser Erinnerung mischt sich Trauer, wenn wir an seine letzten Stunden und Augenblicke denken. Besonders teuer sind uns dabei seine letzten Worte, sein letztes Vermächtnis. Das alles ist uns wichtig, und wir halten uns fest an dem, was uns an den geliebten Menschen erinnert. Wir suchen nach Briefen, die nach dem Tod des Schreibers oft mit einer Eindringlichkeit und Direktheit zu uns sprechen, die uns zu dessen Lebzeiten ganz entgangen war.

Solche Erfahrungen sind sicher vielen von uns bekannt, und dieselbe Erfahrung lebt die Kirche in den Tagen der Karwoche. Der, den wir lieben und welcher starb, ist Jesus Christus, unser Herr. Immer wieder betrachten wir in unseren Gesängen, in unserem Gebet, in der Liturgie, die bedeutsamen Ereignisse und seine letzten Worte.

Am Donnerstag in der Karwoche erinnern wir uns daran, wie der Herr sich beim Letzten Abendmahl erhob, seinen Jüngern die Füße wusch und uns damit etwas von der Hochachtung Gottes vor den Menschen zeigte; offenbart doch der Herr immer Göttliches. Er wusch seinen Jüngern die Füße, um zu zeigen, wie sehr Gott uns achtet. Wenn aber Gott eine solche Hochachtung vor uns hat, wie sollen wir ihm gegenübertreten? Und mit welchem Respekt und welchem Feingefühl sollten wir unseren Familienangehörigen, unseren Freunden und Bekannten begegnen!

Am Gründonnerstag erinnern wir uns daran, wie er zum erstenmal Brot in seinen Leib, Wein in sein Blut verwandelte. Diese Wahrheit verlangt einen Glauben, den er uns schenken muß. Wir brauchen Demut des Geistes, um zu glauben, daß das, was vormals Brot war, nun sein Leib, daß das, was eben noch Wein war, jetzt sein Blut ist. Unser Glaube an diese Wahrheit muß sich ständig erneuern und wachsen. Wir begreifen nur langsam, daß er uns in der Eucharistiefeier in seine Passion, seinen Tod und seine Auferstehung hineinnimmt. In jeder Messe wird zugleich Karfreitag und Ostern gefeiert. Der Gründonnerstag war der Tag, an dem diese beiden Wirklichkeiten, sein Tod und seine Auferstehung, uns in Zeichen und Sakrament der Messe zugänglich wurden. Die Messe ist zugleich Opfer und Mahl. Sie ist die Mitte des Lebens der Kirche. Sie gibt unserem täglichen Leben, unserer Liebe, unserem Schmerz und unseren Mühen Wert und Sinn. An jedem Gründonnerstag sollten wir Gott für das Geschenk der Eucharistie, für dieses tägliche Wunder, das unserem Leben Tiefe und Sinn gibt, danken.

Wenn die Feier der Gründonnerstagsliturgie zu Ende ist, bereiten wir uns betend auf den Karfreitag vor, vielleicht in der Sakramentskapelle einer Kirche. Indem wir dem Herrn im Sakrament nahe sind, sind wir ihm in seinem Leiden in Gethsemani nahe, so wie Maria Magdalena, als sie dem Herrn am Ostermorgen im Garten begegnete.

Der Garten von Getsemani

Im Garten von Getsemani wurde Jesus von Angst ergriffen. Wenn wir hören, daß ein Mensch in großer Not und Bedrängnis ist, empfinden wir Mitleid und möchten ihm helfen, versuchen wir, ihm in irgendeiner Weise unsere Anteilnahme zu zeigen. Vieles Reden kann alles nur schlimmer machen. Oft ist das einzige, was wir für ihn tun können, einfach bei ihm zu sein, schweigend und liebevoll. Genau das tun wir, wenn wir betend das Leiden Christi betrachten. Dabei sollten wir uns des Schmerzes bewußt sein, der immer noch das Herz der Welt durchbohrt.

„Meine Seele ist betrübt bis in den Tod." Als sie das Mahl beendet hatten, ging Jesus hinaus in den Garten, um zu beten. Er war voll Angst und Qual und wollte nicht allein sein. „Petrus, Jakobus und Johannes, wollt ihr mit mir wachen?" Schon bei einer anderen Gelegenheit hatte er sie mitgenommen, bei einem triumphalen Ereignis: als Augenzeugen seiner Verklärung. Damals schien er über alles Menschliche hinausgehoben, doch jetzt war seine Seele zu Tode betrübt (Mt 26,38). Judas war fortgegangen, um ihn zu verraten. Und die anderen? Auch sie sollten bald davonlaufen. Die drei Gefährten suchten im Schlaf den Frieden, den sie wachend nicht finden konnten.

Körperliche Schmerzen zu beschreiben ist leicht, doch es ist schwer zu schildern, was im tiefsten Innern der Seele eines anderen vor sich geht. Das unsagbare Leid ist gewöhnlich viel größer als das sichtbare. Das „Zu-Tode-Betrübtsein" trieb Jesus in Getsemani Schweiß auf die Stirn, der wie Blut war (vgl. Lk 22,44). Dieses Bild hat die Christen aller Zeiten bewegt; aber die Tiefe seiner inneren Qual läßt sich nicht schildern. Es ist eine Traurigkeit, die nie von einem anderen Menschen geteilt, nie gelindert werden kann. Nur wer zutiefst liebt, ahnt etwas davon.

Da ist aber noch eine andere Schwierigkeit, das Maß des Leidens Christi zu ermessen. Christus ist der Gottmensch, und so kann man durchaus sagen: Gott war in diesem Augenblick in der Person Christi im Geist betrübt. Das sagt uns etwas von Gott. Gibt es in Gott verwundete Liebe? Kann Gott sich zurückgestoßen oder abgewiesen fühlen? Wir können die Frage zwar stellen, wissen aber, daß wir über etwas Unbegreifliches sprechen. Will Jesus uns nicht mit dem, was da vor sich geht, eine Ahnung von etwas ganz Wichtigem vermitteln? Wir können Gott ablehnen, können seine Liebe zurückweisen, manche können Gott sogar antun, was Judas dem Herrn antat. Es ist ein erschreckender Gedanke, denn der Herr sehnte sich ja nach der Liebe des Judas. Auch nach unserer Liebe sehnt sich Gott.

Betrachten wir das Leiden des Herrn, um zu erkennen, was es für uns bedeutet und was darin über Gott ausgesagt wird. Diese Betrachtung kann uns zu einer weiteren Einsicht verhelfen. Wir alle haben zu leiden. Manchmal haben wir große Sorgen, manchmal trifft uns ein schweres Schicksal, ist auch unsere Seele zu Tode betrübt. Erinnern wir uns in solchen Zeiten an das Schicksal des Herrn, strecken wir uns nach ihm aus und vertrauen wir darauf, daß er uns Kraft gibt! Der Mann der Schmerzen hat dem Vater den Schmerz bereits dargebracht, den wir jetzt erleiden und der den Kelch füllen half, den er in Getsemani angenommen hat.

Im Ertragen von Leid und Schmerz nehmen wir also teil an der Passion des Herrn, sind wir ihm und ist er uns nahe. Er führt uns durch sein Leiden zu Größerem, zu neuem Leben mit neuer Hoffnung. Hier liegt der Sinn der Auferstehung.

Karfreitag

„Niemand hat eine größere Liebe, als wer sein Leben hingibt für seine Freunde." Im Tod Jesu Christi, des menschgewordenen Wortes, wird Gottes Liebe zu uns Menschen in überwältigender Weise sichtbar. Es gibt großes Leid in der Welt, und der Tod ist das gemeinsame Los aller Menschen. Indem Christus Leiden und Tod auf sich genommen hat, hat er ihnen eine eigene Würde verliehen. In unserem Leiden gleichen wir Jesus in Getsemani oder auf seinem Weg nach Golgotha unter der Last des Kreuzes. In unserem Sterben erfahren wir das Geschick des Herrn. Das soll uns Trost sein.

Der Sünde des Menschen wegen mußte Gottes Sohn leiden und sterben. In seiner Passion sehen wir deutlich und erschreckend, was es heißt, Gott absichtlich und mit Überzeugung abzulehnen; wir können etwas erahnen von der Furchtbarkeit der Sünde und dem Wunder der Liebe Gottes. Die Menschheit hat gesündigt und sich eine Welt nach ihrem eigenen Bild und Gleichnis geschaffen. Es wurde eine Welt voll Stolz, Haß und Aggression; der Mensch wurde zur Beute des Menschen. In der Person Jesu Christi kam die heilende Liebe Gottes in diese Welt und wurde zurückgestoßen. Die Finsternis und das Böse kämpften mit dem Licht und dem Guten.

Christus aber war dem Willen des Vaters gehorsam bis zum Tod. Auf Golgotha schien die Macht dieser Welt zu triumphieren, doch in der Niederlage war der Sieg, im Tod das Leben. Dieser Kampf dauert an bis zum heutigen Tag. In unseren Leiden und Kämpfen sterben wir mit Christus und leben dennoch.

Am Karfreitag betet die Kirche für die ganze Menschheit, da Christus für alle Menschen gestorben ist; jeder einzelne ist ihm kostbar. Auf die großen Fürbitten der Karfreitagsliturgie folgt die Verehrung des Kreuzes am Altar.

Es ist eine ganz persönliche liturgische Handlung, die unsere Vorfahren auch „zu Kreuze kriechen" nannten. Eine schöne Bezeichnung! Jeder von uns trägt still seine Last, einen persönlichen Kummer, einen geheimen Schmerz. Unter dieser Last kriechen wir zu Kreuz. Wir küssen die Wunden Christi, und diese schlichte Geste hilft, die Wunden in unserem Innern zu heilen.

Manchmal, nicht immer, erleichtert es, die Last mit einem anderen zu teilen. Sie mit dem Herrn zu teilen, ist etwas ganz anderes. Mit ihm geteiltes Leid ist Gnade.

Wenn wir das Kreuz verehren, denken wir auch an die Menschen, die Tag für Tag durch die Grausamkeit und Gefühllosigkeit ihrer Mitmenschen ans Kreuz genagelt werden und wissen, daß Christus aufs neue in ihnen gekreuzigt wird: in den Opfern von Krieg, Terror und Gewalt, den Hungernden und Notleidenden, in den aus Gewissensgründen Gefangenen und den von unserer habgierigen Gesellschaft an den Rand Gestoßenen.

Wir schauen über das Kreuz hinaus, und hinter dem gemarterten Leib sehen wir mit den Augen des Glaubens schattenhaft das Antlitz des auferstandenen Christus.

Die sieben letzten Worte

Die letzten Worte eines Sterbenden sind kostbar, umso mehr, wenn dieser ein geliebter Angehöriger ist. Was versucht er zu sagen, uns zu verstehen zu geben, und was ist der Sinn seiner Worte? Manchmal wird es ein Wort des Schmerzes sein, ein andermal ein Wort des Trostes, ein letztes Vermächtnis, das man bewahrt und hochschätzt.

So erinnerte sich die frühe Kirche der letzten Worte Jesu, die er sprach, als sein Leben zu Ende ging. Die ersten Christen dachten darüber nach, verweilten bei ihnen, und zu allen Zeiten suchte man in Betrachtung und Gebet ihren tieferen Sinn zu erfassen. Langsam begannen sie zu verstehen, daß dieser Jesus, den sie gekannt hatten, in der Tat der Christus, der Messias, der Gesalbte war, auf den sie so lange gewartet und den sie so sehr herbeigesehnt hatten. Und sie erkannten noch etwas anderes: dieser Mensch, dieser Jesus, der Messias, war wirklich Mensch und Gott, eine Wahrheit, die ihr Verstand kaum fassen konnte. Und sie wurde noch unverständlicher, wenn sie bedachten, wie er gedemütigt und grausam getötet wurde. So viel hatten sie erhofft, und nun schien alles so tragisch zu enden.

Doch der Eindruck einer Tragödie war nicht von Dauer, denn die Nachricht vom leeren Grab und die Erkenntnis, daß der Tod selbst ihn nicht hatte gefangen halten können, erfüllte sie mit Freude und gab ihnen neue Hoffnung.

Die Evangelien überlieferten die Ereignisse seines Lebens, seine Taten und Worte. Das geschah zur Belehrung seiner Jünger und aller, die ihm später nachfolgen würden. Ausführlich berichteten die Evangelien über sein Leiden und seinen Tod, denn sie maßen diesem Geschehen große Bedeutung bei. So hielten sie auch seine letzten Worte fest – die sieben letzten Worte Jesu am Kreuz.

Es sind bewegende, bedeutungsschwere Worte von großer Feierlichkeit. Jedes dieser „letzten Worte" hat lebensverändernde Kraft, denn es sind Worte Gottes. Der ganze Reichtum, den sie enthalten, erschließt sich nicht auf einmal. Sie enthüllen sich langsam dem, der sie gläubig betend betrachtet.

Wir lesen in den Evangelien:

Lk 23,33 f.   Sie kamen zur Schädelhöhe; dort kreuzigten sie ihn ... Jesus aber betete: *„Vater, vergib ihnen, denn sie wissen nicht, was sie tun."* Dann warfen sie das Los und verteilten seine Kleider unter sich.

Lk 23,39–43   Einer der Verbrecher, die neben ihm hingen, verhöhnte ihn ... Der andere aber sagte zu Jesus: *„Herr, denke an mich, wenn du in dein Reich kommst."* Und Jesus antwortete ihm: *„Amen, ich sage dir: Heute noch wirst du mit mir im Paradies sein."*

Joh 19,25   Bei dem Kreuz stand seine Mutter ... Als Jesus seine Mutter sah und bei ihr den Jünger, den er liebte, sagte er zu seiner Mutter: *„Frau, siehe, dein Sohn."* Dann sagte er zu dem Jünger: *„Siehe, deine Mutter."* Und von jener Stunde an nahm sie der Jünger zu sich.

Mt 27,45   Von der sechsten Stunde an bis zur neunten herrschte eine Finsternis im ganzen Land. Um die neunte Stunde rief Jesus laut: *„Mein Gott, mein Gott, warum hast du mich verlassen?"*

Joh 19,28–30   Danach, als Jesus wußte, daß nun alles vollbracht war, sagte er, damit sich die Schrift erfüllte: *„Mich dürstet."* Ein Gefäß mit Essig stand da. Sie steckten einen Schwamm mit Essig auf einen Ysopzweig und hielten ihn an seinen Mund. Als Jesus von dem Essig genommen hatte, sprach er: *„Es ist vollbracht!"* Und er neigte das Haupt und verschied.

Lk 23,46   Jesus rief laut: *„Vater, in deine Hände lege ich meinen Geist."* Nach diesen Worten hauchte er den Geist aus.

ERSTES WORT

„Vater, vergib ihnen, denn sie wissen nicht,
was sie tun."

„Sie wissen nicht, was sie tun." Mit Geißelhieben hatten sie seinen Leib zerfetzt, hatten ihm eine Dornenkrone aufs Haupt gesetzt, ihn beleidigt und verspottet. Jetzt nageln

sie ihn ans Kreuz. Aber mit ihrem Tun entwürdigen die römischen Soldaten sich selbst mehr als Jesus. „Sie wissen
nicht, was sie tun" – schon reine Menschlichkeit hätte sie
davon abhalten müssen, einem anderen zuzufügen, was
sie selbst nicht ertragen hätten. Daß Menschen so grausam mit Menschen umgehen können – das gab es damals
und gibt es noch heute: die Unmenschlichkeit des Menschen gegen Menschen. „Wir wissen nicht, was wir tun" –
ein unergründliches Wort! Darin offenbart die menschliche Stimme des sterbenden Herrn eine göttliche, stau-
nenswerte und tröstliche Großmut. Es ist, als wollte der
Herr unser Tun weit mehr entschuldigen, als wir selbst es
je vermögen. Was immer er als Entschuldigungsgrund
finden kann, wird er anführen, um uns zu entlasten. Die
römischen Soldaten wußte es ja wirklich nicht besser. Ihre
Ausbildung hatte sie unbarmherzig und grausam gemacht. Gewiß, ihr Handeln ist zu verurteilen, jemand muß
die Verantwortung haben und schuldig sein, aber diese
Männer – „sie wissen nicht, was sie tun." So betet Jesus:
„Vater, vergib ihnen" … Worte, die allen mit Schuld Bela-
denen Hoffnung geben. In jedem Menschenleben gibt es
Dinge, Taten und Verhaltensweisen, die der Vergebung
bedürfen. Erinnerungen an Torheiten und Schwächen lau-
ern im Innern wie dunkle Gespenster, um uns zu überfal-
len, wenn wir mutlos oder in einer unerträglichen Lage
sind. Könnten wir dann nur innerlich deutlich vernehmen,
daß uns vergeben ist! Die römischen Soldaten baten nicht
um Verzeihung, und dennoch betete Jesus, sie möge ihnen zuteil werden. Wenn wir uns ehrlich Vergebung wünschen, wenn wir wirklich Reue empfinden, warum sollten
wir da nicht sicher sein können, daß uns verziehen ist?
Dürfen nicht auch wir an seine Liebe glauben? Jesus liebte
die römischen Soldaten, obgleich sie ihn nicht kannten. Er
hätte ihnen nicht vergeben, hätte er sie nicht geliebt.
Wenn wir uns ihm zuwenden, ihn lieben möchten und um

Vergebung bitten, können wir sicher sein, daß unser Bekenntnis zu begangenem Unrecht uns ihm näher bringt und daß diese Nähe uns den Frieden des Herzens schenkt.

ZWEITES WORT

„Heute noch wirst du mit mir im Paradies sein."

Im Frieden des Herzens, in der Gewißheit der Vergebung und Erlösung starb der, den wir den „guten Schächer" nennen. „Herr, gedenke meiner, wenn du in dein Reich kommst", betete er, und dieses Gebet wurde sogleich erhört: „Heute noch wirst du mit mir im Paradies sein." Der andere Verbrecher wollte nicht bereuen. Er fluchte Gott und verhöhnte Gottes Sohn. „Rette dich und uns", sagte er, „wenn du der Christus bist." Wir wissen nicht, was aus ihm wurde, aber dem anderen, dem guten Schächer, wurde die Anschauung Gottes, die unendliche Glückseligkeit höchster Liebe zugesagt – und dies genau am Ende seines Lebens. Der Todeskampf einer Kreuzigung blieb ihm nicht erspart; wie sein Meister mußte er den grausamsten aller Tode erleiden. Doch ist das Herz von Frieden und Gewißheit erfüllt, sind körperliche Schmerzen, so quälend und zermürbend sie sein mögen, nicht stark genug, es zu ängstigen oder die innere Kraft zu lähmen. Die Qualen des guten Schächers wurden das Tor zu einem neuen und reicheren Leben, zur Fülle des Lebens. Nun stand er an der Schwelle, wartete, daß das alte Leben mit seinen Wunden der Sünde verginge und er eingehen durfte in das Reich, ins „Paradies".

Am Ende also, unmittelbar vor seinem Tod, wandte er sich seinem Herrn zu und wurde gerettet. Das Wort Jesu: „Heute noch wirst du mit mir im Paradies sein" kann uns allen zugesprochen werden, selbst im letzten Augenblick. Wir brauchen nicht in Verzweiflung zurückzublicken, brauchen nicht zu denken, daß die Vergangenheit uns unsere Zukunft mit Gott rauben wird. Der Schächer von gestern kann der Heilige von morgen werden. Unser letzter Atemzug kann immer ein Seufzer um Vergebung sein – dann wird uns die Vergebung und das Leben mit Gott geschenkt.

DRITTES WORT

„Frau, siehe, dein Sohn."

Es war ihr gesagt worden, ein Schwert würde ihre Seele durchdringen. Ein alter Mann namens Simeon hatte ihr das prophezeit, als sie ihren Sohn in den Tempel brachte, wie das Gesetz es vorschrieb. Sie hatte schon erlebt, was die Mehrheit der Menschen unserer Zeit nur allzu gut kennt: die Armut. Bald sollte sie erfahren, daß Herodes ihren Sohn töten wollte, und zusammen mit Joseph würde sie ihr Land verlassen und fern ihrer Heimat im Exil leben müssen. Später, da ihr Sohn sein Werk im Volk begann, war sie in Nazareth dabei, als die Dorfbewohner versuchten, ihn von einem Felsen zu stürzen. Sie spürte den wachsenden Widerstand gegen ihn, einen Widerstand, der sich bis zum Haß steigerte, obgleich viele ihm folgten und ihn mit Begeisterung aufnahmen. Die Bevollmächtigten unter den religiösen Führern wollten ihn zum Schweigen bringen. Er war in Gefahr, sie hatte Angst um ihn.

Dann kam seine „Stunde", der Augenblick, da man ihn verspottete und beleidigte, grausam folterte und endlich auf brutale und demütigende Weise tötete. Sie stand dabei; seine Stunde war auch die ihre; als er an Leib und Seele litt, machte sie seine Qual zu der ihren. Eine Mutter leidet die Schmerzen ihres Kindes mit, und ihr Schmerz ist noch größer als dessen Schmerz, als könnte sie damit dem geliebten Kind die Qual abnehmen.

Sie stand unter dem Kreuz mit Johannes, dem Lieblingsjünger, und einigen anderen Frauen. Sie sah alles mit
an – sah auch, wie ein Soldat nach dem Tod ihres Sohnes
dessen Seite mit einer Lanze öffnete und Blut und Wasser
hervorquoll. Das war das Symbol für die Geburt der Kirche, der Gemeinschaft der Gläubigen, die aus der Seite des
neuen Adam hervorging. In jenem Augenblick wurde sie
durch den Schmerz dieser Geburt zur Mutter aller Gläubigen, das heißt zur Mutter der Kirche. „Frau, das ist dein
Sohn", hörte sie ihn sagen, als er am Kreuz starb. Er redete
von Johannes, dem einzigen Apostel, der beim Kreuz
stand, denn alle anderen waren geflohen. Maria sollte
seine Mutter sein – und auch unsere. „Sohn, das ist deine
Mutter." So hatte Jesus auch für seine Mutter gesorgt. Der
Wunsch des Sterbenden mag sie ein wenig in ihrem Kummer getröstet haben.

VIERTES WORT

„Mein Gott, mein Gott, warum hast du mich verlassen?"

Es gibt Zeiten, da erfahren wir Tröstungen oder Augenblicke inneren Friedens, die zu den schönsten Geschenken
Gottes gehören, Augenblicke, in denen seine Liebe uns in
einer Tiefe berührt, zu der niemand außer ihm vordringen
kann. Doch gibt es auch Tage, an denen dieser Trost und
innere Friede nicht mehr da sind. Vielleicht hat unsere
Torheit sie vertrieben, oder wir haben sie durch unsere
Selbstsucht verwirkt. Nicht immer ist das so, vielmehr
mag Gott manchesmal wünschen, daß wir eine Zeitlang in
Dunkelheit leben, um später aufnahmefähig zu sein für
ein größeres und helleres Licht. Er prüft und reinigt unseren Glauben, damit seine Liebe, und sie allein, die Leere in
uns füllen kann.

Diese Leere, die in uns aufkommt, wenn Gott aus unserem Leben verschwunden zu sein scheint, empfinden wir als großen Schmerz. Das Gefühl, von Gott verlassen zu sein, ist quälender als aller andere Schmerz; es ist das Ende der Hoffnung, der Weg zur Verzweiflung, der Weg ins Nichts. Spricht man zu uns in solchen Augenblicken von Gottes Liebe, erscheint uns das sinnlos, ja es vermehrt nur unseren Schmerz. Wenn wir wissen, daß Gott bei uns ist, können wir viel aushalten, denn wir wissen, daß Qual und Kummer vorübergehen und Freude und Friede wiederkehren. Aber wenn es keinen Gott gibt ... oder wenn wir meinen, von ihm verstoßen zu sein – das ist eine niederschmetternde Last, eine größere, als das menschliche Herz zu ertragen vermag. Wir können dann nur beten: „Mein Gott, mein Gott, warum hast du mich verlassen" (Ps 21/22, 1). Dieses Wort des Psalmisten war das Gebet Jesu, und es spricht von der Finsternis der Verlassenheit, die seine größte Qual war. Wie er, Gottes Sohn, diese Verlassenheit, diese Leere erfahren konnte, wissen wir nicht. Wir können es nur in stillem Gebet erwägen. Wenn wir berufen sind, diese Erfahrung zu teilen, und wenn Gedanken und Worte unseren Schmerz und die Verwirrung unseres Herzens nur mehren, dann sind wir sicherlich eins mit ihm. Seine und unsere Dunkelheit sind die gleiche. In diese Dunkelheit kommt *sein* Licht, nicht das unsere. Aber das seine ist uns geschenkt, damit es unser Friede sei.

FÜNFTES WORT

„Mich dürstet."

Er war wie ausgetrocknet – durch den Schmerz, den Blutverlust und den Schweiß – und verlangte danach, daß jemand ihm etwas geben würde, das seinen furchtbaren Durst löschen könnte. Aber sein Verlangen reichte tiefer. Der körperliche Durst war nur das Zeichen für einen größeren: es verlangte ihn danach, uns Gottes kostbare Gabe, seine Liebe, zu schenken, und er hoffte, daß wir dieses geheimnisvolle Verlangen nach unserer Liebe stillen würden. War nicht vielleicht sein größter Schmerz, abgewiesen zu werden, die Qual, unerwünscht, verachtet zu sein, zu wissen, daß andere ihn absichtlich treffen und verletzen wollten – und zwar gerade die Menschen, die ihm soviel bedeuteten? So dürstete er nach ihnen allen, wie er auch nach jedem von uns dürstet, jetzt, in diesem Augenblick. Das Wort: „Mich dürstet" ist von allen Worten Jesu am Kreuz das persönlichste und innigste. Es ist die Offenbarung der großen und starken Liebe, mit der Gott uns liebt – auch die, die ihn verworfen haben oder verachten.

Sie gaben ihm Essig zu trinken, das aber war ein bitterer Trank. Das tut's, dachten die Soldaten. Eine gedankenlose Geste ohne etwas Freundlichkeit ist kein Zeichen von Liebe; sie kann ebenso verletzen wie der Judaskuß – sie ist ein leeres Zeichen, weil sie nicht von Herzen kommt. Er verlangt nach uns. Ihn dürstet.

SECHSTES WORT

„Consummatum est."

Consummatum est – es ist erreicht, es ist vollbracht. Gottes Werk ist getan. „Nimm diesen Kelch von mir, aber nicht mein, sondern dein Wille soll geschehen" (Lk 22, 42). Dein Werk muß getan werden, dein Wille geschehen, wie im Himmel, so auf Erden. Du hast deinen Sohn gesandt, uns zu erlösen, uns von der Sünde und vom Tod, dem Lohn der Sünde, zu befreien, um Frieden zu bringen und mit dem Frieden Gerechtigkeit. Es war dein Wille, im neuen Adam wiederherzustellen, was durch den ersten verlorengegangen war. Hieß das nicht, den Dschungel menschlichen Elends wieder zu dem seligen Paradies zu machen, das unser war, bevor die Sünde unsere Unschuld und Reinheit überwand? Erkennen wir, da wir deinen Sohn am Kreuzesholz sterben sehen, in ihm dein vollkommenes Bild und Gleichnis, Vater? Ist dies die Vollendung deines Werks, ist dein Ziel erreicht und sind deine Absichten verwirklicht? Das Bild und Gleichnis Gottes ist im Bild deines Sohnes, Jesus Christus, der am Kreuz stirbt, von Schmerz verzerrt und verunstaltet. „Seht den Menschen", sagte Pilatus mit Ironie, wie wir meinen möchten. Und hier war der Mensch, „er hatte keine schöne und edle Gestalt, so daß wir ihn anschauen mochten ... Er wurde verachtet und von den Menschen gemieden, ein Mann voller Schmerzen, mit Krankheit vertraut, wie einer, vor dem man das Gesicht verhüllt, war er verachtet; wir schätzten ihn nicht" (Jes 52 f.). Das sagte der Prophet Jesaja.

Bis auf den heutigen Tag stellt sich uns das Bild und Gleichnis Gottes so vor Augen: durch Hunger zu Skeletten abgemagerte Kinder, durch Krieg und Folter entstellte Männer und Frauen, eine von der Gefahr völliger Zerstörung bedrohte Zivilisation, Gier und Grausamkeit, die Menschlichkeit zu Unmenschlichkeit werden lassen, die das Leben, Gottes kostbare Gabe, vernichten, das Leben, das in all seiner Begrenztheit dennoch Ausdruck seiner grenzenlosen Schönheit ist. Seht den Menschen ... Gott, der in Christus zum Bild und Gleichnis des Menschen wurde, wird verlacht, verspottet, gegeißelt und getötet. War das, Herr, die Vollendung deines Werks, die Wiederherstellung des ursprünglichen Zustands des Menschen?

Der Vater schaute liebend auf seinen sterbenden Sohn und sprach: „Dieser ist mein geliebter Sohn, an dem ich Wohlgefallen habe." Kein Mensch, wie verunstaltet und entstellt er auch sein mag, wird von diesem liebenden Vater verachtet oder abgelehnt, denn er schaut auf sein Innerstes, auf Herz und Sinn, die nicht von der Sünde noch vom Tod überwunden werden können, und in denen wahre Freiheit, – und damit Liebe – wohnt, jene Liebe, welche die Fähigkeit ist, wollen und wählen zu können, das heißt, welche die Freiheit ist. Menschen können unterdrücken und vernichten, was das Auge sieht, doch der Geist bleibt frei, und ihm gehört der Sieg. Diese innere Freiheit und ihr Lohn, das Paradies, wurden am Kreuz erworben. „Tod, wo ist dein Stachel" – jetzt da der Geist triumphiert? (1 Kor 15, 55).

Der Herr hat unsere menschliche Erfahrung auf sich genommen und führt sie nun durch die Finsternis zum Licht, vom Tod zum Leben ... zu einem Leben, das nie endet und in dem alle Sehnsucht der Menschen sich endgültig und vollkommen erfüllt; zu einem Glück, das denen geschenkt wird, die nach nichts anderem gestrebt haben, als daß immer und überall sein Wille geschähe. Für sie ist sein Werk vollbracht und vollendet.

SIEBENTES WORT

„Vater, in deine Hände empfehle ich meinen Geist."

In Jesus Christus findet unser Leben – alles, was wir sind und was wir tun – seinen wahren Sinn. Er, der einer von uns geworden ist und gelebt hat wie wir, hat alles, was wir sind und tun, geheiligt, ausgenommen natürlich unsere Sünde. Er hat unsere Freuden und unser Lachen, unsere täglichen Aufgaben, aber auch unser Leiden und Sterben geheiligt, indem er all dies ebenso wie wir erfahren hat. Menschliche Tragödien, die Leiden und Schmerzen von Männern, Frauen und Kindern, haben eine besondere Würde erlangt, in ihnen liegt die Verheißung und das Geschenk neuen Lebens.

Wenn der Schmerz am größten ist, das Herz nur Finsternis sieht, dann wird aus der verwundeten Liebe neues Leben in uns geboren, sie ist das Geschenk des Leidens an den von Schmerz und Kummer Gequälten. Es ist wie mit dem Weizenkorn in der Erde; es muß sterben, bevor neues Leben aus ihm wachsen kann. Das Sterben des Weizenkorns geschieht in der Tiefe, es ist unserem Blick verborgen, und auch das neue Leben bleibt verborgen, bevor es sichtbar wird. Wir wissen nicht, wie und wann dieses neue Leben in uns hineinkommt: vielleicht dann, wenn unser Leiden zu einem Schrei um Hilfe zu Gott wird, oder wenn unser Denken und Tun sich vom Bösen ab- und einem Leben zuwendet, in dem einzig Gottes Wille unser Verlangen wird, oder wenn wir uns ganz und in liebender Hingabe seinen Händen anvertrauen. „In deine Hände befehle ich meinen Geist." So betete Jesus in seiner letzten Stunde, so beteten Menschen Jahrhunderte hindurch, die Martyrer, die ihres Glaubens wegen gefoltert und getötet wurden. Dasselbe Gebet haben Jahrhunderte hindurch Schwerkranke in den Hospitälern gesprochen, auch sie Martyrer auf ihre Weise; ebenso beteten Eltern in Trauer um ihr Kind, Liebende, die durch ihre Trennung voneinander zerbrachen, Männer und Frauen mit großem Mut und unendlicher Geduld. Sie alle überwanden ihr Leid, weil sie ihrem leidenden Herrn nachfolgten. Sie haben im Kreuztragen das Geheimnis der Auferstehung entdeckt: daß nämlich aus dem sterbenden Weizenkorn neues Leben entsteht. Sie sind mit Jesus Christus in seinem Leiden und seinem Tod eins geworden. Nun teilen sie mit ihm das göttliche Leben seiner Auferstehung, das uns in der Taufe geschenkt wird.

Dieses göttliche Leben wächst in uns, wenn wir es zulassen, und oft wird das durch Schmerz und Leid geschehen. Wir nehmen teil an seinem Leiden und Tod und entdecken an uns die Kraft der Auferstehung. Es gibt keine Erfahrung von Karfreitag, die nicht zu einem tieferen Verständnis und zur Teilnahme an der Freude und dem Sieg von Ostern führte. Auferstehung kann für jeden zu einer täglichen Erfahrung werden. Jeder leichte Schmerz, jede kleine Sorge, Mißverständnisse, Enttäuschungen und die Widersprüche des Lebens sind Erfahrungen kleiner Tode. Unsere täglichen Verwundungen bergen die Freude der Auferstehung in sich. Wenn wir das Kreuz küssen, werden wir ihn finden, der wie wir und für uns gelitten hat. Diese Geste fällt uns oft leichter als Worte, die uns zuweilen leer und sinnlos erscheinen. Das Kreuz küssen will sagen: „In deine Hände befehle ich meinen Geist", und manchmal ist das die beste, ja die einzig mögliche Weise, dies auszudrücken. Wir werden vielleicht nicht sofort von Schmerz und Leid befreit, ja es kann uns sogar aufgegeben sein, weiter unser Kreuz zu tragen, aber das Joch wird sanfter und die Last leichter. Selbstverständlich können und dürfen wir uns nicht über unseren Schmerz freuen. Das hieße, unserer Natur Gewalt antun. Wir sind nicht für den Schmerz, sondern für das Glück erschaffen. Aber indem wir, wie es natürlich ist, vor dem Kreuz zurückschrecken, können wir dennoch darüber froh sein, es tragen zu dürfen – jedoch nur um seinetwillen, das heißt, um ihm ähnlich zu werden, damit er in uns und wir in ihm seien.

Es gibt für mich keine angemessene Erklärung dafür, warum es in einer Welt, die Gott geschaffen hat und die er liebt, Leid geben muß. Es ist für mich ein Rätsel, und für Sie sicher auch. Den Sinn findet man, glaube ich, nur im Blick auf den am Kreuz sterbenden Christus und im Wissen, daß der Tod den Gekreuzigten nicht besiegte. Wenn es auch schien, als ob seine Freunde mit ihm auch ihre Hoffnungen und Erwartungen begraben müßten, so entsprang, als er von den Toten erstand, aus der Verzweiflung neue Hoffnung. Er hat alles neu gemacht, auch Leid und Tod – auch unser Leid und unseren Tod.

Die Macht des auferstandenen Christus

Die Auferstehung hat die Macht, unser Leben zu verwandeln. Je mehr wir ihre Wahrheit, und ihre Wirklichkeit annehmen, umso mehr wird sich unsere Haltung Gott gegenüber und unsere Sicht der Welt, in der wir leben, ändern.

Sünde und Tod haben über Jesus Christus nicht triumphiert; sie konnten es auch nicht, denn er war Mensch und Gott zugleich. Wenn wir eines Tages Gott „sehen werden, wie er ist", werden wir den Reichtum und die Fülle des Lebens mit all seinen Wundern und Schönheiten verstehen. Wir werden erkennen, daß alle Liebe in ihm ihren Ursprung und ihre Vollendung hat. Jetzt liegt dies außerhalb der Möglichkeiten unseres Begreifens. Aber wir sehen genug, um zu wissen, daß Leben und Liebe in Jesus Christus nicht ausgelöscht, nicht besiegt werden konnten. Mit ihm, so könnte man sagen, sind auch sie auferstanden und zu seinem Geschenk an uns geworden.

Christus will uns seine Liebe, sein Leben geben. Und er wird es tun, wenn wir bereit sind, es von ihm entgegenzunehmen. Das meint Paulus, wenn er schreibt: „Euer Leben ist jetzt verborgen mit Christus in Gott" (Kol 3, 3). Uns ist neues Leben geschenkt, das wir zuerst in der Taufe empfangen haben. Von diesem Leben sagt Paulus an anderer Stelle: „Nicht mehr ich lebe, sondern Christus lebt in mir." Kühne und bedeutungsvolle Worte! Wir dürfen nicht denken, daß Christus von den Toten erstand, um uns dann uns selbst zu überlassen und nur zuzuschauen, wie wir damit fertig werden, das zu leben, was er uns gelehrt hat. Nein, er bleibt bei uns, ist uns immer gegenwärtig, wenn auch für die Augen unsichtbar und mit Händen nicht berührbar. Durch den Glauben werden wir uns seiner Gegenwart in uns und um uns immer tiefer bewußt. Jesus Christus lebt.

Die großen Mysterien unseres Glaubens, Leiden, Tod und Auferstehung unseres Herrn, sind nicht äußere, einmal im Jahr zu feiernde Wahrheiten, vielmehr müssen sie hier und jetzt eine Wirkung auf unser Leben haben. Sie müssen ihre Macht über uns ausüben, damit wir besser in der Lage sind, heute Zeugen Christi zu sein. Die Welt braucht dringend Wegweisung und letztgültige Perspektiven. Gefahr droht von Menschen, die nur eine einseitige Idee gelten lassen. Sie bringen alles in ein vorgefaßtes Schema und unterdrücken, was sie für belanglos halten. Es ist für uns selbst und unsere Gesellschaft wichtig, daß wir uns einen gesunden und kraftvollen Glauben bewahren, Sinn für das Ewige und Geistliche, eine richtige Wertskala und Verhaltensweisen, die Achtung vor der Menschenwürde mit dem Willen verbinden, eine menschlichere Gesellschaft aufzubauen. Die Kraft dazu erhalten wir nicht aus uns selbst und aus unseren eigenen Möglichkeiten, sondern aus dem Glauben und dem Einssein mit Christus. Er hat in unserem Namen und für uns den endgültigen Sieg über Finsternis und Tod errungen. Seine Auferstehung von den Toten ist die Grundlage unseres christlichen Glaubens. Sie ist Gottes Zusicherung an uns, daß wir niemals sterben und niemals endgültig unterliegen werden.

Mutter der Christenheit

Ganz zu unrecht besteht heute die Tendenz, den Wert der Marienverehrung zu unterschätzen.

Vergegenwärtigen wir uns das Geschehen auf Golgotha, da Jesus starb. Die Mutter Jesu stand zusammen mit Johannes unter dem Kreuz. Sterbend wandte sich Jesus an sie und sagte: „Frau, sieh deinen Sohn." Und zu Johannes: „Sohn, sieh deine Mutter." Beim Verlassen dieser Welt gab

Jesus seiner Mutter einen Menschen, Johannes, der für sie wie ein Sohn sein sollte; ihn vertraute er ihr an. Und in Johannes wurde jeder Mensch zu ihrem Sohn. Es war die Kirche, die hier geboren wurde, und in diesem Augenblick wurde Maria zur Mutter aller Christen.

In der Lauretanischen Litanei gibt es drei Anrufungen, die Generationen von Katholiken immer besonders lieb gewesen sind. In diesen Anrufungen nennen wir Maria „Zuflucht der Sünder" – das Herz einer Mutter ist immer bereit zu vergeben; „Trösterin der Betrübten" – denn eine Mutter kann sanft und zärtlich trösten; „Helferin der Kranken" – denn eine Mutter verzehrt sich im Dienst an den Leidenden. Wenn das Herz einer Mutter vom Leiden anderer angerührt wird, dann nur, weil das bei Gott so ist. Gott läßt sich immer von menschlichem Leiden und menschlicher Schwäche rühren. Eine Widerspiegelung dessen ist Maria.

Gelegentlich begegnet man Menschen, die etwas Besonderes an sich haben, eine ausstrahlende Güte, so daß man sich in ihrer Gegenwart unwillkürlich klein und unwürdig fühlt und nichts Schlechtes sagen oder tun würde. So reagierte Petrus, als er vor seinem Meister niederfiel und sagte: „Geh fort von mir, ich bin ein sündiger Mensch." In der Gegenwart des Herrn war ein solches Verhalten unausweichlich. Gleichzeitig spürt man aber bei solchen Menschen eine Liebenswürdigkeit und Zuvorkommenheit, die einem sogleich Sicherheit und Trost schenken. So war es beim Herrn.

Natürlich gibt es *einen* Menschen, der vor allen anderen den Adel, die Güte und die Lauterkeit Jesu widerstrahlte: seine eigene Mutter. Durch die Gnade Gottes gelangte sie zu einer Güte, einem Adel und einer Lauterkeit, daß nur ihr göttlicher Sohn sie darin übertraf. Der Grund dafür liegt darin, daß sie ohne Sünde ist, ganz unbefleckt von der Schuld, die seit der Sünde Adams auf allen Menschen lastet. Sie ist, wie sie zu Bernadette in Lourdes sagte, die Unbefleckte Empfängnis. Denn vom ersten Augenblick ihres Daseins im Schoß ihrer Mutter Anna an war sie ein neuer Anfang für das Menschengeschlecht, eine zweite Eva, wiederhergestellt in ursprünglicher Unschuld, weil Gott wollte, daß sie durch das Opfer des zweiten Adam von jeglicher Befleckung durch die Sünde frei sein sollte. Ihre Würde, ihr Adel und ihre Lauterkeit waren Gnadengaben Gottes, die er ihr verlieh, damit sie die Aufgabe erfüllen könnte, für die sie ausersehen war: die Mutter Jesu Christi zu werden.

Beten zur Muttergottes gehört gleichsam zum „christlichen Instinkt". Auch wir müßten das Gespür dafür haben. Und töricht wäre es, das Gebet zu unterlassen, das Christen Jahrhunderte hindurch gebetet haben: den Rosenkranz. Es ist ein Gebet von besonderer Kraft und besonderem Wert. Sollten wir das Rosenkranzgebet eine Weile vernachlässigt haben – und das kann zuweilen geschehen –, dann sollte ein Marienfest uns Anlaß sein, uns neu damit vertraut zu machen. Das Rosenkranzgebet führt uns durch Maria zu ihrem göttlichen Sohn Jesus Christus.

Mutter der Schmerzen

Zwei Sätze in dem Abschnitt des Lukasevangeliums, der über die Darstellung Jesu im Tempel zu Jerusalem berichtet, machen mich sehr betroffen. Der erste lautet: „Sein Vater und seine Mutter staunten über die Worte, die über Jesus gesagt wurden" (Lk 2, 33). Der zweite: nachdem Simeon Maria und Joseph prophezeit hatte, daß das Kind Jesus zu einem Zeichen werden würde, dem widersprochen wird, wandte er sich an Maria und sagte: „Dir selbst aber wird ein Schwert durch die Seele dringen" (Lk 2, 35).

Ich stelle mir vor, wie bestürzt und verwirrt Maria

manchmal gewesen sein muß, wie sie oft nicht begriff, was vorging und was der tiefere Sinn all dessen war. Es wird uns gesagt, daß Maria „alles, was geschehen war, in ihrem Herzen bewahrte" (Lk 2,51). Ich denke auch an das Schwert, das ihre Seele durchbohren wird. Was für ein hartes Wort! Es faßt alles Leid zusammen, das sie tragen mußte, das ihren Glauben läuterte und das zugleich Voraussetzung dafür war, daß sie in der Liebe wuchs.

Ich denke aber auch daran, wie verwirrt, unsicher und beunruhigt sich die Gläubigen heute oft in der Kirche fühlen. Ebenso denke ich daran, wie oft sich hinter dem tapferen Lächeln eines Menschen ein Schmerz verbirgt. Sicher gibt es im Leben immer wieder Zeiten des Lachens und der Freude, in denen man Zufriedenheit und Erfüllung empfindet. Doch gibt es auch Zeiten, in denen man sich bedrängt und gefährdet fühlt. Das sind die Augenblicke, in denen ein Schwert die Seele durchbohrt.

In solchen Zeiten der Unsicherheit können Schwierigkeiten im Glauben entstehen. Manchmal erscheint einem die Art, wie Gottes Vorsehung in der Familie, im eigenen Leben, in unserem Bekanntenkreis wirkt, unbegreiflich und rätselhaft. Entmutigung und Niedergeschlagenheit erfassen uns und vergällen uns alle Lebensfreude. Es schmerzt sehr, wenn dieses Schwert die Seele durchbohrt.

Dann wenden sich meine Gedanken dem greisen Simeon zu, wie er, vom Heiligen Geist geführt, in den Tempel kommt. Seine Lebenserfahrung muß ihn viel gelehrt haben. Und ich wiederhole sein bewegendes Gebet: „Nun läßt du, Herr, deinen Knecht, wie du gesagt hast, in Frieden scheiden. Denn meine Augen haben das Heil gesehen, das du vor allen Völkern bereitet hast" (Lk 2,29). In diesem Augenblick hatte Simeon nicht nur begriffen, daß das Kind in seinen Armen der verheißene Messias war, auf den sein Volk so lange gewartet hatte, sondern er verstand auch den Sinn seines eigenen Lebens. „Meine Augen haben das Heil gesehen, das du vor allen Völkern bereitet hast" (Lk 2,30). Er hatte um das gebetet, nach dem wir alle in unserem Innersten verlangen: Augen zu haben, die sehen, was Gott von uns und für uns will; die Tiefe und Höhe seiner Liebe zu jedem einzelnen von uns ermessen zu können; verstehen zu lernen, welche Gaben er uns schenken möchte.

Es ist wichtig, diese feste Überzeugung von Gottes besonderer Fürsorge und von seinem Interesse an jedem einzelnen von uns immer „im Hinterkopf" zu haben und sie sich, wenn es darauf ankommt, ins Bewußtsein zu rufen. Zu dieser Überzeugung vermag uns ein beharrliches geistliches Leben in Besinnung und Gebet zu führen. Das ist es, was man von diesem Simeon lernen kann. Am Ende seines Lebens war er voller Frieden.

Es wird immer wieder Zeiten geben, da wir, wie Maria, ratlos und verwirrt sind und uns wie ein Blinder durchs Leben tasten. Dann heißt es durchhalten, den Glauben bewahren, weitergehen und sich vor Augen halten, daß Gott dies nur aus einem einzigen Grund zuläßt: wir sollen lernen, ihm zu vertrauen. Das fällt leicht, wenn alles gut geht und wir klar sehen. Wie schwer jedoch ist es, Vertrauen zu bewahren, wenn Dunkelheit uns umgibt.

Wenn ein Schwert unsere Seele durchdringt, sollten wir daran denken, daß es auch Maria so erging, und wir sollten deshalb wenigstens mit einem Teil unseres Herzens „danke" sagen können, wenn uns Gleiches widerfährt. Maria ist da – im Hintergrund zwar, wie Mütter oftmals – aber dennoch da.

Dritter Teil

Das Geheimnis des Pilgers

Taufe und Heiligkeit

Bei der Taufe und der Firmung versprechen wir, der Sünde zu widersagen, und setzen einen Akt des Glaubens. Wir entsprechen damit dem Ruf des Herrn zur Umkehr und zum Glauben an das Evangelium. Durch die Taufe werden wir in besonderer Weise zu Kindern Gottes, unseres Vaters. Der Evangelist Johannes schreibt, daß diejenigen, die Jesus Christus in ihr Leben aufnehmen, die Macht haben, Kinder Gottes zu werden (Joh 1,12). Und Paulus sagt: „Gott hat den Geist seines Sohnes in unser Herz gesandt, in dem wir rufen: ‚Abba, Vater'. Daher bist du nicht mehr Sklave, sondern Sohn; bist du aber Sohn, dann auch Erbe, Erbe durch Gott" (Gal 4,6–7). Wir sind also Brüder und Schwestern Jesu Christi. Wenn der Vater uns sieht, denkt er an seinen eigenen Sohn: er findet bei uns gleichsam eine Familienähnlichkeit. Das göttliche Leben in uns ist den Augen verborgen. Zwar nehmen wir die Wirkung des Lebens, die wir Gnade nennen, wahr, das Leben selbst aber sehen wir nicht.

Ein früher christlicher Autor schreibt über die Erschaffung Adams aus Lehm: „Welche Form und welchen Ausdruck (der Schöpfer) dem Lehm auch gegeben hat, ihm stand dabei Christus vor Augen, der einmal Mensch wer-

den würde" (Tertullian, De carnis resurrectione, 6). Gott
schuf uns nach seinem eigenen Bild und Gleichnis; Vorbild dabei war sein fleischgewordener Sohn, ein Mensch
wie wir. Der Vater will, daß wir seinem Sohn gleichen.
Weil wir göttliches Leben in uns haben, sollten wir in unserem Verhalten und unserem Tun Christus immer ähnlicher werden.

Nun kann „niemand zu Christus gehören, der den Geist
Christi nicht in sich hat" (Röm 8,9). Neugeschaffen, wiederhergestellt als Bild und Gleichnis Christi, von seinem
Leben erfüllt, sind wir zugleich Tempel des Heiligen Geistes. Er ist in uns; ja nur im Heiligen Geist können wir sagen: „Jesus ist der Herr." Und im Heiligen Geist sehen wir
den Geber der Gaben, die das Leben der Kinder des Vaters
kennzeichnen (vgl. 1 Kor 12, 4–11).

Welche Konsequenzen müssen wir daraus ziehen, daß
wir Kinder des Vaters, Brüder und Schwestern Jesu Christi, Tempel des Heiligen Geistes sind? Das Bemühen, diesen Tatsachen entsprechend zu leben, ist genau das, was
man unter „Streben nach Heiligkeit" versteht. Es ist unsere
Aufgabe, Christus immer ähnlicher zu werden, immer
empfänglicher für die Eingebungen des Heiligen Geistes.
In steigendem Maße müssen wir uns bemühen, Christus
so ähnlich zu werden, daß der Vater von uns sagen kann:
„Das ist mein geliebtes Kind, an dem ich mein Wohlgefallen habe."

Es ist ein hohes Ideal und mag uns zunächst unerreich-
bar oder auch etwas fernliegend erscheinen in einem Leben voller alltäglicher Mühen, mit Arbeit, die getan
werden muß, fälligen Hypothekenzinsen, Sorgen in der
Familie und vielen anderen Problemen. Dennoch wäre es
ein großer Fehler, das Wunderbare, das Paulus über die
Würde eines Getauften schrieb, aus dem Blick zu verlieren. Glauben wir wirklich, daß die Römer, Epheser und
alle anderen, an die seine Briefe gerichtet sind, so völlig

anders waren als wir? Sicherlich haben wir andere Probleme, aber sie hatten ihre eigenen. Außerdem glaube ich nicht, daß die Korinther eine besonders beeindruckende Gemeinde waren; eher im Gegenteil. Dennoch sagte Paulus den Korinthern nicht, Heiligkeit wäre lediglich etwas für andere Leute. Und er würde uns bestimmt nicht von dem Bemühen dispensieren, Christus ähnlicher zu werden.

Oft wird es uns nicht gelingen, den Idealen entsprechend zu leben, die Christus uns gesetzt und die Paulus uns in seinen Briefen erklärt hat. Das ist nicht allzu wichtig. Doch müssen wir versuchen, es zu erreichen, müssen weiter unser Bestes tun.

Freundschaft mit Gott

Heiligkeit schließt Freundschaft mit Gott ein. Gottes Liebe zu uns und unsere Liebe zu ihm wächst, wie jede Beziehung zwischen Personen wachsen muß.

Es kommt ein Augenblick – und er läßt sich nie ganz genau bestimmen –, da ein Bekannter zum Freund wird. In gewissem Sinne dauert dieser Übergang von der einen Art der Beziehung zur anderen eine ganze Weile, doch dann kommt der Punkt, da wir wissen, daß wir einander vertrauen und uns gegenseitig auch etwas anvertrauen können. Dann sind wir Freunde.

Auch in unserer Beziehung zu Gott muß es den Augenblick geben, an dem er aufhört, eine Sonntagsbekanntschaft zu sein und ein Freund für den Alltag wird.

Ratschläge zum Heiligwerden für jedermann

Es gibt Menschen, die von Gott in seinen Dienst berufen werden. Als Ordensleute leben sie unter den Gelübden der Armut, der Keuschheit und des Gehorsams. Die einen tun das in einem sogenannten kontemplativen Leben, andere aktiv in apostolischer und pastoraler Tätigkeit. Es gibt aber auch jene, die Gottes Ruf folgen und ihm als verheiratete oder unverheiratete Laien ihr Leben weihen. Sie begnügen sich mit einem geringen Einkommen und einfachen Lebensverhältnissen, um in unsere Welt die Wertmaßstäbe des Gottesreiches zu bringen. Diese Menschen setzen die Lehre Jesu in die Praxis um: sie speisen die Hungrigen, bekleiden die Nackten und geben den Durstigen zu trinken (vgl. Mt 25,31-46). Andere wirken hauptamtlich in der Friedensarbeit mit. Sie alle verdienen Bewunderung und Unterstützung.

Hier möchte ich aber zu all denen sprechen, die nicht unter die genannten Kategorien fallen, zu allen, deren ganze Energie Tag für Tag von der Sorge für die Familie, von der Arbeit, von schlechten oder problematischen Lebensbedingungen und ähnlichen Schwierigkeiten verbraucht wird. Sie haben kaum Kraft und Zeit für irgendwelche „Extra-Leistungen". Weder können sie jeden Tag zur Messe gehen, noch sich – wie man das manchmal nennt – „guten Werken widmen". Es ist sehr wichtig, daß diese Menschen erkennen und zu schätzen wissen, daß sie gleichfalls zur Heiligkeit berufen sind. Auch sie sollten sich bewußt sein, daß Gott ihnen ganz nahe sein möchte. Man kann in jeder Situation und unter allen Lebensumständen heilig werden – es sei denn, man lebte in der Sünde. Es kommt nicht darauf an, wo wir stehen oder was wir tun; wesentlich ist, wer wir sind und was wir werden.

So möchte ich hier ein paar Tips oder besser Ratschläge geben, die vielleicht helfen können, Gott näher zu kommen. Sicherlich gibt es auch andere Mittel und Wege, im Alltag in der Heiligkeit zu wachsen. So wollen meine „Tips und Vorschläge" lediglich Empfehlungen sein. Andere Priester und Fachleute des geistlichen Lebens werden zweifellos andere Ratschläge erteilen können. Jedenfalls erhebt meine Aufzählung nicht den Anspruch auf Vollständigkeit.

So leicht sich diese Tips lesen mögen, so schwer ist es, sie ins tägliche Leben einzubauen. Doch kommt es auf den Versuch an. Keine Sorge, wenn er fehlschlägt! Beginnen Sie morgen einfach wieder von vorn. Jeder Tag muß ein neuer Anfang sein.

1. Fangen Sie den Tag mit einem Morgengebet an. Stellen Sie sich vor Augen, was sie zu tun haben und was voraussichtlich auf Sie zukommen wird. Bitten Sie Gott um seinen Segen und um seine Hilfe, damit er an allem, was Sie tun, Gefallen finden möge. Sagen Sie ihm, daß Sie Ihr ganzes Tun, Ihre Arbeit, Ihre Erholungspausen, Ihr gesellschaftliches Leben zu Werken der Liebe machen möchten. Denken Sie daran, daß Jesus das einfache Leben eines Zimmermanns seiner Zeit gelebt hat und so seinem Vater gefiel. Darum kann das, was Sie tun, Gott ebenso wohlgefällig sein.

2. Wenn Sie wissen, daß es im Laufe des Tages Schwierigkeiten geben kann, daß z. B. die Arbeit schwer, langweilig oder unbefriedigend sein wird oder daß Leiden Sie erwartet; daß die Gesundheit Ihnen zu schaffen macht; daß es Spannungen zwischen Ihnen und anderen geben wird oder schwere Entscheidungen zu treffen sind, dann nehmen Sie das alles als das Kreuz an, das Sie an diesem Tag zu tragen haben. Sagen Sie schlicht: „Herr, dein Wille geschehe, gib, daß all dies mich dir näher bringt". So hat auch Jesus gebetet.

3. Reservieren Sie sich zusätzlich zum Morgen- und Abendgebet mindestens fünf Minuten am Tag für ein Alleinsein mit Gott. Planen Sie Ort und Zeit dafür ein, etwa den Weg zur Arbeit. Vielleicht finden Sie auch eine ruhige Ecke in Ihrer Wohnung dafür. Oder machen Sie einfach allein einen kurzen Spaziergang. Denken Sie daran, daß der Herr sich der Menschenmenge entzog, um allein zu sein. Das müssen auch Sie tun.

4. Im Laufe des Tages werden manche Dinge falsch laufen. Man wird Sie vielleicht – zu Recht oder zu Unrecht – kritisieren, Sie ungerecht behandeln, beleidigen oder ignorieren, wird unfreundlich und abweisend zu Ihnen sein. Auch das sind kostbare Gelegenheiten, in der Heiligkeit zu wachsen. Sie werden wahrscheinlich wütend werden und möchten es den anderen am liebsten heimzahlen. Versuchen Sie dann folgendes: Beißen Sie sich auf die Lippen und sagen Sie zu sich selbst: „Danke, Herr." Sie werden zwar zunächst weiter wütend sein, aber gerade, wenn Sie „platzen" möchten, ist dieses Gebet sehr wertvoll und wird Ihnen am Ende doch tiefen Frieden bringen. Es wird Sie daran erinnern, welche Beleidigungen Jesus hinnehmen mußte, und daß er darauf nur mit dem Gebet reagierte: „Vater vergib ihnen, denn sie wissen nicht, was sie tun" (Lk 23,24).

5. Es werden Ihnen heute alle möglichen Menschen begegnen, sympathische und unsympathische. Natürlich ist es leicht, zu den ersteren nett zu sein; bei letzteren ist das schon schwieriger. Welche Faustregeln können einem in solchen Situationen helfen?

Ich lernte einmal einen bedeutenden Geschäftsmann kennen. Er erzählte mir, er habe sich darauf trainiert, alle Menschen so zu behandeln, als ob er sie gern hätte. Wenn er mit jemand Schwierigkeiten hat, oder wenn er mit jemand, den er nicht mag, geschäftlich zu tun hat, dann fragt er sich: „Was würde ich tun, wenn ich diesen Menschen gut leiden könnte?" Und das tut er dann. Ein bemerkenswerter Rat! Und solch ein Verhalten ist durchaus vereinbar mit Entschiedenheit. Nicht nur handelt er wie Christus, sondern er macht auf dieser Basis auch noch gute Geschäfte.

Es fällt einem oft schwer, sich zu beherrschen und andere nicht zu verletzen, der Versuchung zu widerstehen, nachteilig über sie zu reden und ihren Ruf zu schädigen. Verleumdung und üble Nachrede sind abstoßende Sünden. Aber schon Unfreundlichkeit verstößt gegen den Geist Christi. Eine scharfe Zunge und eine spitze Feder sind tödliche Waffen. Versuchen Sie, in jedem, der Ihnen begegnet, Christus zu sehen, besonders in den Armen, Kranken und Behinderten. Behandeln Sie andere so, wie Sie selbst wünschen, von anderen behandelt zu werden. Ein uralter, doch zugleich auch ein sehr zeitgemäßer Rat.

6. Die wirksamsten Mittel zur Heiligkeit sind die Sakramente. Die Eucharistiefeier am Sonntag sollte der Höhepunkt der Woche sein. Manches an der liturgischen Feier mag einem nicht passen. Vielleicht wird nicht würdig genug zelebriert; vielleicht gefallen uns die Übersetzungen der Gebete und der Lesungen nicht, oder wir finden den Gesang und die Orgelmusik schwer erträglich.

Auf einer bestimmten Ebene unserer Erfahrung haben diese Dinge natürlich wirklich ihre Bedeutung. Auf einer anderen aber, und zwar auf der wesentlicheren, dürfte das alles nicht ins Gewicht fallen. Eucharistiefeier bleibt Eucharistiefeier, und immer wird die Realität des Opfers Christi sakramental gegenwärtig, wo die Messe gefeiert wird. Und das ist das Ausschlaggebende, das müssen wir mehr und mehr verstehen und würdigen lernen. Tragen Sie Ihren Teil dazu bei, daß die Messe würdig gefeiert

wird. Das II. Vatikanische Konzil hat neue Möglichkeiten
eröffnet, damit wir ganzheitlicher und als Teil einer betenden Gemeinde die Eucharistie mitfeiern können. Wichtig
ist, daß wir zur Eucharistiefeier gehen, aktiv an ihr teilnehmen und mitbeten. Die Teilnahme an der Sonntagsmesse
ist unerläßlich, doch um in der Heiligkeit zu wachsen,
sollte man versuchen, auch an Werktagen an der Meßfeier
teilzunehmen. Für manche ist das wahrscheinlich keineswegs so schwierig, wie sie denken.

7. Mißachten Sie nicht die Bedeutung des Sakraments der
Versöhnung – „gehen Sie beichten", wie man früher sagte.
Dazu wäre viel zu sagen, doch möchte ich hier nur darauf
aufmerksam machen, welch große Hilfe es auf dem Weg
zur Heiligkeit ist, im Bemühen um aufrichtige Reue demütig vor dem Priester zu knien, seine Sünden zu bekennen
und Gottes Vergebung zu empfangen.

8. Heiligkeit ist nicht nur eine private und persönliche Angelegenheit. Selbstverständlich geht es darum, daß *ich*
Gott näher komme, daß ich versuche, ihn zu erkennen, zu
lieben und ihm zu dienen, so gut ich nur kann. Doch das
ist nicht alles. Ich muß auch das zweite Gebot Christi befolgen, das heißt: ich muß meinen Nächsten lieben wie
mich selbst. Ich muß nach Kräften der größeren Gemeinschaft dienen, den Menschen meiner nächsten Umgebung
ebenso wie denen, die in anderen Teilen der Welt leben.
Sie alle gehen mich an, auch wenn ich nicht in der Lage
sein sollte, etwas Großes für sie zu tun.

Manche Menschen haben weder Zeit noch Kraft, mehr
zu leisten, als den Tag hinter sich zu bringen und für ihre
Familie und ihr eigenes Heim zu sorgen. Gleichwohl
meine ich, daß es den meisten von uns möglich sein
müßte, in nächster Nähe einen alten oder kranken Menschen zu finden, den wir von Zeit zu Zeit besuchen könn-

ten. Auch haben wir alle die Möglichkeit, uns die schweren Probleme unserer Tage bewußt zu machen: Hunger und Armut für den größeren Teil der Menschheit, die Gefahr eines Atomkrieges, mangelndes Wissen über Gott, Geringschätzung der Religion, Arbeitslosigkeit und vieles andere. Wir sollten uns in unseren Pfarreien genauer über diese Dinge informieren und etwas über Gruppen in Erfahrung bringen, die weniger privilegierten Menschen ein wenig helfen oder sich um die Lösung großer Probleme bemühen. Schwerwiegende soziale Probleme werden oft von ganz einfachen Leuten gelöst, die sich engagieren und das tun, was sie tun können.

Christen müssen sich engagieren. Dieses Engagement wird für jeden anders aussehen. Nicht alle haben die gleichen Gaben und nicht alle gleich viel Zeit für Nebenbeschäftigungen. Es kommt darauf an, zu tun, was man kann, auch wenn es nur wenig ist.

9. Beten, dem Nächsten dienen, seine Arbeit für Gott tun – das alles sind Schritte auf dem Weg zur Heiligkeit. Wo aber kommt nun die Askese ins Spiel? Was wird von uns an Bußwerken erwartet? Ist es falsch, auf die angenehmen Dinge des Lebens zu verzichten? Über eins wollen wir uns klar sein: die Menschen und die Dinge sind gut, wenn wir sie nicht mißbrauchen. „Und Gott sah, daß es gut war ..." – diese Worte durchziehen den biblischen Schöpfungsbericht wie ein Kehrreim. Erst später kam die Sünde des Menschen in die Welt. Es ist gute christliche Praxis, Gott für die Klänge schöner Musik, für die Freude an einem Glas Wein, für die Schönheit eines hübschen Mädchens zu danken. Es wäre falsch, solches nicht als Gaben Gottes zu erkennen und ihm dafür nicht Dank zu sagen. Doch ist es ebenso gute christliche Praxis, „nein" zu sich selbst zu sagen, d.h. sich guter Dinge zu enthalten. Wir tun das, um nicht dem Irrtum zu verfallen, die guten Dinge seien das

einzige, worauf es in diesem Leben ankommt, und um nicht Menschen und Dinge zu Götzen zu machen. Diese falschen Götter würden uns, wenn wir keine Selbstkontrolle übten, erst versklaven und dann vernichten.

Was sollen wir also tun? Im einzelnen muß das jeder selbst entscheiden. Es ist Tradition, sich am Freitag, dem Todestag des Herrn, eine besondere Buße aufzuerlegen. Auch das neue Kirchenrecht hebt dies hervor, und die Bischofskonferenzen der einzelnen Länder sollen dazu Vorschläge machen. Ebenso ist die Fastenzeit der Tradition nach eine Zeit besonderer Anstrengung: zusätzliches Gebet, aber auch Verzicht. Bei dem Wort „Verzicht" und „Selbstverleugnung" denken wir gewöhnlich an Einschränkungen beim Essen und Trinken. Das ist sicher eine gute Art, Askese zu üben. Doch es gibt auch andere Möglichkeiten. So könnte man vielleicht gelegentlich auf eine Stunde Fernsehen verzichten und sich stattdessen geistlicher Lektüre widmen. Man könnte auch einen alten Menschen oder einen Kranken besuchen, statt zu tun, wozu man gerade Lust hat. Das Schlüsselwort heißt „Nein zu sich selbst", und das nicht einfach um des Nein willen, sondern um uns auf das Ja zu Gott einzuüben. Darauf kommt es an.

Eine Spiritualität, die die guten Dinge dieser Welt als in sich schlecht oder materielle Dinge und Vergnügen grundsätzlich als böse ansieht, ist falsch. Aus solch einer Einstellung entstand in der Vergangenheit manche Häresie.

Großartige Gelegenheiten zur Selbstverleugnung können uns unsere Mitmenschen bieten, denn Geduld, Toleranz, Verständnis fallen uns schwer. Jeder, der einmal in einer Gemeinschaft gelebt hat, wird das bestätigen können. Es kostet viel mehr Überwindung, die langweilige Konversation mit einem anderen zu ertragen, als auf ein Stückchen Zucker im Tee oder Kaffee zu verzichten. Weitere Möglichkeiten der Selbstverleugnung finden sich an anderen Stellen dieses Buches. Jedenfalls gibt es im Alltag genug Beschwernisse, die sich dazu anbieten.

10. Ein letzter Tip: sich nicht über andere erheben. Damit meine ich: sich selbst nicht so hoch einschätzen, sich nicht zu wichtig nehmen, was für eine Stellung man auch bekleiden und wie begabt man auch sein mag. Daran denken, daß es einzig und allein darauf ankommt, was Gott von mir hält. In seinen Augen groß zu sein, ist das größte Verlangen, das ein Mensch haben kann. Lächeln Sie über sich selbst, über Ihre Mißerfolge, über Ihre Unzulänglich- keit in geistlichen Dingen. Behalten Sie Sinn für Humor. Es schadet nichts, wenn andere Sie nicht ernst nehmen. Gott tut es.

Wenn Sie heilig werden, dann nur deswegen, weil Gott Sie zu einem Heiligen gemacht hat. Sie werden es ohnehin nicht merken. Versuchen Sie es einfach immer weiter. Das ist alles, was Sie dazu tun können. Den Erfolg kann doch nur Gott allein schenken. Und warum sollten wir eigentlich nicht froh sein? Der Herr ist wahrhaft auferstanden und möchte uns Anteil daran geben. Wir sind ihm wichtig und kostbar, warum also traurig sein? Ein französisches Sprichwort sagt: „Ein Heiliger, der traurig ist, ist ein trauri- ger Heiliger – un saint triste est un triste saint."

Glaube

Wir gehen als Pilger durchs Leben, doch gleichen wir auch Blinden. Wir können den vor uns liegenden Weg nicht deutlich erkennen und brauchen andere, die uns sagen müssen, was vor uns liegt, wie die Landschaft rechts und links des Weges aussieht, welche Gefahren uns dro- hen.

Wir können nicht allein gehen. Blinde brauchen einen Führer, wenn sie sich an unbekannten Orten bewegen, und es muß ein zuverlässiger Führer sein, der den Weg genau kennt und der die Wahrheit sagt. Hat ein Blinder einmal zu einem Führer Vertrauen gefaßt, wird er auf ihn hören und befolgen, was dieser sagt. Es mag gelegentlich sogar sein, daß der Blinde von dem, was sein Führer ihm sagt, bewegt ist und die Menschen und Dinge, von denen er gehört hat, liebgewinnt. Er liebt, weil er darauf vertraut, daß er die Wahrheit gehört hat.

Wir bewegen uns unsicher in Gottes Welt; wir sehen Gott nicht; und vieles von dem, was er uns gesagt hat, übersteigt unser Begreifen. Aber wir vertrauen darauf, daß uns über Gott Wahrheiten gesagt wurden, die wir allein nicht hätten entdecken können. Aus diesem Grund akzeptieren wir sie. Jahr um Jahr denken wir über sie nach, rätseln an ihnen herum und begreifen sie dennoch nicht vollständig, lernen sie jedoch immer mehr schätzen. Glauben ist eine Frage des Vertrauens auf das Wort Gottes. Die Heilige Schrift enthält Wahrheiten über Gott in menschlichen Worten, Gedanken und Geschichten. Der in der Kirche anwesende Heilige Geist deutet uns den wahren Sinn der Schrift. Er tut das durch Menschen, die dazu ausersehen und bestimmt sind, mit besonderer Autorität zu sprechen.

Ich denke an die beiden Jünger, die von Jerusalem nach Emmaus unterwegs waren (vgl. Lk 24, 13–35) und dem Fremden zuhörten, der über die Schrift sprach und sie ihnen auslegte. Die Jünger waren „mit Blindheit geschlagen", und dennoch bekannten sie später: „Brannte uns nicht das Herz in der Brust, als er unterwegs mit uns redete und uns den Sinn der Schriften erschloß?" Sie hatten nicht erkannt, daß sie den Herrn gesehen hatten, aber seine Worte hatten ihre Begeisterung entfacht. So wird es auch uns häufig gehen. Wie oft wird uns das Wort Gottes in der Kirche bei der Eucharistiefeier verkündet und vom Priester erklärt. Wir sollten es aufmerksam hören, denn dieses Wort Gottes ist an uns gerichtet. Es kann unser Herz „brennen lassen", selbst wenn wir es nicht ganz begreifen. Doch kann es auch sein, daß dieses Wort plötzlich in einer neuen Weise zu uns spricht. Vertraute Sätze oder Geschichten erhalten einen neuen Sinn. Die Jünger auf dem Weg nach Emmaus erkannten den Herrn „beim Brotbrechen". Es war ein Augenblick besonderer Gnade. Auch wir erkennen den Herrn im Wort und Sakrament, zuweilen in wunderbarer Weise. Eine solche Begegnung fordert unser ganzes Sein auf allen Ebenen ein. Wir sollten über solche Augenblicke sehr glücklich sein, sollten jedoch wissen und nicht bekümmert sein, daß sie uns nur selten und in großen Abständen zuteil werden.

Es wäre gut, sich daran zu erinnern, daß wir, wenn wir von den „Geheimnissen unseres Glaubens" sprechen, Wahrheiten über Gott meinen, die wir nicht selbst entdecken und die wir niemals ganz begreifen können. Es ist nicht so, daß wir ins Dunkel hineinstolpern; vielmehr gehen wir zum Licht, einem Licht allerdings, das zu hell ist, als daß wir mit unseren schwachen Augen hineinblicken könnten, so wie man nicht direkt in die Sonne schauen kann. Es ist zu hell und blendend, als daß man es richtig sehen könnte.

Gott ist wie die Sonne. Wir können ihn nicht sehen, wie er uns sieht. Wir brauchen jemand, der uns von ihm erzählt, der ihn kennt und dem wir vertrauen können, daß er die Wahrheit sagt. Jesus kennt Gott, und er hat von ihm zu uns gesprochen. Jesus sagt, um es mit anderen Worten auszudrücken: „Hört auf mich. Vertraut mir. Was ich gesagt habe, ist wahr. Bleibt bei mir. Ihr habt den Heiligen Geist. Er ist in der Kirche gegenwärtig. Bleibt bei mir."

Unsere tiefe Überzeugung, daß Jesus wahrer Gott und wahrer Mensch ist, ist ein kostbares Geschenk Gottes.

Das gilt ebenso für die Überzeugung, daß das Brot, das wir in der heiligen Kommunion empfangen und als Brot sehen und schmecken, wirklich der Leib Christi ist. So gibt es viele andere Wahrheiten, die wir uns deshalb zu eigen gemacht haben, weil wir gelernt haben, dem Wort Jesu Christi zu glauben.

Dieses Geschenk Gottes, dieser Glaube an Jesus Christus ist eine große Bereicherung für unser Leben. Wir lernen, mit den verschiedensten Problemen des täglichen Lebens fertigzuwerden, indem wir auf das hören, was der Herr uns sagt, und auf das sehen, was er tat oder wie er in verschiedenen Situationen reagierte. Leid und Tod mögen dafür als einleuchtende Beispiele dienen. Diese Probleme, die viele Menschen quälen, haben einen neuen Sinn erhalten, wenn sie auch nicht gelöst sind. Im Leiden und Tod Jesu Christi finden wir den Sinn unseres eigenen Leidens und Sterbens. Darüberhinaus werden uns Glaubenswahrheiten, die uns von Kindheit an vertraut sind, tiefe Einsichten vermitteln und große Hilfe für unser Leben sein.

Manche Menschen finden es fast unmöglich zu glauben; auch Gläubige machen in ihrem Leben die Erfahrung, daß der Zweifel oft stärker ist als der Glaube. Vielleicht kann allen, die mit solchen Schwierigkeiten zu kämpfen haben, der Bericht des Evangelisten Johannes über ein Ereignis im Leben Jesu eine Hilfe sein.

Jesus hatte zu seinen Jüngern über das „Brot des Lebens" gesprochen und an einer Stelle gesagt: „Mein Fleisch ist wirklich eine Speise, und mein Blut ist wirklich ein Trank." Ein schwer zu begreifender und noch schwerer zu akzeptierender Satz. So überrascht es nicht, wenn es im folgenden heißt: „Darauf zogen sich viele seiner Jünger zurück und wanderten nicht mehr mit ihm umher." Das war für Jesus ein schwerer Schlag. „Wollt auch ihr weggehen?", fragte er die Zwölf (Joh 6,69).

Auch wir mögen manchmal versucht sein „nicht mehr mit ihm umher zu wandern". Wenn wir jedoch der Versuchung nachgeben, wandern wir allein in der Finsternis.

Als Jesus fragte: „Wollt auch ihr gehen?", antwortete Petrus: „Herr, zu wem sollen wir gehen? Du hast Worte des ewigen Lebens, und wir haben geglaubt und erkannt: du bist Christus, der Sohn Gottes" (Joh 6,68–69). Dieses Gebet sollten wir uns zu eigen machen. Es kann in schwierigen Zeiten eine Hilfe sein.

Beten hilft uns glauben, glauben hilft uns beten. Gebet und Glaube gehören zusammen und stützen sich gegenseitig. Wir beten, weil wir erkennen, und sei es auch noch so schwach. Das Gebet in seinen vielen Formen kann die erlöschende Glut des Glaubens neu entfachen und den Geist erleuchten. Ein Akt des Glaubens, den wir setzen, wenn alles um uns dunkel und unwirklich scheint – „Mein Gott, ich glaube, hilf meinem Unglauben" –, bringt uns – vielleicht nicht sofort, aber nach und nach – jenen Schimmer Licht, der genügt. In diesem flackernden Licht vermögen wir die nächsten Schritte auf unserem Pilgerweg zu tun.

Säkularismus, Pluralismus und die Wertordnung der Konsumgesellschaft: das alles schwächt unseren Glauben.

Die Vorherrschaft dessen, was man heute unter „Säkularismus" versteht, gehört zu dem, was vielen das Glauben schwer macht. Mit Säkularismus meine ich jene Lebensphilosophien, die jede Erklärung der Welt und ihres Daseinszwecks ablehnen, die irgendetwas mit Religion und einem transzendenten Gott zu tun haben. Solche Auffassungen vertreten heute viele Menschen. Wir leben in einer säkularisierten Gesellschaft. Es ist leicht, sich eine Zeitlang mit einer solch begrenzten Sicht des Lebens zufrieden zu geben, auch wenn sie uns keine befriedigende Deutung des menschlichen Daseins zu geben vermag.

In einer pluralistischen Gesellschaft werden wir zunehmend gewahr, daß diese Gesellschaft aus Menschen verschiedenster Rassen mit unterschiedlichsten Glaubensbe-
kenntnissen besteht. Es gibt in ihr viele Philosophien,
viele Sichtweisen des Lebens. Auch hier liegen Gefahren
für den christlichen Glauben: der Gläubige wird unsicher,
beginnt, sich wegen seiner religiösen Bindung unbehag-
lich zu fühlen und sich für seinen Glauben zu entschuldigen. Die christliche Stimme ist nur eine von vielen, die in
der Öffentlichkeit Gehör finden wollen.

Die Wertordnung der Konsumgesellschaft, deren Götzen Reichtum und Macht sind, ist für den Gläubigen eine
wirkliche Gefahr. Schon immer waren sie Hindernisse für
den Glauben und wirken heute so verführerisch wie eh
und je. Sie können auf die Dauer den Geist und die Sensi-
bilität des Gläubigen abstumpfen. Man gewöhnt sich allmählich an das bequeme Leben und das Streben nach
materiellen Zielen. Ehrgeiz und Gewinndenken werden zu
Antriebskräften dieses Lebens.

Eine zeitgemäße christliche Erziehung muß den kultu-
rellen, sozialen und wirtschaftlichen Kontext in Rechnung
stellen, in dem christliches Leben geführt wird. Sie muß
Menschen heranbilden, die in einer vornehmlich säkularisierten und pluralistischen Gesellschaft als Christen leben,
in einer Gesellschaft, deren Wertvorstellungen denen, die
in dem Reich herrschen sollten, das Christus verkündet
hat, oft genau entgegengesetzt sind. Das ist keine leichte
Aufgabe, aber man darf sich nicht davor drücken. Die
Glaubenswahrheiten müssen gelehrt, die Jugend muß so
erzogen werden, daß ihr christlicher Glaube eine wirkliche
Antriebskraft in ihrem Leben wird.

Hoffnung

Fragt man sich nach dem Sinn und Zweck des menschlichen Lebens, gibt es darauf letztendlich nur eine richtige Antwort, nämlich: der Mensch ist für die Anschauung Gottes geschaffen. Später, nach dem Tode, werden wir wahre Kontemplative sein, die Gott schauen, der Wahrheit, Güte und vollkommene Schönheit ist. Inzwischen leben wir in der Erwartung dieser Erfahrung und bereiten uns darauf vor.

Die Vorfreude auf das Reiseziel läßt den Pilger auf seinem Weg immer wieder mutig weitergehen. Die Aussicht auf die Freude, die am Ende der Reise vollkommene Wirklichkeit werden wird, läßt ihn jetzt schon froh sein. Deshalb sollten Christen eigentlich immer freudig, immer heiter sein. Sie haben Hoffnung. Hoffnung ist die Zuversicht, daß man finden wird, wonach man sucht, und daß man das Ziel, das man anstrebt, erreicht. Diese Zuversicht kommt von Gott. Er ist es, der unsere Träume wahr werden läßt, der unsere tiefste Sehnsucht stillt und uns vollkommene Erfüllung schenkt.

Hoffnung ist eine christliche Tugend und ebenso wichtig wie Glaube und Liebe. Das sollte uns immer deutlich sein. Es wird viel über den Glauben und die Liebe geschrieben und gepredigt, aber nicht über die Hoffnung: darüber, wie wichtig es ist, trotz aller Bedrängnisse und Schwierigkeiten im Leben froh und glücklich zu sein; ein wirklicher Christ würde vielleicht sogar sagen: gerade *„wegen* der Belastungen und Schwierigkeiten". Im Leben jedes Christen sollte es Freude, sollte es Frieden geben. Ich glaube, daß viele mehr als nötig bedrückt sind durch das, was Presse, Funk und Fernsehen üblicherweise berichten. Gute Nachrichten eignen sich nicht so sehr als Zeitungsschlagzeile und geben nichts her für dramatische Fernsehberichte. Doch die schwere Kost der Krisen, Tragödien

und Konflikte gibt vielen, besonders den ans Haus Ge-
bundenen, den Älteren und den nervlich Schwachen
reichlich Anlaß zu Pessimismus und Depression.

Hören wir deshalb nie auf, der Liebe Gottes zu vertrauen, zuversichtlich zu glauben, daß er das Gute für uns
will. Wir müssen überzeugt sein, daß er uns will, daß er,
wenn ich so sagen darf, uns dringend braucht.

Liebe

„Ein Gesetzeslehrer stand auf, und um Jesus auf die Probe
zu stellen, fragte er: ‚Meister, was muß ich tun, um das
ewige Leben zu gewinnen?‘ Jesus sagte zu ihm: ‚Was steht
im Gesetz? Was liest du dort?‘ Er antwortete: ‚Du sollst
den Herrn, deinen Gott lieben mit ganzem Herzen und
ganzer Seele, mit all deiner Kraft und all deinen Gedanken, und: deinen Nächsten wie dich selbst.‘ Jesus sagte zu
ihm: ‚Du hast richtig geantwortet. Handle danach, und du
wirst leben‘“ (Lk 10,25–28).

Das Gebot der Gottesliebe ist eindeutig. Wir müssen all
unsere Kräfte und unser ganzes Sein einzig auf diese
Liebe ausrichten. Es ist leicht, dieser Behauptung theore-
tisch zuzustimmen, doch wirklich ja zu sagen und dieses
Ja in ein Aktionsprogramm umzusetzen, ist etwas ganz anderes. Unseren Nächsten sehen wir, aber wie kann man jemand lieben, den man nicht sieht? Die Antwort auf diese
Frage findet sich im ersten Johannesbrief. Dort schreibt
der Apostel, daß alles mit der Erkenntnis beginnt, daß
Gott uns zuerst geliebt hat. Wenn uns das klargeworden
ist, werden wir Gott unsere Gegenliebe schenken wollen.
Er ist zu uns gekommen in unser Nichts, in unsere Sündhaftigkeit, und hat uns bis zum Äußersten geliebt. Er hat

für uns gelitten und ist gestorben, während wir uns immer noch gegen ihn auflehnten.

Für manche Menschen ist es anscheinend schwerer zu glauben, daß Gott sie liebt, als daß er existiert. Die Behauptung, Gott der Allmächtige sorge sich um mich, klingt fast arrogant. Unser Verhalten ihm gegenüber und die Geringschätzung, mit der wir ihn ständig behandeln, sind bewußt darauf angelegt, uns selbst die Berechtigung unseres Zweifels zu bestätigen. Doch sollte man bedenken, daß Vergeben ein Kennzeichen wahrer Liebe ist! Eine der Freuden der Liebe liegt darin, einander in der Schwäche und Armseligkeit zu helfen. Die Geschichte von dem starrköpfigen jungen Mann, den wir den „Verlorenen Sohn" nennen, sagt viel aus über Gottes Einstellung zu einem jeden von uns. Gott wartet auf unsere Heimkehr – er wartet immer.

Johannes, der Lieblingsjünger, begriff gut, mit welcher Wärme und Kraft Gott uns liebt. Er schreibt: „Gott ist die Liebe. Die Liebe Gottes wurde unter uns dadurch offenbart, daß Gott seinen einzigen Sohn in die Welt gesandt hat, damit wir durch ihn leben" (1 Joh 4, 8–9). Um dies zu begreifen, müssen wir immer tiefer ermessen lernen, was Christus für uns am Kreuz getan hat. Liebe erweist sich darin, daß ein Mensch sein Leben hingibt für seine Freunde. Und wenn dieser Mensch auch Gott und der Freund noch ein Feind ist?

Lernen wir tiefer verstehen, was mit dem Gebot der Gottesliebe als Antwort auf die Liebe Gottes, mit der er uns überschüttet hat, gemeint ist. Wie oft verfälschen wir den Begriff Liebe, machen aus ihr eine Karikatur ihrer Wirklichkeit, entstellen sie bis zur Unkenntlichkeit, finden sie schwächlich und abgeschmackt, betrachten sie als etwas rein Emotionales. Aber die Liebe, von der Christus spricht, ist anspruchsvoll. Sie schenkt, ist selbstlos und großmütig. Liebe will ebenso sehr schenken wie empfangen, und ihr Vorbild und Urbild ist die Liebe, die in Gott ist.

Die Kraft und das Drängen dieser Liebe Gottes erkennen wir, wenn wir die Taten und das Verhalten seines göttlichen Sohnes betrachten. Sie sind die Offenbarung göttlicher Wirklichkeiten in menschlicher Ausdrucksform. Er hat sich im Dienst an anderen nicht geschont. Er ging sogar so weit, seinen Henkern zu vergeben. Jesus Christus offenbarte die Liebe Gottes zu jedem einzelnen Menschen.

Auch unsere eigenen Erfahrungen können uns zu dieser Erkenntnis verhelfen. Der Evangelist Johannes sagt: „Wer nicht liebt, hat Gott nicht erkannt; denn Gott ist Liebe" (1 Joh 4,8). So ist es immer eine kostbare Erfahrung, wenn wir uns zu anderen hingezogen fühlen aufgrund ihrer Güte und Liebenswürdigkeit. Sie ist ein Hinweis, den Gott selbst uns darauf gibt, wie er uns ansieht. Darum haben Menschen, die sich lieben, es besonders leicht, gemeinsam zu erkunden, was es heißt, daß Gott uns liebt.

Aber Liebe hat viele Ebenen und menschliche Ausdrucksformen. Dennoch muß sie das Merkmal aller unserer Beziehungen sein. Ich sage: aller, aber ist das realistisch? Der Gesetzeslehrer fragte: „Wer ist mein Nächster?" Die Antwort darauf war die Geschichte vom guten Samaritan. Der verwundete und ausgeraubte Mann steht in dieser Erzählung als Symbol für jeden Mann, jede Frau und jedes Kind. Jeder ist mein Nächster.

Es geht also darum: wir müssen versuchen in jedem, mit dem wir in Kontakt kommen, das Gute und Liebenswerte zu entdecken. Jeder von uns ist nach dem Bild und Gleichnis Gottes geschaffen. Jeder, wie armselig und sündig er auch sein mag, spiegelt in einzigartiger Weise etwas von Gott wider. Je mehr wir also anderen mit Sympathie und Anteilnahme begegnen, mit der Liebe, mit der Gott, ihr Vater, sie liebt, umso mehr werden wir vermögen, Gott in ihnen zu schauen. So werden wir Gott umso mehr lieben und ihm dienen, je mehr wir unseren Nächsten lieben und ihm dienen. Gottesliebe und Nächstenliebe werden zu einer einzigen Liebe.

Noch eine andere Forderung Jesu, die ebenso kurz und eindeutig ist, muß uns beschäftigen: „Seid vollkommen, wie euer himmlischer Vater vollkommen ist" (Mt 5, 48). Damit ist gesagt: wenn wir Gott und den Nächsten lieben sollen, müssen wir uns ständig ändern, denn niemals werden wir so sein, wie wir sein sollten. Wir gehören einem gefallenen Geschlecht an, tun nur allzu oft das Falsche. Unser Stolz und unsere Selbstbezogenheit zerstören nicht nur das Leben anderer, sondern auch unser eigenes.

So sehe ich dieses Leben als eine Zeit der Übung, als eine Zeit der Vorbereitung an, in der wir die Kunst der Liebe zu Gott und zu unserem Nächsten lernen; einmal mit mehr, einmal mit weniger Erfolg, aber immer in der Überzeugung, daß der letzte Sinn des menschlichen Lebens eben in der Gottes- und Nächstenliebe liegt. Wenn wir diese Kunst lernen, dann erhalten viele Dinge ein anderes Gesicht. So wird z. B. der Tod für uns zum Weg, der zur Anschauung Gottes führt: wir werden Gott sehen, wie er ist und unsere vollkommene Erfüllung finden in einer letzten Entscheidung der Liebe, in der Vereinigung mit ihm.

Demnach besteht die Vollkommenheit des Menschen in seiner Liebe zu Gott und dem Nächsten. Natürlich gibt es Gesetze, die man befolgen, Verantwortung, die man übernehmen muß, Pflichten, die man zu erfüllen hat, Selbstverleugnung, die einem abverlangt wird. Diesen menschlichen Ansprüchen würden wir uns gern entziehen, weil sie Zeit und Kraft kosten und unserer Bequemlichkeit im Wege sind. Dennoch gehört alles zu einem Leben im Glauben. Es kommt auf das Motiv des Handelns an, und das muß die Liebe sein. Glaube ohne Gottesliebe ist kalt und unwirklich, wird zur Last und bringt die Gefahr mit sich, ihn abzuwerfen. Oft schon haben Menschen ihren Glauben aufgegeben, über Bord geworfen, weil sie ihn als Last empfanden.

Die Liebe zu Gott und zum Nächsten ist das Herz aller Dinge. Das ist ein Geheimnis, das jeder für sich selbst entdecken muß. „Ja, Herr, ich glaube, hilf meinem Unglauben." Doch kenne ich auch ein anderes Gebet, das Gebet des Petrus: „Herr, du weißt alles, du weißt auch, daß ich dich liebe" (Joh 21,17). Das gibt dem „Ich glaube" den rechten Sinn.

Gebet

Eine der zutreffendsten Definitionen des Gebetes steht im Katechismus: „Beten heißt: das Herz zu Gott erheben", oder anders gesagt: Gebet ist der Versuch, das Herz zu Gott zu erheben. Wenn wir meinen, unsere Gedanken seien auf Gott ausgerichtet, und wenn unser Herz sich nach Gott sehnt und will, was er will, dann ist das sein Werk und nicht unseres. Es ist sein Geschenk. Unser Anteil am Gebet besteht darin, das Herz zu Gott zu erheben und uns dafür Zeit zu nehmen. Der Versuch zu beten, ist Gebet – und zwar schon ein sehr gutes. Auch dieser Wille zum Versuch ist Gottes Geschenk.

Der Begriff „Gewahrwerden" hängt mit dem Ringen des Geistes, sich auf Gott zu konzentrieren, zusammen. Wir versuchen, seiner Gegenwart, seiner Nähe gewahr zu werden. Der Begriff „Sehnsucht" oder „Verlangen" beschreibt den Vorgang, bei dem das Herz darum ringt, sich auf Gott auszurichten. Oft sehnen wir uns nach Gott, verlangen nach ihm, während wir innerlich leer oder zerstreut sind. Diese Sehnsucht nach Gott kann bisweilen sehr heftig werden. Aber auch sich danach zu sehnen, ohne fähig zu sein, über Gott nachzudenken, ist ein ausgezeichnetes Gebet.

So ist Gebet der Versuch, Gottes gewahr zu werden und von ihm wahrgenommen zu werden, ihn zu ersehnen, nach ihm zu verlangen. Je mehr ich mich nach ihm sehne, umso mehr werde ich seiner gewahr.

Gebetsweisen

Es gibt verschiedene Weisen des Betens. Dabei meine ich hier das Gebet des einzelnen, das private und persönliche Gebet. Erfahrene Lehrer des geistlichen Lebens sagen im allgemeinen, daß *die* Art zu beten die beste ist, die einem am leichtesten fällt, und ich stimme dem zu.

Dennoch brauchen wir dazu Hilfen, und es gibt glücklicherweise eine Reihe von neueren Büchern, die dem Anleitung geben können, der sie braucht. So beschränke ich mich hier auf ein paar Anregungen, die manche hilfreich fanden.

a) Es ist ein Unterschied, ob wir Gebete bloß „verrichten" oder wirklich beten. Wenn man betet, sollte man entweder versuchen, über die Worte, die man liest oder spricht, oder aber über die Personen, an die diese Worte gerichtet sind, nachzudenken. Das mag sich zwar einfach anhören, ist aber überraschenderweise schwer zu verwirklichen. Dennoch liegt es an uns, es zu versuchen.

b) Will man zum Beispiel das „Vaterunser" beten, sollte man sich Zeit nehmen und die einzelnen Sätze gleichsam im Zeitlupentempo an seinem inneren Auge vorbeiziehen lassen. Diese Art des Betens – den Text langsam durchgehen und liebevoll bei einem Wort oder einer Aussage verweilen – läßt sich auf eine ganze Anzahl von Gebeten anwenden, etwa auf die Psalmen oder auf die Meßgebete.

c) Eine andere, vorzügliche Weise des Betens besteht

darin, sich einzelne Sätze der Evangelien auszuwählen und sie langsam immer wieder zu wiederholen. Dazu eignen sich Gebete wie: „Gott, sei mir Sünder gnädig." – „Herr, ich glaube, hilf meinem Unglauben." – „Herr, du weißt alles, du weißt auch, daß ich dich liebe." – „Herr, zu wem soll ich gehen; du hast Worte des ewigen Lebens." – „Dein Wille geschehe, nicht der meine." – „Rede Herr, dein Diener hört." In den Evangelien lassen sich noch viele andere Beispiele für diese Art des Betens finden.

d) Eine ausgezeichnete Art, das Evangelium zu beten, oder besser gesagt, das Evangelium als Gebet zu verwenden, ist das langsame Lesen eines Abschnitts, wobei wir immer, wenn der Name „Jesus" vorkommt, oder von „ihm" die Rede ist, das Wort „Jesus" oder das „er" durch ein persönliches „Du" austauschen und uns so selbst in die Rolle der betroffenen Person versetzen, zu der der Herr spricht. Auf diese Weise wird das Lesen des Evangeliums zu einem wirklichen Gespräch zwischen Jesus und dem Betenden. Liegt darin nicht der eigentliche Sinn der Beschäftigung mit dem Evangelium? Als erste Einübung in diese Art des Betens eignet sich besonders die Erzählung von der Blindenheilung (Lk 18, 35–43).

e) Das „Gebet des Schweigens" ist eine wichtige Art des Betens. Es ist wortloses Gebet. Man sitzt oder kniet einfach vor Gott und versucht, seine Gedanken auf ihn oder auf ein geistliches Thema zu richten. Immer, wenn die Gedanken abschweifen, sollte man sich bemühen, die Aufmerksamkeit wieder neu Gott zuzuwenden. Manchmal ist es eine Hilfe, ein einzelnes Wort zu wählen, und es dann immer wieder im Herzen zu wiederholen. Solche Worte lassen sich leicht finden: Barmherzigkeit, Liebe, Vergebung, Hilfe, „Heilig, heilig, heilig", „Komm, Herr Jesus", oder einfach nur „Jesus". Dieses Gebet besteht also vor allem darin, das Herz auf das eine, von uns gewählte Wort zu konzentrieren, auf dieses Wort, das uns gleich mit etwas von Gott in Verbindung bringt. Ja, es bringt uns mit *ihm* in Verbindung.

f) Es gibt Zeiten, Augenblicke des Friedens und der Ruhe, bei denen wir verweilen möchten, weil uns Gott darin auf wunderbare Weise besonders nahe zu sein scheint. Solche Augenblicke kann es in jeder Art des Gebetes geben. Wenn man zum Beispiel langsam einen Psalm durchbetet, jeden Vers betrachtend, kann es geschehen, daß man plötzlich nicht mehr damit fortfahren mag. Man möchte verweilen und einfach nur dasein, in Gottes Gegenwart verweilen. Das sind Augenblicke der Gnade, die dem einen seltener, dem anderen häufiger zuteil werden können. Stellen sie sich ein, sind sie ein Geschenk, Augenblicke zum Auskosten, für die wir dankbar sein müssen. Übrigens handelt es sich hierbei, soweit ich weiß, nicht um eine hohe mystische Erfahrung. Sie widerfährt Anfängern und ist eine Einladung, am Beten festzuhalten. Wir können darin auch eine Belohnung für die Treue erkennen, obgleich man im Beten sehr treu sein kann, ohne großen Lohn dafür zu empfangen. Dieser letzte Punkt führt uns zu einer weiteren Art des Betens.

g) Es ist das „Gebet des Unvermögens". Die meisten Beter kennen dieses Gebet nur allzu gut. Es kommt vor in Zeiten, in denen Gedanken über Gott oder über irgendein geistliches Thema unmöglich sind und unser Sehnen verworren und unklar ist. Das kann geschehen, wenn wir ängstlich und beunruhigt, voller Sorgen um Beruf oder Familie sind oder wir uns vielleicht ganz einfach nicht wohlfühlen. Es fehlt uns der Geschmack am Gebet. Es wäre viel leichter, es dann ganz zu unterlassen. In einer solchen Stimmung müssen wir uns bewußt zum Beten zwingen. Dann heißt es: sich Zeit nehmen, weiterbeten durch alle Schwierigkeiten hindurch, aushalten, allein um Gott zu zeigen, daß wir ihm gefallen wollen. In solchem

Gebet liegt großer Gewinn, wenngleich wenig an unmittelbar spürbarer Belohnung und Freude.

h) Das „Gebet in Todesangst" kann unser Los sein, wenn wir leiden. Ich denke besonders an Zeiten der Trauer und des Schmerzes, sei es beim Tod eines geliebten Menschen, sei es in großer Niedergeschlagenheit oder in tiefem Leid, das uns nachts den Schlaf raubt und uns bei Tag quält. In diesen Situationen können wir uns das Gebet des Herrn im Garten Gethsemani zu eigen machen: „Vater, wenn es dein Wille ist, so laß diesen Kelch an mir vorübergehen; doch nicht mein Wille geschehe, sondern der deine!" (Lk 22, 42). Oder, in einer anderen Lage, wenn wir zum Beispiel das Gefühl haben, alles sei verloren und sogar wir selbst, können wir beten wie Jesus auf Golgotha: „Mein Gott, mein Gott, warum hast du mich verlassen" (Mt 27, 46). In äußerster Niedergeschlagenheit und Traurigkeit ist es auch oft gut, einfach nur eine Kirche aufzusuchen und unser inneres Ringen der Gegenwart Gottes im Allerheiligsten Sakrament auszusetzen, vielleicht mit den Worten: „Nicht mein, sondern dein Wille geschehe", oder: „Herr, ich nehme diesen großen Schmerz an, oder ich will es wenigstens versuchen. Du willst von mir, daß ich dieses Kreuz trage. Gib du mir die Kraft dazu. Simon von Cyrene hat dir geholfen. Komm du nun, ich bitte dich, und hilf mir."

i) Eng verbunden mit den gerade beschriebenen Gedanken über das Gebet der Todesangst ist wohl die wertvollste Art des Betens: die Betrachtung des Kreuzes. Wir brauchen nichts zu sagen; wenn wir es anschauen, gibt es uns seine Geheimnisse preis. Es spricht von Schmerz, von Liebe, von Geduld und vom Frieden inmitten von Aufruhr. Es spricht von der Furchtbarkeit der Sünde, von der Grausamkeit des Menschen gegen den Menschen. Es erinnert an die Millionen, denen es am täglichen Brot mangelt, an Männer und Frauen, die von Kriegen und

Revolutionen betroffen sind. Das Kreuz lenkt unseren Blick hin zu all denen, die gestorben sind oder im Sterben liegen, zu den Hinterbliebenen, zu den ungezählten Kranken in den Krankenhäusern. Die Liste derer, die hier und jetzt leiden, ist endlos. Sie alle hängen in irgendeiner Weise mit Christus am Kreuz. Es ist schwer zu akzeptieren, daß Gott den Menschen am Kreuz sterben läßt; daß ein liebender Gott das Leiden zuläßt, ist ein wirkliches Problem. Es gibt nur einen Weg, dies alles zu begreifen: der Blick auf den gekreuzigten Christus. Aber hinter diesem gekreuzigten Christus vermögen die Augen des Glaubens das Antlitz des Auferstandenen zu schauen. Dieses Aufleuchten des Auferstandenen gibt dem von den Christen so geliebten Symbol, dem Kreuz, den Sinn. Es ist vielleicht die größte Gebetshilfe, die uns gegeben ist.

j) Ich hoffe, daß diese Hinweise zum Gebet im großen und ganzen den Lehren der geistlichen Meister zu diesem Thema folgen, möchte aber noch einen weiteren Aspekt hinzufügen. Wenn wir beten, versuchen wir immer, eine Person zu erreichen. Wir können uns dabei an den Vater, den Sohn oder den Heiligen Geist wenden. Wenn wir dazu Worte oder Bilder gebrauchen, so sind diese nur Mittel, aber noch nicht das Ziel. Durch das Wort hindurch stoßen wir zu der Person vor, auf die das Wort verweist oder an die es gerichtet ist. Wenn wir mehr mit unserer Vorstellung oder unseren Gedanken als mit Worten beten, so dringen wir durch das Bild oder durch den Gedanken zu der Person vor. Immer ist es eine Person, zu der wir Geist und Herz erheben wollen. Ein einfaches Beispiel mag dies verdeutlichen. Wir sprechen: „Vater unser im Himmel ..." und können uns dabei vielerlei Gedanken über unseren Vater machen. Aber wir dürfen bei diesen Gedanken nicht stehenbleiben, sondern müssen darüber hinaus unmittelbar zur *Person* des Vaters vordringen. Wir sprechen mit ihm, der uns gegenwärtig ist, werden aber dabei von unseren Sinnen hoffnungslos im Stich gelassen. Wir sehen ihn nicht und hören ihn nicht und können ihn auch nicht berühren. Wir merken, daß er uns nahe ist und ersehnen seine Nähe, möchten selbst ihm nahe sein. Je mehr wir im Dunkel gehen, so als wären wir mit ihm in einem dunklen Raum, umso mehr werden wir seine Gegenwart erfahren.

k) Hier stellt sich jedoch ein naheliegender Einwand. Wir sehen Gott nicht und hören ihn nicht. Sprechen wir dann nicht in ein Nichts und machen uns nur vor, er sei gegenwärtig? Wir sind wie Blinde und Taube. Wir sehen ihn nicht und hören seine Stimme nicht. Dennoch wissen wir, daß er da ist, und das genügt. Ich stelle mir das so vor: Ich sitze mit jemandem, den ich sehr liebe, in einem dunklen Raum. Ich kann diesen Menschen nicht sehen, weil es kein Licht gibt. Ich höre seine Stimme nicht, weil wir nicht miteinander sprechen. Ich weiß nur, daß er da ist. Er ist glücklich in meiner Gegenwart, wie ich es in der seinen bin. Wir freuen uns aneinander.

Diese Erfahrung kann eine Ahnung davon vermitteln, wie es manchmal im Gebet sein kann. Wir sehen Gott nicht, hören seine Stimme nicht, noch halten wir seine Hand. Wir wissen ganz einfach, daß er da ist. Er spricht nicht. Manchmal sprechen wir zu ihm und gebrauchen dabei hin und wieder bestimmte vorformulierte Worte, einen Psalm oder auch nur einen Satz aus dem Evangelium; ein andermal sprechen wir mit ihm in unseren eigenen Worten und schütten unser Herz vor ihm aus. Zuweilen bleiben wir still und gesammelt und wissen, daß er da ist, und daß er sich nach unserer Gegenwart sehnt. Dann erfahren wir auch mehr und mehr seine Gegenwart, ohne daß er zu uns spricht, und ohne daß wir ihn schauen dürfen. Diese Erfahrung kann manchmal nur einen Augenblick, manchmal auch länger dauern. Ich vermute, daß es Menschen, sogar vielbeschäftigte Menschen gibt, die diese Erfahrung kennen. Da sind gewiß auch jene, die mit größerer Autorität über die Freude und den Frieden der höheren Stufen der Erfahrung der Gegenwart und Liebe Gottes zu sprechen vermögen. Sie können unsere Lehrmeister sein.

Ich bin überzeugt, daß es für den, der sich ehrlich um das Gebet müht – ohne sich dadurch schon für weit fortgeschritten im geistlichen Leben zu halten –, solche Augenblicke des Friedens und der Freude immer geben wird. Trotzdem gilt für viele von uns, daß das Gebet harte Arbeit sein kann. Sehr oft bleibt der Lohn für die Mühe aus, und man findet wenig Freude am Beten. Gerade dann sind wir versucht, das Gebet ganz aufzugeben. Das wäre freilich ein verhängnisvoller Fehler. Gerade dann müssen wir weitermachen, weil wir nur so lernen, daß es im Gebet zu einem wesentlichen Teil darum geht, Gott zu gefallen. Wir wollen ihm gefallen, das ist der Grund unseres Betens. Das Weitermachen trotz aller Widerstände ist für uns eine Glaubensprüfung, in der sich erweisen wird, ob unser Dienst vor Gott wirklich selbstlos und großmütig ist. So werden wir dazu erzogen, das Rechte um seinetwillen und nicht um unseretwillen zu tun.

Von Zeit zu Zeit müssen unsere Motive geläutert werden und so auch unser Herz. Vielleicht wird uns abverlangt, nur die Dunkelheit des Gebetslebens zu erfahren. Wir haben keinen Halt, nichts scheint uns weiterzuhelfen, weder geistliche Schriften noch scharfsinnige Gedanken oder große Worte. Sie lassen uns kalt und finden keinen Widerhall in uns. Das kann umso enttäuschender sein, wenn wir ehrlich sagen dürfen, unser Bestes getan zu haben, um im Gebet treu zu bleiben. Auch dafür gibt es einen Grund: Unser Glaube wird geläutert, das heißt wir werden dahin geführt, immer weniger auf uns selbst und auf unsere Gedanken über Gott zu vertrauen, sondern mehr und mehr auf Gott selbst, auf Gott allein. Durch solche Zeiten der Dunkelheit müssen wir hindurch, um fähig zu werden, sein Licht zu empfangen. Und wenn der Glaube geläutert wird – vielleicht in einem schmerzvollen Prozess –, wächst die Liebe, lieben wir mehr.

Das Beten planen

Wie sollen wir das Beten anfangen? Manchem mag dies als eine unnötige Frage erscheinen, oder doch zumindest als eine Frage, die sich ihm nicht stellt. Manche denken sicherlich auch, vieles von dem bisher Gesagten beträfe nur die Ordensleute, das heißt solche, die genug Muße haben, täglich mehrere Stunden dem geistlichen Leben zu widmen.

Es wäre grundverkehrt, die Schwierigkeiten, die sich einer Durchschnittsfamilie stellen, herunterzuspielen; gemeint sind Familien, in denen beide Ehepartner arbeiten und die Kinder hungrig von der Schule heimkommen. Kann eine vielbeschäftigte Hausfrau Zeit zum Beten finden? Oder der Schichtarbeiter, der müde und abgehetzt nach Hause kommt? Eines soll klargestellt sein: Für eine Ordensfrau in einem beschaulichen Kloster gelten die gleichen Grundregeln des Gebetslebens wie für eine voll ausgelastete Hausfrau. Eine Ordensfrau hat sicher mehr Zeit und ihr Leben ist geregelter, eröffnet also die Gelegenheit zum Beten leichter. Dennoch wäre es ein Fehler zu meinen, das Gebet sei nur bestimmten Menschen vorbehalten. Wir alle brauchen das Gebet. Es ist der Atem unseres geistlichen Lebens.

Natürlich dürfen wir das Gebet, an dem wir beim sonntäglichen Gottesdienst teilnehmen, nicht gering achten. Doch wir alle brauchen mehr. Wie Jesus müssen auch wir uns von Zeit zu Zeit von den Menschen und von der Betriebsamkeit des Alltags zurückziehen, um mit Gott allein zu sein. Dieses „Sich-Zurückziehen" will geplant und organisiert werden. Wir müssen die richtige Zeit und den

rechten Ort finden, was nicht immer leicht ist. Aber vielleicht wäre schon viel gewonnen, wenn sich die ganze Familie darin einig wäre, daß alle Zeit und Raum für
Einsamkeit und Ruhe nötig haben. Das mag idealistisch
klingen. Aber sollte nicht jeder in der Familie wenigstens
fünf Minuten finden können, in denen er mit Gott allein
ist? Das kann auch außerhalb des Hauses sein, im Bus,
beim Einkaufen oder während einer Kaffeepause. Es
kommt darauf an, fünf Minuten, in denen man mit Gott allein ist, in einen Tag von vierundzwanzig Stunden einzu-
planen. Ist das wirklich zu viel verlangt? Mancher wird sich
mehr Zeit für das persönliche Gebet nehmen können. Eine
Viertel- oder gar eine halbe Stunde am Tag wäre ideal.

Alte Menschen, Rentner oder Ehepaare, deren Kinder
bereits erwachsen sind, sollten sich mit zunehmendem Alter die elementaren Regeln des Gebetslebens wieder neu
aneignen und mit umso größerem Eifer das praktizieren,
was ihnen in den Zeiten des mehr aktiven Lebens nicht
möglich war.

Diese fünf Minuten oder mehr sollten dem Beten zusätzlich zum täglichen Morgen-und Abendgebet gewidmet werden. Aber gerade das Morgen- und Abendgebet
sollte niemals ausfallen. Es ist für uns notwendig, den Tag
mit einem Gebet zu beginnen und ihn ebenso zu beschlie-
ßen. Und alles, was über das Beten schon gesagt wurde,
gilt auch hier. Es ist besser, ein oder zwei Gebete langsam
und mit Bedacht zu sprechen, als viele gehetzt und unkon-
zentriert. Im Laufe des Tages sollte man immer wieder
kurze „Funksprüche" zu Gott richten – Stoßgebete, die die
Gedanken für einen kurzen Augenblick zu Gott hinlen-
ken. Auch das läßt sich planen. So könnte man sich zum
Beispiel vornehmen, jedes Mal ein Stoßgebet zu sprechen,
wenn man durch eine bestimmte Tür des Hauses geht
oder die Treppe hinaufsteigt, oder auch, wenn man das
Haus verläßt. Es ist erstaunlich, aber wahr, daß schon der

Entschluß, etwas in dieser Hinsicht tun zu wollen, genügt, um es sofort wieder innerhalb von Minuten zu vergessen. Das sollte jedoch kein Grund sein, es nicht zu versuchen und immer wieder neu zu beginnen.

Um zu beten, brauchen wir einen Plan und eine Ordnung. Überlassen wir das Gebet nur unserer Stimmung, wird sich bald herausstellen, wie schnell wir aus der Gewohnheit kommen oder ganz einfach überhaupt nicht beten. Nur wenige von uns beten sozusagen „von Natur aus". Hat man sich aber das Beten angewöhnt, kann man es nicht mehr lassen. Beten ist eine erworbene Fähigkeit – zumindest für die meisten von uns.

Wirkungen des Gebetes

Wir beten, um Gott näher zu sein. Oder anders gesagt: Wir nehmen uns täglich ein wenig Zeit, damit Gott uns näher an sich ziehen kann. Darin wird bereits ein wichtiges Ergebnis unseres Betens deutlich: Gott steht mit uns in Verbindung wie ein Freund; er läßt uns wissen, was er von uns will. Allmählich entwickeln wir ein Gespür dafür, was ihm gefällt und was nicht.

Darüber hinaus werden wir manches über Gott verstehen lernen, was wir bisher nicht verstanden. Wenn wir zum Beispiel im Evangelium lesen und entdecken, wie sich Jesus zu den Menschen verhielt, wird uns vielleicht auf einmal klar, wie sehr er nach uns verlangt. Was für uns zunächst nur eine Geschichte war, die uns auch ein Bekannter hätte erzählen können, wird zu einer persönlichen Botschaft von einem, der für mich immer mehr zu einem guten Freund wird.

Nochmals: durch unser Beten wird Gottes Wille für uns zum höchsten Wert. Auch werden wir sensibler für die Nöte anderer Menschen und schneller bereit zum Helfen. Sehen wir auf Gott, so können wir die Nöte unseres Nächsten nicht übersehen.

Weisheit und Verständnis sind Früchte des Gebetes. Wir sehen das Ziel klarer, zu dem wir auf dem Pilgerweg des Lebens unterwegs sind, werden immer sicherer über die Mittel, die uns dorthin führen. So beschwerlich der Weg auch sein mag, werden wir doch den Mut fassen zum Weitergehen und dabei in unserem Innern Frieden haben.

Das Bittgebet

Wie steht es mit Gottes Antwort auf unser Bittgebet? Wie oft beteten wir inständig um etwas und unser Gebet wurde nicht erhört, oder wenigstens schien es so! Und das muß Anstoß erregen, wenn uns gesagt wird: „Bittet, und es wird euch gegeben werden. Suchet, und ihr werdet finden. Klopft an, und es wird euch aufgetan werden" (Mt 7,7).

Gibt es ein Gebet, das nicht erhört wird? Darauf eine Antwort zu geben, die mich vollständig überzeugt, ist mir nicht möglich. Die Stelle aus dem Matthäusevangelium spricht eine klare Sprache. Zwei Dinge helfen mir hier weiter. Erstens: Etwas außerhalb von Fribourg in der Schweiz gibt es einen alten Marien-Wallfahrtsort, eine geheiligte Stätte, an der das Beten leicht fällt. Die Wände der Wallfahrtskapelle sind über und über bedeckt mit Votiv-Tafeln als Zeichen der Dankbarkeit für besondere Gebets-erhörungen. Eine dieser Tafeln fand meine besondere Aufmerksamkeit. Die Aufschrift lautete: „Ich danke dir, daß du mein Gebet nicht erhört hast." Was hatte sich der Stifter dabei wohl gedacht? Wurde ihm auf einmal klar, daß das, was er von Gott erbeten hatte, sich zum Schaden wenden könnte? Oder hatte er verstanden, daß Gottes Art, mit diesem Problem fertig zu werden, besser und weiser war? Ich kann es nicht sagen. Dieses Gebet, verewigt auf einer steinernen Tafel an der Kapellenwand, gab mir jedenfalls eine wichtige Lektion: Gottes Wege sind nicht die meinen. Er weiß es besser. Ich kenne seine Pläne nicht, verstehe sie oft nicht einmal. Ich muß lernen zu vertrauen.

Wie oft haben wir zum Beispiel um die Gesundheit eines kranken Kindes gebetet, und unser Gebet schien nicht erhört zu werden. Das Kind starb. Es ist nicht einfach, dafür eine Erklärung zu finden. Dennoch müssen wir vertrauen, und das bedeutet in einer solchen Situation: den Weg in Dunkelheit und Schmerz weitergehen. Gott hat mit diesem Kind seinen Plan. Wir kennen ihn nicht und können ihn nicht verstehen.

Die zweite Hilfe, um zu verstehen, warum das Gebet nicht erhört wurde, erhalten wir, wenn wir darüber nachdenken, was Gott wirklich von jedem einzelnen von uns will. Er wünscht sich für uns nur eines: die Vereinigung mit ihm. Alles andere ist dem untergeordnet. Deshalb glaube ich, daß jede Bitte erhört wird, die die Vereinigung mit Gott zum Ziel hat, die Vereinigung entweder schon in diesem Leben oder aber später, wenn wir ihn schauen werden von Angesicht zu Angesicht. Vielleicht ist vieles, worum wir bitten, für uns nicht gut. Doch schon das Bitten als solches führt uns näher zu Gott hin.

Freilich bleibt ein gewisses Unbehagen: Ich glaube, daß das, was ich bisher sagte, richtig ist. Warum aber dann das Unbehagen? Weil das Bittgebet aus einem vertrauenden Herzen kommen muß, aus einem Glauben, der stark genug ist, Berge zu versetzen. Dieser Gedanke muß unbedingt hinzugefügt werden. Meine Erklärung, warum Gebete kein Gehör finden, ist in vielen Situationen gültig und zutreffend, doch manchmal kann auch ein zu geringer Glaube die Ursache dafür sein.

Zehn „Goldene Regeln"

1. Stellen Sie einen „Stundenplan" für das Gebet auf, überlassen Sie es nicht dem Zufall. Wählen Sie Zeit und Ort (zu Hause, im Autobus, bei einem Spaziergang).

2. Entscheiden Sie sich für eine feste Zeit, die Sie sich für Ihren Versuch zu beten nehmen wollen (fünf Minuten, zehn, fünfzehn, dreißig Minuten oder mehr).

3. Legen Sie fest, wie Sie Ihr Gebet gestalten wollen, das heißt, welches Gebet Sie langsam und mit Liebe sprechen, oder welchen Abschnitt aus der Heiligen Schrift Sie betend lesen wollen. Verwenden Sie entweder eigene Worte, oder seien Sie ganz einfach ruhig und gesammelt. Folgen Sie Ihrer Neigung.

4. Beginnen Sie das Gebet nie, ohne zuvor den Heiligen Geist um Hilfe anzurufen. „Komm Heiliger Geist, lehre mich zu beten; hilf mir beten."

5. Vergegenwärtigen Sie sich, daß Sie mit Gott in Beziehung treten wollen, mit einer Person – mit dem Vater oder dem Sohn oder dem Heiligen Geist. Diese Person will Ihnen begegnen.

6. Machen Sie sich nicht zum Sklaven einer einzigen Gebetsform. Wählen Sie die Methode, die Ihnen am leichtesten fällt, und bemühen Sie sich um eine andere, wenn Ihnen die bisherige zur Last geworden ist und nicht weiterhilft.

7. Trachten Sie nicht nach Ergebnissen.

8. Sind Sie zerstreut, dann nehmen Sie Ihre Zerstreuung mit in Ihr Gebet. Wenn ein Auto im falschen Gang an Ihrem Fenster vorbeifährt, dann sprechen Sie mit Gott über den Fahrer – ich meine: beten Sie für das Wohlergehen des Fahrers, aber nicht unbedingt für seinen Fahrstil, bzw. für das Getriebe seines Wagens.

9. Wenn Sie sich innerlich wie ausgetrocknet und am Gebet uninteressiert fühlen, dann sollten Sie ein geistliches Buch lesen oder auch einen Beitrag aus einer religiösen Zeitschrift. Geistliche Lesung ist sehr wichtig.

10. Der Versuch zu beten *ist* schon Gebet. Geben Sie den Versuch nie auf!

Ausdauer im Gebet

Es gibt Zeiten der Wüste, der Dürre, Augenblicke, in denen wir uns an unseren Glauben klammern müssen, um durch ihn die Dunkelheit zu bestehen. Halten wir durch, kann uns von Zeit zu Zeit etwas von Gottes Gegenwart aufleuchten. Diese Erfahrung seiner Gegenwart machen wir vielleicht selten, manche häufiger als andere. Doch wir müssen immer den Gott suchen, der Trost schenkt, und nicht die Tröstungen Gottes.

Ein Bild mag dies verdeutlichen: Stellen wir uns ein kleines Kind vor, das laufen lernt. Der Vater wartet am oberen Treppenabsatz. Das Kind ist aber noch nicht groß und stark genug, um allein die Treppe hinaufsteigen zu können. Jedesmal, wenn es seinen Fuß auf die erste Stufe setzt, fällt es wieder rückwärts hinunter. Es unternimmt immer wieder neue Versuche, jedoch ohne Erfolg. Der Vater steht an der obersten Stufe und schaut zu. Dem Kind bleiben nun mehrere Möglichkeiten: Es kann sich auf die unterste Stufe setzen und vor Wut und Enttäuschung heulen, weil es nicht zum Ziel kommt. (Wann habe ich zuletzt vor Wut und Enttäuschung geheult?) Oder es findet einen anderen Ausweg und sagt sich: „Es nützt doch nichts" und läuft einfach weg. Das Kind wird also entweder wütend, oder es gibt auf. Aber der Vater möchte gern, daß es weiter versucht, die Treppe hinaufzusteigen. Was dann geschehen muß, ist klar. Solange das Kind den Willen hat, aber zu schwach ist, wird der Vater herunterkommen, es in den Arm nehmen und die Treppe hinauftragen.

Genau das ist der Weg. Es liegt bei uns, es immer wieder zu versuchen, immer wieder hartnäckig und mit Anstrengung den Fuß auf die unterste Stufe zu setzen. Dann wird der Vater von Zeit zu Zeit herunterkommen, uns aufheben und hinauftragen.

Das ist göttliche Pädagogik: Wenn er uns einmal hinaufgetragen hat, wird er uns immer wieder an den Fuß der Treppe stellen, damit wir es von neuem versuchen. Wesentlich ist, daß er uns nur am Ende des Lebens zu sich hinaufträgt und bei sich hält!

Es wird also Augenblicke geben, in denen Gott uns, vorausgesetzt wir bemühen uns immer weiter, auf den obersten Treppenabsatz holt, Augenblicke, in denen wir seine Gegenwart spüren und wissen, daß er uns nahe ist. Doch das ist nicht von Dauer, und bald werden wir uns wieder am Fuß der Treppe finden. Wer weiß, wie oft sich dieses Auf und Ab wiederholen wird? Und wir dürfen nicht enttäuscht sein, wenn es vielleicht nur einmal in dreißig Jahren geschieht. Mir schiene es geradezu verdächtig, würde es sich ein über den anderen Tag wiederholen. Ich glaube, daß wirklich tapfere Menschen die meiste Zeit an der untersten Stufe der Treppe verbringen werden und immer wieder versuchen, auch nur einen Fuß auf die erste Stufe zu setzen. Dieses unablässige Bemühen, diese ständige Anstrengung gefällt Gott.

Manchmal gibt er uns ein Zeichen der Ermutigung, etwa durch ein Lächeln oder eine freundliche Geste. Es gibt viele Wege, wie er uns seine Gegenwart zeigen kann, auch wenn wir seine Nähe nicht so intensiv erfahren, wie wir es uns ersehnen.

Mit Gott allein

Im Leben Jesu gibt es einen Punkt, auf den immer wieder nachdrücklich hingewiesen werden muß. Von Zeit zu Zeit zog er sich von der Menschenmenge und von seinem Dienst an den Menschen zurück, um mit seinem Vater allein zu sein. Auf diese Weise machte er deutlich, wie wichtig es auch für uns ist, mit dem Vater allein zu sein.

Schweigen und Einsamkeit gehören wesentlich zum Leben des Herrn. Mitten in seinem öffentlichen Wirken, in der größten Anspannung, ging er weg und suchte nach Einsamkeit, Schweigen und Stille.

Wir sollten hin und wieder das gleiche tun, nur um uns bewußt zu machen, wie sehr Gott uns liebt. An diesen Punkt müssen wir ständig zurückkehren.

Tabor und Golgotha

Im Buch Micha heißt es: „Kommt, wir ziehen hinauf zum Berg des Herrn und zum Haus des Gottes Jakobs. Er zeige uns seine Wege, auf seinen Pfaden wollen wir gehen." (Mi 4,2). Wir steigen hinauf zum Berg des Herrn, Herz und Geist erheben sich im Gebet zu ihm, damit wir, vom Berg wieder abgestiegen, im Tal in seinem Dienst weitergehen und arbeiten können.

Die Bibel nennt zwei Berge: Tabor und Golgotha. Tabor ist der Berg der Verklärung, der Ort, an dem Petrus, Jakobus und Johannes erfuhren, daß „es gut ist, beim Herrn zu sein". Wir können den Berg Tabor nur dann ersteigen, wenn wir das Klettern am Hügel von Golgotha geübt haben.

Wenn uns Gott in seinen Dienst ruft, verspricht er uns keinen leichten Weg. Wir sollen ihm mit Mut und mit Ausdauer nachfolgen, trotz aller Schwierigkeiten. Der Ruf ist unmißverständlich.

Haben wir keine Angst vor Golgotha! Über diesen Hügel hinweg gelangen wir zu einem anderen, zu einem freundlichen Hügel. Dort werden wir ein Zelt finden, indem wir ewig bleiben werden.

Sakramente

Das Evangelium berichtet von Kranken, die zu Jesus kamen, um geheilt zu werden: Blinde, Taubstumme, Lahme und Besessene, Menschen mit den verschiedensten

Krankheiten. Jesus streckte seine Hand aus, berührte sie, und sie wurden geheilt. Er schenkte ihnen neues Leben, göttliches Leben. So lassen sich auch die Sakramente verstehen: sie sind Wege, um in Berührung mit dem Herrn zu kommen und Anteil an seinem Leben zu erhalten.

Jeder Empfang eines Sakramentes ist eine rettende Begegnung des einzelnen mit dem lebendigen Christus. Jedes Sakrament wirkt auf eigene Weise, gibt neue Lebenskraft in einer je eigenen Situation, zu einer je bestimmten Zeit. Der Symbolgehalt eines jeden Sakramentes enthüllt die jeweils ihm innewohnende Kraft. Gefeiert werden die Sakramente in der Gemeinschaft der Kirche, aber wenn der Glaubende sie empfängt, ist er allein mit seinem Erlöser.

Die heilige Messe

Wir beten allein, wir beten aber auch als Gottesdienst feiernde Gemeinde, wir beten bei der heiligen Messe, wir beten immer dann, wenn wir die Sakramente empfangen.

Kirche und Eucharistie gehören aufs engste zusammen, so daß man beinahe sagen könnte, das eine erklärt sich durch das andere. Denke ich an Jesus Christus, so denke ich mit Paulus an den Leib Christi, dessen Glieder wir sind und dessen Haupt er ist; denke ich an den Leib Christi, so denke ich sowohl an die Kirche als auch an die Eucharistie. Diese Beziehung erfahre ich zutiefst, denn Kirche und Eucharistie sind beide „communio", Gemeinschaft. Die Feier der Eucharistie ist der Höhepunkt des Lebens der Gemeinschaft.

Wir dürfen nicht wanken in unserem Glauben daran, daß in jeder Meßfeier das Mysterium von Leiden, Tod und Auferstehung Christi gegenwärtig wird und daß Christus im Altarssakrament wirklich und wahrhaft für uns gegenwärtig bleibt.

Als ich noch im Schuldienst war, pflegte ich meinen

Schülern zu sagen, daß der Unterschied zwischen Theologie und Glauben daran zu erkennen ist, wie ich mich vor dem Tabernakel verhalte. Ich mache eine Kniebeuge – warum? Weil Christus mir durch die Kirche sagt, daß er im Altarssakrament wahrhaft zugegen ist. Wie er gegenwärtig ist, ist eine Frage der Theologie, und die Theologen werden sie niemals ganz beantworten können.

Der Glaube an die wirkliche Gegenwart Christi im Altarssakrament kommt nicht vom Lesen oder Nachdenken und ist auch kein Ergebnis menschlicher Anstrengung. Er kommt aus einem vertrauenden und demütigen Herzen, das auch das Unglaubliche annimmt und bejaht, nämlich daß der Leib und das Blut Christi in den Gestalten von Brot und Wein gegenwärtig sind.

Ehrfurcht

In uns gibt es ein Empfinden für Gottes Gegenwart, das uns immer mit Ehrfurcht erfüllen und zu einer demütigen Haltung vor Gott, unserem Vater, führen sollte. Die Eucharistiefeier ist immer ein Opfer; das Opfer von Golgotha wird für uns wieder gegenwärtig, so daß wir in bestimmter Weise darin eingeschlossen sind. Wir stehen hier vor einem tiefen Mysterium unseres Glaubens: Jesu Tod ist unser Leben.

„Opfer" als ein Begriff, als eine Idee, ist immer auf Anbetung und Verehrung hingeordnet. So dürfen Ehrfurcht und Demut bei der Eucharistiefeier niemals fehlen. Doch ein anderer Gesichtspunkt ist nicht weniger wichtig. Er wird deutlich im Abendmahlsbericht des Markusevangeliums. Obgleich das letzte Abendmahl ein rituelles Mahl war, die jährlich wiederkehrende Feier des Passah, der Höhepunkt im jüdischen Festkreis, feierte Jesus das Mahl eindeutig zusammen mit seinen Freunden. Die Atmosphäre während des Mahles war gelöster. Eben darin liegt das, was wir „communio", Gemeinschaft nennen, was die

Vorstellung einer gewissen Vertrautheit, Nähe und Liebe erweckt. Auch dieser Aspekt in der Eucharistiefeier sollte immer gegenwärtig sein.

Heilige Kommunion

Die Feier der Eucharistie, die Stunde, da wir um den Altar versammelt sind, gemeinsam beten und Gott loben und hineingenommen werden in das Geschehen von Tod und Auferstehung Christi, ist der wirklich wichtigste Augenblick in unserem Leben.

Wenn wir Christus in der heiligen Kommunion empfangen, werden wir befähigt zu erkennen, wer und was er ist. In diesem kostbaren Augenblick ist er uns ganz nahe. Da müssen wir uns ihm schenken, wie er sich uns schenkt, und er wird auf seine Weise zu uns sprechen und uns ermutigen. Er wird uns neue Kraft geben, wenn wir zum Beispiel ein großes Problem in unserer Familie oder im persönlichen Leben zu bewältigen haben. Der Empfang der heiligen Kommunion kann aber auch der Augenblick sein, in dem wir aus der Hand Gottes ein Kreuz entgegennehmen, das wir tragen sollen, eine Schwierigkeit, die wir mutig annehmen müssen. Das ist der Zeitpunkt, ja zu sagen: „Ja, ich will das tragen im Vertrauen auf deine Hilfe."

Der Empfang der heiligen Kommunion ist ein ganz persönliches Geschehen. Dieser Augenblick sollte nicht durch Zerstreuung abgekürzt oder unterbrochen werden. Nehmen wir uns ein wenig Zeit, um mit dem Herrn allein zu sein. Nur wenn wir tief in unserem Innersten mit ihm allein sein können, werden wir fähig, eine wirklich christliche Gemeinschaft, wie sie eine Pfarrei selbstverständlich sein sollte, aufzubauen.

Schweigen und Stille nach dem Empfang der Kommunion sind wichtig – die Zeit der Stille, die wir gemeinsam vor dem Schlußgebet und dem Segen halten ebenso wie die Zeit, in der wir in der Kirche allein mit ihm verweilen.

Eucharistie und Glaube

Die Kirche ermutigt uns, über die verschiedenen Wege nachzusinnen, auf denen der Herr zu uns kommt. Zunächst erinnern wir uns an das historische Ereignis, da Jesus Christus, die zweite Person der Heiligsten Dreifaltigkeit, Mensch wurde und unter uns lebte. Unsere Gedanken richten sich noch einmal auf das, was er durch seinen Tod am Kreuz und durch seine Auferstehung für uns getan hat, damit wir neues Leben in uns haben können. Wir nennen dies sein Heilswerk, die Erlösung.

Doch gibt es noch andere Wege, auf denen Christus zu uns kommt: durch sein Wort in der Schrift; durch seine Gnade in den Sakramenten – als ein ganz persönlicher Freund, der die Vertrautheit und Nähe zu jedem von uns sucht; und auf vielerlei Weise durch unsere Mitmenschen. In diesem Zusammenhang möchte ich jedoch vor allem sein Kommen in der Eucharistie betrachten.

Die Eucharistie – das Allerheiligste Sakrament des Altars, der Leib und das Blut Jesu Christi – ist ein besonderes Geschenk Gottes an die Gemeinschaft der Christen. Das eucharistische Opfer – die Messe – ist der Weg, der uns in einzigartiger Weise in den Tod und die Auferstehung unseres Herrn, in die Erlösung einbezieht. Das Meßopfer ermöglicht uns, uns mit dem Selbstopfer Jesu Christi an den Vater zu vereinigen. Wir selbst können uns darin ganz, mit allem, was wir tun, Gott überantworten. Das Sakrament des Altars, die heilige Kommunion, befähigt uns zu einer immer tieferen Vereinigung mit dem Herrn und in ihm zur Einheit untereinander. Das Leben Christi, das wir zum ersten Mal in der Taufe empfangen haben, wird gestärkt und wächst, wenn es durch den Leib und das Blut des Herrn genährt wird.

Wenn wir von Eucharistie sprechen, dann meinen wir damit sowohl die Messe, in der wir die heilige Kommunion empfangen, als auch die fortwährende Gegenwart Christi im Tabernakel. Die Eucharistie ist die wirkliche Mitte der ganzen Kirche. Sie sollte die Lebensmitte jeder christlichen Gemeinde und jedes Gläubigen sein. Sie ist der kostbare Schatz der Kirche, den wir uns aneignen müssen. Das Beispiel großer Heiliger ist uns Anstoß, die Messe besser kennenzulernen und sie ebenso zu lieben wie sie.

Ich habe auch Leute sagen hören, die Meßfeier langweile sie, und ich weiß, daß einige die Änderungen bei der Feier der Messe bedauern. Beides ist schmerzlich. Um es aber klarzustellen: Die Messe von heute – als erneuertes Opfer Christi – ist die gleiche wie die von gestern. Die von der Kirche nach dem II. Vatikanischen Konzil eingeführten Änderungen sollen uns helfen, aktiver am Geschehen teilzunehmen. Diese aktive Teilnahme muß der selbstverständliche Ausdruck einer wirklich gläubigen Geisteshaltung sein. Die Messe erfordert eine sorgfältige Vorbereitung und muß würdig gefeiert werden. Sie ist der Höhepunkt im Leben betender Menschen. Ihr Geheimnis eröffnet sich allmählich dem, der ausharrt.

Der ganze Reichtum der Eucharistie läßt sich erst dann wirklich ermessen, wenn wir zuvor unseren Glauben an das, was sie bezeichnet, erneuern. Warum zum Beispiel machen wir eine Kniebeuge vor dem Tabernakel, wenn wir die Kirche betreten? Warum ist es wichtig, dem Allerheiligsten gegenüber Ehrfurcht zu bezeugen? Wenn der Priester bei der Messe die Hostie erhebt und spricht: „Das ist mein Leib, der für euch hingegeben wird", wird das Brot in den Leib Christi verwandelt. Nimmt er den Kelch mit Wein und spricht: „Das ist der Kelch des neuen und ewigen Bundes, mein Blut, das für euch und für alle vergossen wird zur Vergebung der Sünden. Tut dies zu meinem Gedächtnis", wird der Wein in das Blut Christi verwandelt. Christus, der Herr, ist dann wahrhaft unter uns, und zwar in besonderer und einzigartiger Weise. Die Augen sehen Brot und Wein, die Hände berühren das Brot, und wenn wir essen und trinken, schmecken wir Brot und Wein; aber in Wahrheit empfangen wir den Leib und das Blut Jesu Christi. Was genau geschehen ist, wissen wir nicht. Wir können nicht sagen, was sich wirklich vollzogen hat. Nur eins ist sicher: Was Brot war, ist nun Christi Leib, und was Wein war, ist nun Christi Blut. Er hat uns gesagt, daß es so ist und das genügt. Der Priester tut während der Meßfeier das, was Christus selbst beim Letzten Abendmahl tat. Wir tun es zu seinem Gedächtnis.

Manchmal, wenn uns Zweifel plagen und das Herz sich nicht über das erheben kann, was die Sinne zu erfassen vermögen, das heißt wenn unser Glaube an die wirkliche Gegenwart Christi in der Eucharistie schwach geworden ist, dann sollte man versuchen, sich vor den Tabernakel zu knien und zu beten: „Mein Herr und mein Gott. Ich glaube, hilf meinem Unglauben!" Und das hilft. Man sollte dann bedenken, daß auch hier, wie bei so vielem, was mit Gott zu tun hat, das Verständnis mit der Praxis kommt. Zuerst sind wir betroffen, und dann beginnen wir zu verstehen, worauf es ankommt.

Wer sich langweilt, lebt wie in einer Wolke. Er sieht nicht klar und spürt die Wärme der Sonne nicht. Geht er jedoch weiter, wird sich früher oder später die Wolke um einen Spalt öffnen, und ein wenig Licht und Wärme wird auf ihn fallen. Das ist ein Augenblick der Freude. In der Zwischenzeit aber müssen wir uns an das Ideal der ersten Christen halten, von denen gesagt wurde: „Tag für Tag verharrten sie einmütig im Tempel, brachen in ihren Häusern das Brot und hielten miteinander Mahl in Freude und Einfalt des Herzens. Sie lobten Gott und waren beim ganzen Volk beliebt" (Apg 2, 46).

Tut dies zu meinem Gedächtnis

Wenn wir vor dem Herrn, der in den Gestalten von Brot und Wein unter uns gegenwärtig ist, einen Akt des Glaubens gesetzt haben, sind wir fähig, gleichsam eine neue Welt zu erforschen. Wir werden nach und nach entdekken, warum der Herr uns aufgetragen hat: „Tut dies zu meinem Gedächtnis!"

Beim Letzten Abendmahl verwandelte er zuerst Brot und Wein in seinen Leib und sein Blut. Er feierte mit seinen Jüngern das Passah-Mahl. Jedes Jahr war es für die Juden ein besonderer Augenblick der Erinnerung und Danksagung. Sie gedachten ihrer Flucht aus der ägyptischen Sklaverei und dankten Gott für die Befreiung und für seine schützende Liebe auf ihrem Weg in das verheißene Land. Für sie war das Passah-Mahl nicht einfach die Erinnerung an ein vergangenes Ereignis. Vielmehr war es für sie *die* Gelegenheit, sich ganz auf die Geschichte ihres Volkes einzulassen und sie sich zu eigen zu machen. Im Gedenken an die Güte Gottes, die er ihren Vorfahren in Ägypten erwiesen hatte, lobten sie ihn und dankten ihm auch für ihre eigene Freiheit. Während des Letzten Abendmahles sagte der Herr seinem Vater Lob und Dank und verwandelte dann Brot und Wein in seinen Leib und sein Blut.

Indem er dies tat, gab er dem Mahl eine neue Bedeutung. Sie liegt in einer anderen Befreiungstat, nämlich in seinem eigenen Tod, seiner Auferstehung und Himmelfahrt. Zu diesem besonderen Gedächtnis stiftete er ein neues Passah-Mahl. Seitdem wird immer dann, wenn ein Priester die Eucharistie feiert, das große Geschehen dieser erlösenden Tat unter uns gegenwärtig. Wir gehorchen seinem Gebot: „Tut dies zu meinem Gedächtnis!" Betrachten wir das noch etwas näher.

Christus wollte uns in das, was er für uns getan hat, in

seinen Tod am Kreuz mit einbeziehen. Er war voll Liebe zu seinem Vater und zu uns. Diese Liebe zum Vater ließ ihn sogar in seinen Kreuzestod einwilligen, um dadurch seinen Gehorsam zu bekunden. Gehorsam gegenüber einem anderen ist oft ein Zeichen der Liebe. Ich will das tun, was der, den ich liebe, gerne möchte. Das sollten wir bedenken, denn es ist schwer zu begreifen, warum der Vater bei seinem Sohn zuließ, durch so großes Leiden seinen Gehorsam zu beweisen. Es sagt uns etwas darüber aus, wie furchtbar die Sünde ist, aber auch darüber, wie sehr uns Gott liebt. Wir sind Sünder. Die Sünde trennt uns von Gott. Der Lohn der Sünde ist der Tod. Anstelle der Sünde (Trennung von ihm und Tod) will Gott uns in seinem Erbarmen und in seiner Liebe Vergebung, Vereinigung mit ihm und Leben schenken. Christus ging durch die Erfahrung eines grausamen Todes hindurch, um Sünde und Tod zu überwinden, damit auch wir Sünde und Tod überwinden und zur beglückenden Erfahrung von Vergebung und Auferstehung gelangen. Sein Gehorsam bis zum Tod brachte uns Freiheit und Leben, die Freiheit und das Leben der Kinder Gottes. Seinen Tod am Kreuz für uns nennen wir sein „Opfer". In jeder Eucharistiefeier wird das Opfer Christi auf Golgotha gegenwärtig. In einzigartiger Weise wird für uns hier und jetzt gegenwärtig, was er ein für allemal auf Golgotha getan hat (denn Christus kann nicht ein zweites Mal sterben). Es ist sein Opfer, das wir Gott in jeder Eucharistiefeier darbringen. Gottes Vergebung, neues Leben, innigste Gemeinschaft mit ihm sind Gnadengaben, die in Fülle denen zuteil werden, die sich wie Christus Gott gänzlich und großmütig hingeben.

Schätzen und lieben wir die Messe! Nie werden wir sie vollständig verstehen und auch nicht aufhören, Neues in ihr zu entdecken. Wenn wir jedoch immer wieder über das Letzte Abendmahl und das Opfer Christi am Kreuz nachdenken, werden wir mehr und mehr zu würdigen wissen, was wir „tun zu seinem Gedächtnis".

Ein Herz und eine Seele

Will man aktiv an der Feier der Eucharistie teilnehmen, muß man beten, Gott verehren. Außerdem muß man den Lesungen und dem Evangelium aufmerksam zuhören, denn sie sind Gottes Botschaft an uns. Manchmal wird das Gehörte eine Antwort in uns wachrufen. Es wird wie ein Licht auf uns einwirken und uns helfen, etwas zu verstehen, was uns bisher unverständlich war. Auch kann es unser Herz erwärmen und uns neuen Mut und größere Liebe zu Gott schenken. Wenn die allgemeinen Gebete gesprochen werden, sollte man versuchen, sie so ehrlich, wie man kann, mitzubeten. Während der Messe bringt sich auch jeder selbst Gott als Opfer dar. Die Gabenprozession ist die richtige Gelegenheit dafür. Da wir nicht alle zum Altar gehen und unsere Gaben darbringen können, tun dies andere stellvertretend für uns. Es ist für uns der Augenblick zu beten: „Herr, hier bin ich. Ich übergebe dir meine Arbeit, meine Freuden, meine Sorgen, meine Familie ..." Wenn dann Brot und Wein in seinen Leib und sein Blut verwandelt werden, macht der Herr alle unsere persönlichen und privaten Angelegenheiten zu den seinen. Es gibt somit viele Wege, die Eucharistiefeier zum persönlichen Gebet werden zu lassen. Jede Eucharistiefeier sollte uns verändert nach Hause gehen lassen, sollte uns zu besseren Christen machen.

Doch sind wir bekanntlich nicht einfach Individuen, die nur mit sich selbst beschäftigt sind. Von Natur aus sind wir aufeinander hingeordnet durch Bande des Blutes, der Freundschaft und sozialer Beziehungen. Als Menschen haben wir vieles gemeinsam, und wir brauchen einander. Als Volk Gottes sind wir jedoch noch tiefer miteinander verbunden: Wir alle, als Teile einer Gemeinschaft, haben das gleiche Leben in uns, das uns eint – wie der Saft, der dem ganzen Baum und jedem einzelnen Zweig Leben gibt, und wie die einzelnen Glieder des Leibes, die Anteil haben am Leben des ganzen Leibes. Der Herr sagt: „Ich bin der Weinstock, ihr seid die Reben" (Joh 15, 5).

Paulus beschreibt diese innerste Beziehung mit einem anderen Bild: „Denn wie der Leib eine Einheit ist, doch viele Glieder hat, alle Glieder des Leibes aber, obgleich es viele sind, einen einzigen Leib bilden: so ist es auch mit Christus ... Ihr aber seid der Leib Christi, und jeder einzelne ist ein Glied an ihm" (1 Kor 12, 12.27).

Die unsichtbare Einheit der glaubenden Gemeinde – der Leib Christi, die Kirche – wird sichtbar gegenwärtig, wenn wir uns bei der Feier der Eucharistie um den Altar versammeln und jeder von uns die gleiche Speise und den gleichen Trank, nämlich Christus selbst, empfängt. Diese heilige Kommunion verbindet uns mit Christus und untereinander. Darum ist die Eucharistie das vollkommene Zeichen der Einheit, das Zeichen für die Vielen, die eins werden. Schon die Gaben selbst bezeichnen dies: das Brot, das viele Weizenkörner enthält; der Wein, der aus vielen Trauben gewonnen wird.

Es ist hier sicher nicht verfehlt zu erwähnen, wie bedauerlich es ist, daß in den letzten Jahren große Meinungsverschiedenheiten bestanden über die Art und Weise, wie die Eucharistiefeier gestaltet werden soll. Gerade da, wo die Einheit am deutlichsten sichtbar sein sollte, kam es zu Unstimmigkeiten. Viele fühlen sich davon zutiefst betroffen, ein Zeichen dafür, wie wichtig ihnen die Messe ist. Das ist gut so.

Es mag sein, daß manche Veränderungen auch zu schnell eingeführt wurden, möglicherweise sogar ohne das notwendige Feingefühl, sicherlich aber ohne entsprechende Erklärung oder Vorbereitung. Ich habe volles Verständnis für die, denen die Änderungen schwergefallen

sind, doch bin ich sicher, daß sie richtig waren, und ich be-
grüße sie.

Die Konzilsväter wollten sicherstellen, daß die ganze
Gemeinde aktiv und mit ganzem Herzen an der Feier der
Messe teilnimmt. Für viele ist der Weg noch weit bis zum
Verständnis dessen, was das Konzil erreichen wollte.

Noch etwas anderes möchte ich hinzufügen: Es ist
meine größte Sorge, daß die Messe würdig, ehrfurchtsvoll
und mitbetend gefeiert wird. Sie sollte Sinn und Herz zu
dem erheben, was außerhalb von uns und über uns ist. Ich
möchte damit sagen, daß wir dahin geführt werden müssen, das Mysterium zu erkennen, das Gott ist, wenngleich
unsere Erkenntnis noch unvollkommen ist (vgl. 1 Kor
13,12). Unsere Sehnsucht nach der Erkenntnis dessen,
was das höchste und schönste Ziel unserer Liebe ist, sollte
durch die Mitfeier der Messe geweckt und erfüllt werden.
Wir müssen spüren, daß wir in der Gegenwart des Heiligen waren.

Schließlich möchte ich allen sagen: Die Änderungen in
der Liturgie werden nur dann für uns fruchtbar sein, wenn
sie mit einer tiefen Veränderung unserer selbst einherge-
hen, mit einer Erneuerung des Eifers und der Hingabe, zu
der die Christen aller Zeiten berufen sind. Jede Pfarrei hat
zudem den bleibenden Auftrag, an einer Gemeinde zu
bauen, die ein Herz und eine Seele ist, und die auf der
Liebe zu Gott und zu den Menschen gründet, auf Christus, ihrem Eckstein.

Die Firmung

Hinweise für die jüngere Generation

Es gibt gute und schlechte Bäume; Bäume, die gute
Früchte, Bäume, die schlechte Früchte tragen. Das wissen
wir. Doch die wirklich wichtigen Teile des Baumes sind
die, welche man nicht sieht und im Boden stecken, die

Wurzeln. Sind die Wurzeln verfault, taugt der ganze Baum nichts; entweder sind die Früchte sauer, oder der Baum trägt überhaupt nicht.

Die Teile, die man nicht sieht, sind wirklich wichtig, und man muß auf sie achten: die Wurzeln brauchen Wasser, und manchmal, bei nassem Grund, ist Entwässerung notwendig. Ist mit dem Baum etwas nicht in Ordnung, muß man zuerst die Wurzeln untersuchen.

Das dürfte klar sein. Wollen wir zu den guten Bäumen gehören und Früchte der Freude, des Friedens, der Liebe und Güte tragen, müssen die Wurzeln in Ordnung sein. Wir müssen die richtige Sorte Mensch sein, was nicht immer leicht ist. Wir brauchen Hilfe. Der ideale Mensch, das Vorbild, dem wir folgen müssen, ist Jesus Christus, unser Herr. Er gibt das Beispiel, er ist der Lehrmeister. Aber auch um zu verstehen, was er uns sagen will, um zu tun, was er uns hier und jetzt aufträgt, brauchen wir Hilfe.

Je älter man wird, umso mehr ist man auf Hilfe angewiesen, weil es so vieles gibt, wodurch der Baum faulen, weil so vieles zum Schlechten führen kann. Hilfe brauchen wir vor allem dann, wenn wir aufhören, Kinder zu sein und langsam erwachsen werden. Die Welt der Erwachsenen ist keine leichte Welt. Will man treu zu Christus stehen und ernsthaft das Leben eines Christen führen, muß man auf einen Kampf gefaßt sein. Oftmals scheint es leichter, sich einfach umzudrehen und davonzulaufen.

So ist einzusehen, daß wir Hilfe brauchen, um Christus nachzufolgen und treu zu sein. In der Taufe werden wir in die Familie Gottes aufgenommen, werden wir Söhne und Töchter des Vaters, Brüder und Schwestern Christi, Tempel des Heiligen Geistes. Bei der Firmung übernehmen wir eine neue Verantwortung für den Leib Christi, die Kirche.

Die Wurzeln eines Baumes sind meist nicht zu sehen, doch man weiß, wie wichtig sie sind. Auch der Heilige

Geist in uns ist unsichtbar, aber er ist da und spendet Leben, das Leben Christi.

Meine Gedanken über das Sakrament der Firmung möchte ich mit einer Geschichte über einen meiner Freunde, nennen wir ihn einmal Hans, beginnen. Es ist eine wahre Begebenheit. Hans, ein junger katholischer Christ, wurde von seiner Fußballmannschaft für ein Spiel England – Frankreich aufgestellt. Die Mannschaft wurde etwas außerhalb von Paris in einem Hotel untergebracht. Am Sonntagmorgen sagte Hans zum Trainer: „Ich gehe zur Messe." Darauf erwiderte der Trainer: „Die nächste Kirche ist ziemlich weit weg, du hast keine Möglichkeit dorthin zu kommen, also brauchst du auch nicht zu gehen." Aber Hans bestand darauf, zur Messe zu gehen. Schließlich verschaffte man ihm ein Auto, und Hans wurde etwa zehn Kilometer bis zur nächsten Kirche gefahren.

Er selbst hat mir diese Geschichte erzählt, nicht um anzugeben, sondern um mir zu erklären, wie schwierig es manchmal ist, zur Messe zu gehen. Sein Beispiel und sein Zeugnis beeindruckte die anderen. Er hatte den Mut zu sagen: „Ich gehe zur Messe, egal, was ihr denkt." Genau dieser Mut ist bewundernswert an ihm. Immer, wenn er die Umkleidekabine betrat und dort lockere Reden geführt wurden, hörte man bald damit auf. Seine Kameraden spürten irgendwie, daß es in seiner Gegenwart nicht recht paßte. Trotzdem war Hans durchaus nicht muffig; er war beliebt und hatte viel Sinn für Humor. Aber er besaß auch eine besondere Kraft, die ihn befähigte, sich für das Rechte zu entscheiden.

Woher kam diese Kraft? Sie war zweifellos eine Kraft Gottes. Im Sakrament der Firmung kommt der Heilige Geist herab und gibt durch seine Gegenwart die Kraft und den Mut zu sagen: „Ja, ich will zur Messe gehen, auch dann, wenn es schwierig ist, wenn es mühsam ist, sogar dann, wenn meine Kameraden nicht gehen. Ich will gehen, um Gott zu gefallen."

Starke Menschen achten sich selbst und werden von anderen geachtet. Solche Menschen brauchen wir gerade heute dringend in der Kirche. Andere werden in ihnen etwas vom Menschsein Jesu erblicken, weil Christsein der Versuch ist, Christus immer ähnlicher zu werden.

In der Taufe empfingen wir zum erstenmal den Heiligen Geist. Wenn bei der Firmung die Stirn mit Öl bezeichnet wird – mit Öl als dem Zeichen der Stärke – und der Bischof dazu spricht: „Sei besiegelt durch die Gabe Gottes, den Heiligen Geist", wird der Christ auf neue Weise mit dem Heiligen Geist verbunden. Er ist von jetzt an das besondere Werkzeug, das er zum Wohl der Kirche und um des Evangeliums willen in den Dienst nehmen will. Doch ihm bleibt die Freiheit, entweder unter dem Einfluß des Geistes zu leben, oder zu ihm „nein" zu sagen.

In den Sakramenten will Gott uns seine Kraft geben, weil er uns über alle Maßen liebt. Gott liebt uns mehr, als ein Mensch uns lieben könnte. Er möchte, daß wir von ihm lernen und ihn wiederlieben. Wer dies bedenkt, wird entdecken, daß Treue zur eigenen religiösen Erziehung keine Last ist, vielmehr wahren Frieden des Herzens zu schenken vermag, innere Freude und Stärke, die befähigt, sich gegen allen Druck und alle übermäßigen Beanspruchungen des Lebens zur Wehr zu setzen. Sie wird die kostbare Gabe der Freiheit des Geistes geben.

Vierter Teil

Die Aufgaben des Pilgers

Die Ordnung des Gottesreiches

Das Tal der Tränen

Der Weg des Pilgers in der heutigen Zeit führt durch eine Welt der Schönheit und der vielen Möglichkeiten. Doch windet er sich auch durch nie zuvor erforschte Täler des Todes und der Grausamkeit. Der Pilger kann nicht an den unzähligen Hungernden vorbeigehen oder an den vielen, die nach Gerechtigkeit schreien oder nach Anerkennung ihrer Menschenwürde. Wohl sind Herz und Sinn des Pilgers auf ferne Horizonte gerichtet, doch darf er niemals seine Augen verschließen vor Ungerechtigkeit, Leid und Entbehrung hier in dieser vergänglichen Welt. Jeder Tag bringt ihm neue Aufgaben, denen er sich stellen muß.

Keiner braucht nach einem „Aktionsprogramm" oder einem „Kreuzzug" zu suchen. Die Welt und die leidende Menschheit schaffen von selbst das Programm für den, der einen Blick für menschliches Elend und ein Ohr für Unterdrückung und Erniedrigung hat, der ein Herz hat, das auf die Qualen der Menschheit reagiert.

Der Pilger wird täglich einer Welt der Sünde und der Spaltung gegenübergestellt. Hier wird Gott entthront, und Götzen werden verehrt. Falsche Propheten fordern Gehör. Glaube und Unglaube kämpfen um die Oberhand.

155

Die Welt von heute ist von neuen und furchtbaren Gefahren bedroht. Die Menschen haben Waffen hergestellt, die unseren Planeten vollständig vernichten können. Inzwischen vervielfacht sich die Menschheit geradezu explosionsartig, und die meisten Menschen leiden unter Hunger und Armut, während sich die Privilegierten eines in früheren Generationen unvorstellbaren Reichtums erfreuen.

Der Pilger ist angesichts solcher Bedrohung und Not nicht hilflos. Die gespaltene Welt kann geeint und geheilt werden. Es muß noch ungeheuer viel geleistet werden, um die geteilte Christenheit wieder zu versöhnen, um denen Frieden und Verständnis entgegenzubringen, die voreinander Angst haben und sich bekämpfen. Das Familienleben muß wieder gefestigt, dauerhafte und geeinte Gemeinschaften müssen gefördert werden. Die Lösung dieser Aufgaben betrifft uns alle, jeden an seinem Platz. Sie lenken uns weder von unserem Pilgerweg noch von unserem Ziel ab. Vielmehr sind sie selbst die Straße, auf der wir bei der Suche nach Gott und nach der Erfüllung seines Willens gehen müssen.

Falsche Propheten

Die Menschen in der westlichen Welt sind nicht in gleicher Weise in ihrer religiösen Freiheit bedroht wie die Christen im Osten. Wir sind nicht durch eine offene und rücksichtslose Verfolgung gefährdet, sondern durch falsche Propheten.

Falsche Propheten unserer Tage sind nicht notwendigerweise diejenigen, die vorsätzlich darauf hinwirken, Glaube, Religion und christliche Werte zu unterminieren. Vielmehr sind es die verführerischen Stimmen, die dazu beitragen, eine allgemeine Atmosphäre und *ein* Denken zu schaffen. Sie predigen ein entstelltes Evangelium, das der Gesellschaft schaden kann und es auch wirklich tut. Wir sind uns dessen, was sie sagen, immer vage bewußt, verändern unser Verhalten unter dem Druck, den sie ausüben. Sie reden uns ein, daß es kein anderes Leben gibt, als das hier auf Erden. Sie proklamieren, daß es keinen Gott gibt und daß die Welt und ihr Sinn keiner Erklärung von außen bedarf.

Falsche Propheten sind jene, die uns sagen, daß wir vollkommenes Glück und restlose Zufriedenheit in diesen oder jenen Dingen, in dieser oder jener Tätigkeit finden. So können Menschen verleitet werden zu meinen, ihr Leben habe keinen anderen Sinn als den, der ausschließlich in diesem Leben zu finden ist, und ihr Glück könne nur mit den Mitteln, die sie in dieser Welt besitzen, erreicht werden.

Diese Propheten erweisen sich jedoch selbst als falsch, weil ihre Lehren bereits zu Ernüchterung, Enttäuschung und zu großem Unglück geführt haben. Das einseitig ausgerichtete Streben dieser Welt und falsche Wege, diese Welt zu deuten, betrügen letztlich die Menschen.

Es gibt ein wachsendes Bewußtsein dafür, daß unsere westliche Gesellschaft die Richtung verloren hat. Das Vertrauen in die Führer, die uns von einer Katastrophe in die andere gestürzt haben, schwindet. Stattdessen sollten wir nach Wertvorstellungen suchen, nach erstrebenswerten Idealen, nach etwas, für das es sich lohnt zu leben und das wert ist, unser Leben dafür einzusetzen. Zweifellos sehnen sich die Menschen überall nach einer neuen Orientierung. Das überrascht nicht, denn der Mensch ist für Gott geschaffen. Ohne Gott bleibt das menschliche Leben ein Rätsel. Die tiefsten Hoffnungen und Sehnsüchte des Menschen bleiben unerfüllt.

Träume und Visionen

„Ich werde meinen Geist ausgießen über alles Fleisch. Eure Söhne und Töchter werden Propheten sein, eure Alten werden Träume haben, und eure jungen Männer haben Visionen" (Joel 3, 1).

Ich will mich hier nicht mit den Träumen eines alten Mannes beschäftigen, sondern mit seinen Alpträumen. Alpträume sind eine Mischung aus Angst, Schrecken und Niedergeschlagenheit. Ich stelle mir einen Menschen vor, der in den späten Jahren seines Lebens aufwacht, oder – wie in einem Traum oder Alptraum – halb erwacht und plötzlich erkennt, daß er sein ganzes Leben der falschen Sache gewidmet hat, oder vielleicht genauer gesagt, einer guten Sache, aber in einer falschen Weise. Er hat die gute Sache zum Götzen gemacht. So ist aus ihm ein Götzendiener geworden, der falsche Götter verehrt.

Solche falschen Götter können Macht, Besitz und Vergnügen sein. In rechter Weise gebraucht, sind sie gut. Mißbraucht man sie, können und werden sie in unserem Leben schlimme Verwüstungen anrichten. Mißbrauch der Macht zum Beispiel kann viel Unheil anrichten. Er kann zur Unterdrückung der Schwächeren durch die Stärkeren wie auch zur Beraubung der Freiheit anderer führen; er kann bei anderen Angst erwecken, und Angst führt zum Haß, Haß wiederum zur Gewalt.

Oder denken wir an den Mißbrauch von Besitz. Menschen können so nach Besitz gieren, daß sie dabei die vergessen, denen das Nötigste zum Leben fehlt. Es gibt nichts Bedrückenderes als aufzuwachen und festzustellen, daß der Alptraum Wirklichkeit ist.

Hören wir noch einmal auf Gottes Wort: „Ich werde meinen Geist ausgießen über alles Fleisch. Eure Söhne und Töchter werden Propheten sein." Wovon träumen die Menschen heute? Wir suchen tastend nach einem Zukunftsbild unserer Gesellschaft. Wir träumen von einer vollkommenen Gesellschaft, in der Friede herrscht, in der die Würde jedes Menschen geachtet wird, wo es Freiheit gibt und verantwortungsbewußt von ihr Gebrauch gemacht wird, wo Achtung und aufrichtige Liebe unsere zwischenmenschlichen Beziehungen kennzeichnen und wo das Leben selbst geehrt und wertgeschätzt wird.

Können Träume Visionen werden? Können Visionen zu Aktionsprogrammen werden? Es ist ein trauriger Tag, an dem jemand aufhört, Idealist zu sein. Es ist ebenso traurig für eine Gesellschaft, wenn sie ihre klaren Perspektiven verliert. Es hat immer Männer und Frauen gegeben, die sich in den Dienst einer großen Sache gestellt haben. Heute treten viele energisch für den Frieden ein. Andere arbeiten unermüdlich für den Schutz des Lebens von der Zeit der Empfängnis bis zum Lebensende. Wieder andere setzen sich ein, um Obdachlosen ein Heim zu verschaffen, Hungernden zu essen zu geben, die Umwelt zu schützen. Es sind oftmals in die moderne Welt gesandte Propheten, manchmal durchaus unbequeme Leute und sehr oft Rufer in der Wüste. Dennoch sind es wichtige Leute, die zu uns gesandt sind, um an schwierige aber notwendige Werte zu erinnern.

Jedes Jahr am Volkstrauertag gedenken wir der Männer und Frauen, die in den Kriegen unseres Jahrhunderts ihr Leben einsetzten und verloren für den Schutz ihres Landes und seiner Bürger, für den Schutz von Freiheit und Recht. Wir ehren ihr Andenken in Dankbarkeit. Es ist schwer, für Ideale zu sterben, wenngleich sehr edel. Oft ist es sogar schwerer, für Ideale zu leben und dabei nicht die Vorstellung von dem zu verlieren, was gut und erstrebenswert ist. Für ein Ideal zu leben, erfordert Hingabe, Hingabe wiederum Selbstverzicht, Großherzigkeit, Mut und Zielstrebigkeit. Dies hat sich in Taten zu erweisen, nicht nur in Worten.

Es wäre unrealistisch, von einer idealen Gesellschaft zu träumen, von einem ‚Utopia', aus dem alles Leid und alle Ungerechtigkeit verbannt ist. Wir müssen in einer Welt leben und arbeiten, die immer die Narben der Sünde und der menschlichen Auflehnung tragen wird. Wenn wir unsere Kräfte dem Aufbau des Reiches Gottes in dieser Welt widmen – und das müssen wir –, dann müssen wir bereit sein zu experimentieren, unsere selbsterrichteten Strukturen ständig zu erneuern, nach neuen Wegen zu suchen, auf denen sich unsere Vorstellungen verwirklichen lassen. Das verlangt Glauben und innere Beweglichkeit. Wir müssen den Willen aufbringen, zu unserer Aufgabe zu stehen und uns weder durch Fehlschläge noch durch mangelndes Verständnis von unserem Ziel abbringen lassen. Das ist etwas vom Schwersten, was zu tun ist. Nur der Entschlossene wird Erfolg haben.

Das Reich Gottes bauen

Jesus Christus übergab seiner Kirche einen Auftrag für die Welt und für jede Generation, nämlich die frohe Botschaft zu verkünden, daß in Jesus Christus jeder mit Gott und mit den Mitmenschen versöhnt werden kann. Es ist die zu allen Zeiten zu verkündende Botschaft: „Das Reich Gottes ist nahe. Bekehrt euch und glaubt an das Evangelium" (Mk 1,15). Die Verkündigung dieses Wortes, der Ruf zur Bekehrung, unsere Antwort des Glaubens und unsere Umkehr sind Ereignisse von größter Wichtigkeit sowohl für unsere Gesellschaft als auch für den einzelnen, und zwar auf zwei Ebenen.

Das Reich Gottes ist ewig und wird erst am Ende der Zeit in seiner ganzen Herrlichkeit offenbar werden. Seine Bürger sind von Gott als seine Kinder angenommen, haben Anteil am göttlichen Leben und sind für ein ewiges

Einssein mit Gott bestimmt. Das ist die eine Ebene der Wirklichkeit.

Die zweite Ebene: Das Reich Gottes ist auch nahe bei uns. Sein Fundament wird hier und jetzt in den konkreten Situationen unseres Alltags gelegt. Eine neue Gesellschaft ist zu errichten für das Menschengeschlecht, dem eine neue Würde und eine neue Zukunft geschenkt wurde, als der Sohn Gottes in Maria Mensch wurde und für die Sünden seines Volkes starb. In dieser neuen Gesellschaft – die nicht größer ist als ein Senfkorn und doch so kraftvoll und wirksam wie Sauerteig – behauptet jeder Mensch seinen unantastbaren Wert und seine Würde als Individuum. Er arbeitet für sich selbst und für andere, um mitzubauen am „Reich der Wahrheit und des Lebens, am Reich der Heiligkeit und Gnade, am Reich der Gerechtigkeit, des Friedens und der Liebe" (Präfation der Christkönigs-Messe).

Wenn wir umkehren und der frohen Botschaft glauben, verpflichten wir uns dem Reich Gottes in dieser wie auch in der kommenden Welt. Durch die Taufe wurden wir wiedergeboren als Abbild Christi, unseres Bruders. Wir erkennen seine Gestalt im anderen. Wir spüren ein Band zwischen uns, das alle Unterschiede des Geschlechts, der Rasse, der Kultur und der Klasse überwindet, wie Paulus sagt: „Ihr alle, die ihr auf Christus getauft seid, habt Christus als Gewand angelegt. Es gibt nicht mehr Juden und Griechen, nicht Sklaven und Freie, nicht Mann und Frau; denn ihr alle seid ‚einer‘ in Christus Jesus" (Gal 3, 27 f.).

Diese neu gefundene Identität hat tiefgreifende Konsequenzen für die Praxis. Wir können nicht länger gleichgültig bleiben gegenüber denen, die mit uns eins sind in Christus und unter Ungerechtigkeit, Ausbeutung und Diskriminierung zu leiden haben. Wir sind dazu berufen, wenn nötig in ihrem Namen zu handeln und zu leiden.

Unvermeidlich führt das zu einer Verstrickung in Angelegenheiten, die man für gewöhnlich als „soziale" und „politische" bezeichnet. Manchmal läßt sich freilich, menschlich gesprochen, wenig oder überhaupt nichts tun, um die Politik in einem Regime der Unterdrückung umzukehren oder ungerechte Strukturen zu verändern. Auch kann es sein, daß die Veränderung nur um den Preis so großen Leides erreicht werden kann, daß das Heilmittel schlimmer ist als die Krankheit selbst. In diesen Fällen hat der Christ dann noch einen wichtigen Beitrag zu leisten: Er kann lernen und andere lehren, wie man unter solcher Ungerechtigkeit lebt, ohne seine Integrität und Würde zu opfern. Dazu bedarf es einer tiefen Kreuzeserfahrung und einer unerschütterlichen Hoffnung auf die Auferstehung.

Der Aufruf zum Eingreifen in soziale und politische Belange wurde schon oft mißverstanden und hat manchen erbitterten Widerstand herausgefordert. Es gibt Menschen, die nicht einsehen können, daß eine Verbindung besteht zwischen ihrem persönlichen Glauben und ihrem Handeln in Wirtschaft, Industrie und Politik. Andere heben die jenseitige Dimension des Glaubens so sehr hervor, daß sie diese Welt und ihre Angelegenheiten nicht als Sache der Kirche zu betrachten scheinen. Wieder andere vertreten natürlich genau den entgegengesetzten Standpunkt und scheinen das ganze Evangelium in weltlichen und politischen Begriffen zu interpretieren.

Die Diskussion um Kirche und Politik ist von Anfang an wie verhext durch die verschiedenen Bedeutungen, die Menschen ein und demselben Wort geben. Das Wort „Kirche" zum Beispiel wird von den meisten im Sinne von Kirche als Institution gebraucht und damit im besonderen für die kirchliche Hierarchie, für den Papst, die Bischöfe, die Priester und Ordensleute. Nur wenige bedenken dabei, daß „Kirche" genauso die ganze Gemeinschaft der Glaubenden, die Laien wie auch den Klerus meint. Die Forderung etwa, daß sich die Kirche aus der Politik heraushalten soll, ist sinnlos, wenn damit gesagt sein soll, daß Christen sich aus der Politik herauszuhalten haben.

Verwirrung besteht auch über die Bedeutung des Wortes „Politik". Wörtlich umfaßt es alles, was das Leben der Menschen in einem Stadtstaat berührt. Es betrifft die Verwaltungsangelegenheiten der Bürger einer jeden lokalen oder nationalen Gemeinschaft. „Politik" hat mit Freiheit, mit Wohlstand, Verteidigung und Wohlergehen aller zu tun, die im Staat leben. Versteht man Politik in diesem weiteren Sinn, dann müssen offensichtlich Wertsysteme, wie auch moralische und ethische Erwägungen eine Wirkung auf sie ausüben. Es ist einfach unmöglich, eine Gesellschaft aufzubauen und das Leben und Handeln ihrer Mitglieder nach wertfreien Maßstäben zu regeln. Insofern Religion immer mit Menschen in ihren tiefsten Seinsschichten zu tun hat, mit menschlichen Beziehungen wie auch mit dem Dienst für Gott, folgt daraus notwendigerweise, daß Religion und religiöse Beweggründe ebensowenig wie ethische und moralische Werturteile von der Politik im weiteren Sinn und den Anliegen der menschlichen Gemeinschaft ausgeschlossen werden können.

Daneben gibt es natürlich eine engere Bedeutung des Wortes „Politik", die vor allem in Ländern wie Großbritannien Anwendung findet, um den eigentlichen Ablauf des politischen Prozesses und die Art und Weise, wie Interessenverbände und Gruppen gleichgesinnter Bürger ihre Ziele zu erreichen suchen, zu bezeichnen. Es wird zum Beispiel auf die Ausübung von Macht auf lokaler und nationaler Ebene angewendet, auf Organisation und Funktion politischer Parteien, auf den Kampf um die Vorherrschaft gegensätzlicher Ideologien und politischer Philosophien. Politik hat zu tun mit Parteien und mit den

163

Auseinandersetzungen im öffentlichen Leben. Hier, mitten in der Einheit des Staates, kämpfen Einzelinteressen gegeneinander mit größerer oder geringerer Freiheit, je nach dem politischen Charakter des Staates. Wenn Politik das meint, fällt es schwer, darin eine legitime Rolle für die Kirche als Institution und ihre Amtsträger zu finden.

Ich sage „schwer" und nicht „unmöglich", weil ich die Möglichkeit einer solchen Rolle für einen begrenzten Zeitraum in Zeiten der Not und ernster Krisen nicht vollständig ausschließen möchte. Es wäre zum Beispiel möglich, ein gewisses Maß an politischer Funktion zu rechtfertigen, wenn die normalen Prozesse der Interessenvertretung zusammengebrochen oder unterdrückt sind. Es kann für die Kirche in kritischen Situationen notwendig sein, für die Interessen der Nation oder einzelner Gruppen, die ungerecht zum Schweigen gebracht oder unterdrückt werden, in Wort und Tat einzutreten. Die Kirchenführer können bei bestimmten Gelegenheiten dazu berufen sein als „ehrliche Makler" zu handeln oder in Zeiten erbitterter Konflikte die einzig möglichen Vermittler zu sein, denen man vertraut. All das trifft natürlich nur in Ausnahmesituationen zu. Gewohnheitsmäßige und organisierte Einmischung in das politische Geschehen entspricht offensichtlich nicht dem Charakter der Amtskirche. Konfessionelle politische Parteien wären in Ländern wie etwa Großbritannien höchst unangebracht, obgleich die Kirchen bei manchen Gelegenheiten ihre Interessen und die ihrer Mitglieder in der politischen Arena verteidigen oder ihre Stimme erheben müssen, wenn Menschenrechte und Menschenwürde bedroht sind.

Im Gegensatz dazu können sich die Laien nicht der politischen Verantwortung als Bürger ihrer Ortsgemeinden und ihres Staates entziehen. Sie haben sowohl in den politischen Parteien als auch in weiteren politischen Angelegenheiten eine Aufgabe zu erfüllen. Sie wählen ihre

Parteizugehörigkeit entsprechend ihrer politischen Einstellung. Sie sind in allen Parteien des politischen Spektrums zu finden; dennoch sollten sie in die Politik die Werte und Ideen des Evangeliums und der Soziallehre der Kirche einbringen. Allerdings muß man bedauerlicherweise einräumen, daß es eine spezifisch christliche Lösung der weltweiten Wirtschaftsprobleme, eine detaillierte christliche Antwort auf Auseinandersetzungen in der Arbeitswelt nicht gibt. Und doch werden sich die christlichen Bürger und Politiker von einigen grundsätzlichen Glaubensaussagen über den Menschen und die Gesellschaft, über die Menschenwürde und die Freiheit leiten lassen.

Manche Katholiken finden diese Unterscheidungen ärgerlich und unnötig. Sie sehen keinen Unterschied zwischen der Rolle des Priesters und des Laien in der Politik. Sie wollen, daß sich die Kirche als Institution dem politischen Kampf widmet. Dies ist eine komplexe und heiß diskutierte Frage, und die Argumente verändern sich mit der Entwicklung der Lage unaufhörlich.

Die Situationen in den einzelnen Ländern der Erde variieren stark. Es ist nie klug, strenge und genaue Regeln festzulegen, die überall und zu allen Zeiten die Rolle der Priester und der Laien in der Politik bestimmen. Dennoch gibt es einige allgemeine Grundsätze, die uns leiten können. Die Aufgabe des Bischofs und des Priesters als seines Mitarbeiters besteht darin, als ein „zweiter Christus" im Herzen der christlichen Gemeinde zu wirken. Bischof und Priester sind definiert als Träger der Einheit, als diejenigen, die das ganze Volk Gottes um sich scharen. Ihre Aufgabe ist Versöhnung, nicht Spaltung. Ihnen ist heute das dreifache Amt Christi übertragen: sie sind Priester, Propheten und Hirten; das heißt, sie bringen das Opfer dar und heiligen, sie lehren und ermahnen das Volk Gottes und geben ihm Impulse; sie führen es auf der Pilgerfahrt des Glaubens zur ewigen Heimat. Die Laien finden ihre Aufgabe vor allem in den Verhältnissen des täglichen Lebens, unter denen sie leben und arbeiten. Als Ehepartner, als Eltern, als Arbeiter und Berufstätige, in Ortsgemeinden oder im weiteren Umkreis helfen sie, ihre unmittelbare Umgebung, ihre Familien, ihren Arbeitsplatz, die Gemeinschaften, denen sie angehören, zu heiligen. Sie tun es durch das Zeugnis ihres Lebens, durch die stille Wirkung ihrer Gegenwart inmitten des weltlichen Lebens und auch durch den Einfluß ihrer Worte und Taten, die darauf zielen, eine menschlichere und gerechtere Gesellschaft zu schaffen.

Das ist die Berufung der Laien: die Gesellschaft zu Gott zurückzuführen, sie ihm darzubringen als ein lebendiges Opfer des Lobes. Die Berufung des geweihten Priesters ist andererseits, um es mit dem klassischen Satz zu sagen, den die christliche Arbeiterbewegung sehr schätzt: die Laien in ihre spezifische Berufung hineinzuformen und sie darin zu bestärken. Es ist immer ein Fehler, wenn sich die Laien „klerikalisieren" lassen. Ebenso ist es falsch, wenn der Klerus spezifische Aufgaben der Laien übernimmt. Damit würden sie „klerikalisieren", was Aufgabe des Laien in der Welt sein sollte.

Die Rollen des Klerus und der Laien ergänzen sich gegenseitig. In der Praxis der weltlichen und der kirchlichen Gemeinschaften mag es Situationen geben, in denen sich die Verantwortlichkeiten überschneiden, dennoch sollte die grundsätzliche Trennung der Funktionen gewahrt bleiben. Wenn der Priester, der in der Gemeinde das Prinzip der Versöhnung und Einheit darstellen soll, zu direkt und persönlich in die politischen Vorgänge verwickelt ist, läuft er Gefahr, seine Gemeinde zu spalten, und reizt unnötig einige seiner Gemeindemitglieder zum Widerspruch. Seine öffentliche Stellungnahme zu Fragen der Politik, die doch eigentlich der Initiative und Sorge der Laien überlassen bleiben sollte, kann zur Folge haben, daß einige unter Ärger und Protest die Kirche verlassen.

Obwohl Kritiker behaupten, die heutige Kirche sei über-politisiert, legen die Erfahrungen doch nahe zu vermuten, daß Christen im allgemeinen bis jetzt nicht von den Forderungen des Evangeliums inspiriert sind. Klerus und Laien sehen sich auf je verschiedene Weise einer mühsamen Aufgabe gegenübergestellt. In kommunistisch beherrschten Ländern und in Schwarzafrika geht es genauso um Menschenrechte und Freiheit wie in den mehr in den Blickpunkt der Öffentlichkeit getretenen Ländern Mittel- und Lateinamerikas und Südafrikas. Es ist fast weltweit notwendig, das Menschliche gegen allseitige Angriffe zu schützen und zu verteidigen. Hier müssen die Christen bereit sein, bei Mißständen öffentlich zu protestieren und in angemessener Weise Druck auszuüben. Ebenso ist es notwendig, Gesetze von Sitte und Moral aufrechtzuerhalten und das Böse in all seinen Formen anzuprangern. Für das allgemeine Klima in der Gesellschaft von heute ist es entscheidend und schwierig zugleich, das Recht auf Leben zu verteidigen, öffentliche und private Integrität und Ehre zu wahren und der so leichten Flucht in die Unwahrheit in allen Lebensbereichen zu widerstehen.

Die Kirche muß darauf bedacht sein, auf alle nur mögliche Weise für die Armen, die Behinderten und die Glücklosen zu sorgen. In einer Gesellschaft, die immer gefühlloser wird, müssen sich die Christen zum Sprachrohr der Schweigenden und Machtlosen machen, sollten sie das Mitgefühl der Öffentlichkeit für die Bedrängten zu gewinnen suchen und materiell zur Linderung der Not beitragen.

Den Bischöfen und Priestern kommt dabei eine wichtige Rolle zu. Gleichwohl ist diese anders als die der Laien. Selbst in einer demokratischen und freien Gesell-

schaft erweist es sich oft als notwendig, daß sie die öffentliche Meinung aufrütteln und das Volk zu einer Mei-
nungsbildung im Hinblick auf die Probleme von Gerechtigkeit und Frieden erziehen. Sie können dies tun durch
Wort und Schrift und durch Belehrung. Sie ermutigen die
Laien und unterstützen sie in den ihnen eigenen Aufgaben. Dann aber ist es Aufgabe der Laien, mit Hilfe ihrer Erfahrung und Sachkenntnis selbst eigene Wege zu wählen,
wie sie ihre christlichen Ideale und Prinzipien in wirksa-
mes Tun umsetzen können. Sie sind die einzigen, die
freien Zugang zu den politischen Parteien und Interessengruppen haben. Es ist ganz und gar ihre Aufgabe, dafür zu
sorgen, daß etwas geschieht. Und sie müssen diese Aufgabe wahrnehmen.

Das politische Handeln des Christen in der Welt muß
den tiefsten und reinsten Quellen des christlichen Lebens
entspringen. Bischöfe, Priester und Laien sind nicht einfach „humanitäre Menschen". Was immer sie tun, sollte
auf christlicher Liebe zu Gott und zum Nächsten gegrün-
det sein. Wenn jemand sich um die Belange des Reiches
Gottes auf dieser Erde bemüht, so ist das durchaus zu vereinbaren mit seinem Streben nach dem ewigen Leben. Als
Jesus vom Tag des Gerichtes sprach (Mt 25, 31–46), be-
schrieb er den König als einen Mann, der allein darauf
achtet, wie die Menschen sich zu ihren Lebzeiten gegenseitig behandelt haben. Hatten sie den Hungrigen zu essen gegeben und den Durstigen zu trinken, hatten sie die
Fremden beherbergt, die Nackten bekleidet und die Kranken und die Gefangenen besucht? Ihre Taten wurden so
gerichtet, als wären sie auf den Menschensohn selbst, auf
die Person Jesu Christi gerichtet gewesen. In ihm, dem
wahren Gott und wahren Menschen, berühren sich Himmel und Erde. In ihm können die Gläubigen sehen, wie
sich in diesem Leben ihre täglichen Pflichten mit ihrem
Sehnen nach ewiger Vereinigung mit Gott im Himmel ver-

einbaren lassen. Sie lernen, wie man zwischen Zeitlichem und Ewigem das Gleichgewicht herstellt.

Wenn ich auf dem „Marktplatz" bin und dort Christus in meinen Brüdern und Schwestern diene, sehnt sich gleichzeitig etwas in mir nach der Wüste, nach dem Alleinsein mit Gott. Bin ich in der Wüste allein mit ihm, möchte ein Teil meiner selbst schnell zum „Marktplatz" zurück, um bei den anderen zu sein. Wenn wir versuchen, beide Gebote zu erfüllen, Gott zu lieben und den Nächsten, werden wir entdecken, daß beide zu einem einzigen werden. Wir können weder Gott noch die Menschen lieben, wenn wir nicht durch unsere Erfahrung mit anderen etwas von Gott lernen, wenn wir nicht lernen, andere im Licht unserer Beziehung zu Gott und zu seinem Sohn Jesus Christus zu lieben.

Die Liebe zu Gott muß also die Liebe zu denen, die nach seinem Bild und Gleichnis geschaffen sind, einschließen. Die Liebe zu meinem Nächsten führt mich dazu, in ihm das Angesicht des göttlichen Vaters zu entdecken. Das Angesicht Christi werden wir in besonderer Weise in den Zerschlagenen und Leidenden erkennen. Deswegen ist die tätige Sorge für unseren Nächsten auch ein wesentliches Element unseres geistlichen Lebens und unseres religiösen Wachsens.

Das zweifache Gebot muß zu einer Einheit werden. Es muß uns antreiben, das Reich Gottes auf Erden zu bauen, muß uns Anlaß für die Sehnsucht nach dem himmlischen Jerusalem sein.

Eine bessere Welt

Gottes Herrlichkeit begegnet uns in den Wundern unserer Welt. Da ist das Schöne, das Augen und Ohren erfreut, da ist das Geniale, das wir in der Fähigkeit des menschlichen

Geistes bewundern, da er die verborgenen Geheimnisse innerhalb der Wirklichkeit entdeckt, die großen Kräfte, die latent im Universum wirksam sind, bändigt und kontrolliert. Wir können Gott als den Schöpfer aller Dinge anbeten, können die Erfindungen und Fähigkeiten der Menschheit zu einem Lobpreis werden lassen. Dazu müssen wir jedoch erkennen, wo alles Geschaffene seinen Ursprung hat, woher alle Gaben, die wir gebrauchen, kommen und welchen letzten Sinn unser ganzes Streben hat.

Wir haben die Macht, dies alles zu tun, aber wollen wir es auch? Haben wir den Willen, uns selbst zu heilen, unsere Ganzheit wiederzugewinnen, so daß die Rangfolge dessen, worauf es ankommt, stimmt? Ist es möglich, eine bessere Welt zu bauen? Ich meine, daß ein Fortschritt sicherlich zu erreichen ist. Die Menschheit hat das Potential für ein reicheres, erfüllteres und sichereres Leben. Es kann trotz aller Enttäuschungen und Fehlschläge erreicht werden.

Ich bin zutiefst davon überzeugt, daß eine endgültige Antwort nur in Jesus Christus und seiner Botschaft, in der Umkehr, die er verkündete, zu finden ist. Solange wir nicht lernen, uns selbst zu sterben, um für Gott zu leben, wird all unser Bemühen ein raffiniert getarnter Kampf um Macht und Vorherrschaft sein. Wir streben vielleicht nach Reformen und werden am Ende entdecken, daß unser Erfolg nur darin bestanden hat, daß wir das Gleichgewicht der Macht verschoben haben ohne daß sich die Summe des menschlichen Elends verringert hätte.

Die Verwirrung, die in unseren Tagen herrscht, und der Mangel an Einheit auf staatlicher Ebene, in der säkularisierten Gesellschaft zeigen die dringende Notwendigkeit einer gemeinsamen Auffassung, eines allgemein anerkannten Verhaltens gegenüber der Natur, der Würde und der Rechte des Menschen. Das ist unmöglich ohne die Achtung vor der geistlichen Dimension jedes Menschen, ohne Anerkennung des Ewigen, des Göttlichen. Dieser Sinn für das Religiöse muß neu geweckt werden. Die großen monotheistischen Religionen, die in unserer heutigen Gesellschaft vertreten sind, das Christentum, das Judentum und der Islam, könnten je auf ihre Weise dazu beitragen. Wir brauchen einen Dialog des Glaubens.

Der Verlust des religiösen Empfindens hat eine Abstumpfung des sittlichen Empfindens zur Folge. Berechtigte Freiheiten werden durch eine wachsende Zügellosigkeit bedroht. Ohne zu den Werten des vorigen Jahrhunderts zurückkehren zu wollen – weil diese auch nicht alle zutiefst religiös und moralisch gut waren – ist es doch offensichtlich, daß wir heute mehr Selbstdisziplin, mehr Selbstlosigkeit brauchen, mehr Selbstkontrolle, um Gier, um ein Sichgehenlassen, um Grausamkeit und Nachlässigkeit im Umgang mit den Rechten anderer zu zügeln. Niemand ist von Natur aus rücksichtsvoll, großzügig und tolerant. Dazu bedarf es der Einübung, der Disziplin, der Vorbilder, der Unterstützung durch die Gesellschaft.

Unsere Gesellschaft braucht das Band eines gemeinsamen Zieles, braucht Aufgaben, die von den verschiedenen Interessengruppen freiwillig übernommen und kraftvoll in Angriff genommen werden. Es bleibt noch viel zu tun und vielleicht nur wenig Zeit. Der Brandt-Report über die Weltentwicklung weist warnend darauf hin, daß sich die Welt in einer Krise befindet, daß es keinerlei Garantie dafür gibt, daß wir diese Krise aufhalten können und daß sofortiges Handeln erforderlich ist.

Es muß eine gemeinsame Basis für die Anerkennung der Tatsache geben, daß in der Gesellschaft jeder den anderen einfach als den zu respektieren hat, der er ist. Nicht die Gesellschaft, sondern die Person steht an erster Stelle. Der Staat ist für die Menschen da, nicht die Menschen für den Staat.

Das Angesicht der Erde erneuern

In der Bibel gibt es zwei besonders sprechende Bilder, die für den Glaubenden heute von großer Bedeutung sind. Beide sind Bilder des Anfangs und führen uns hinein in das Mysterium Gottes und in das Mysterium seiner erlösenden Liebe zu seiner Schöpfung und zum Menschen, den er nach seinem Bild und Gleichnis schuf. Das eine Bild stammt aus dem Alten Testament, aus dem Buch Genesis, das andere aus dem Neuen Testament, aus dem Lukas-Evangelium. Beide sagen Wesentliches über den Heiligen Geist aus.

Das Buch Genesis beginnt mit einer Reihe von Bildern, die in einfacher Weise, aber lebendig berichten, wie die Welt entstand. Die Poesie dieser Erzählung spricht über viele Jahrhunderte hinweg auch uns heute an: „Im Anfang schuf Gott Himmel und Erde; die Erde aber war wüst und wirr, Finsternis lag über der Urflut, und Gottes Geist schwebte über dem Wasser" (Gen 1,1).

Über der Finsternis, dem Ur-Chaos und den brodelnden Wassern „brütete" die Kraft Gottes. Das Bild vermittelt den Eindruck ungeheurer Schöpfermacht, erinnert vielleicht sogar an einen riesigen Vogel, der seine Jungen ausbrütet. Jedenfalls hinterläßt dieses Bild in uns die Vorstellung einer unendlichen Liebe, die aus dem Nichts die Schönheit der Welt, die Herrlichkeit des Himmels, die Gestalt und die Gesetzmäßigkeit alles Geschaffenen hervorbringt. Zu allen Zeiten hat dieses Ur-Bild die Menschen bereichert und ermutigt, hat ihnen geholfen, Gott als den Schöpfer, als den Vater anzuerkennen. Auch heute hilft es uns, unserer Erfahrung und der Welt, in der wir leben, Sinn zu geben.

Das zweite Bild findet sich im Lukas-Evangelium. Es berichtet vom Beginn des öffentlichen Wirkens Jesu. Nach einem vierzigtägigen Fasten in der Wüste kam er in seine Heimatstadt Nazareth. Am Sabbat überreichte man ihm in der Synagoge die Schriftrolle des Jesaja, und er begann daraus vorzulesen: „Der Geist des Herrn ruht auf mir; denn er hat mich gesalbt. Er hat mich gesandt, um den Armen die Heilsbotschaft zu bringen, um den Gefangenen die Befreiung und den Blinden das Augenlicht zu verkünden, um die Zerschlagenen in Freiheit zu setzen und ein Gnadenjahr des Herrn auszurufen" (Jes 61,1).

Dann sagte er: „Heute hat sich das Schriftwort erfüllt." Zuvor hatte Lukas beschrieben, wie Johannes Jesus im Wasser des Jordan taufte und wie der Heilige Geist in Gestalt einer Taube auf ihn herabkam. Das sind sicherlich Hinweise auf eine neue Schöpfung. Der Geist Gottes schwebt über dem Wasser. Aus dem Jordan tritt ein „neuer Adam" hervor und verkündet den Menschen eine neue Hoffnung und eine neue Freiheit, die vornehmlich den Armen, den Blinden und den Zerschlagenen geschenkt wird.

Jesus Christus wanderte durch ganz Galiläa und Judäa. Wo immer er hinkam, brachte er Gesundung und Ganzheit, Frieden und Heil, Vergebung und neues Leben. Die Kraft des Geistes Gottes erneuerte durch ihn das Angesicht der Erde. Das ist immer noch der Auftrag der Christen und der Kirche; in der heutigen Zeit eine Sendung von ungeheurer Vielfalt und Schwierigkeit.

Tief im Herzen der Menschheit und verborgen in den Strukturen der Welt lebt eine von Adam und Eva ererbte Selbstsucht und Habgier. Als Gefallene und Sünder kämpfen wir darum, unsere eigenen Interessen zu sichern, ohne Rücksicht auf andere. Blind und taub für die Eingebungen des Geistes Gottes, haben wir uns selbst eine Welt aufgebaut, in der Ungerechtigkeit, Hunger, Unterdrückung und Verzweiflung herrschen. Die Armut der Dritten Welt, die Arbeitslosigkeit und die Ungleichheit im industrialisierten Westen sind die erschreckende Folge davon, daß wir Gott verworfen und uns gegen den Geist Gottes aufgelehnt haben.

Langsam und schmerzlich versuchen wir zuzulassen, daß der Geist Gottes die Erde erneuert. Die Wiederherstellung der Gesellschaft kann nur von denen erreicht werden, die arm sind im Geist, die sanftmütig, mitleidend und barmherzig sind, die ein reines Herz haben, von denen, die Frieden stiften und die hungern nach Gerechtigkeit. Nur die, welche Teil der neuen Schöpfung sind, können darauf hoffen, eine neue Welt aufzubauen, eine bessere Gesellschaft. Das Reich Gottes wird zuerst im eigenen Herzen errichtet. Bevor das nicht geschieht, bleiben alle unsere Anstrengungen zwar großmütig und gut gemeint, sind aber nicht das Werk des Heiligen Geistes.

Der Geist Gottes gestaltet unsere Welt; er hat in Jesus Christus die gefallene Welt wiederhergestellt. Es ist unser Auftrag, in unserem Leben am Werk Christi teilzunehmen und durch die Kraft des Heiligen Geistes das Angesicht der Erde zu erneuern.

Die Kirche in der modernen Welt

Wir sind dazu berufen, zu einem neuen Volk zu werden, zu einem Volk, das sich bekehrt hat und das nach einem neuen Himmel und einer neuen Erde sucht. Ich persönlich kehre immer wieder zu zwei großen Bildern des Neuen Testamentes zurück. Das erste ist die Geschichte vom reichen Mann und vom armen Lazarus (Lk 16): der Reiche an seinem Tisch, der Bettler vor der Tür. Das erschreckende

Gericht Gottes über den Reichen scheint das Urteil Gottes über die Besitzenden und die Habenichtse zu sein. Die Besitzenden werden verdammt wegen ihrer Gleichgültigkeit gegenüber ihren Nächsten, wie auch dafür, daß sie sich ihres guten Lebens freuten, während andere verhungerten.

Das andere Bild ist das des Endgerichtes (Mt 25). Wir werden danach verurteilt oder belohnt, ob wir die Hungernden gespeist haben, den Dürstenden zu trinken gaben, die Nackten bekleidet haben, ob wir die Fremden gastlich aufgenommen und die Gefangenen und die Kranken besucht haben. Ich sehe darin immer die Aufforderung, mehr zu geben als nur ein Almosen. Es ist nicht genug, vom Tisch der Reichen Brosamen auszustreuen, vielmehr müssen wir die Armen mit Land und Saatgut versorgen und die Ernte sicherstellen.

Zweifellos lautet die Botschaft Jesu Christi an uns: Wir müssen uns jederzeit mit den anderen identifizieren, ihnen unsere Solidarität und unseren Dienst anbieten. Unser Mitgefühl mit dem anderen treibt uns an, das Beispiel Christi beim Letzten Abendmahl nachzuahmen, uns selbst mit einem Tuch zu umgürten und den niedrigsten Dienst zu übernehmen, um darin unsere Brüder und Schwestern zu ehren und selbst dann, wenn wir mit ihren Nöten in Berührung kommen, ihre Würde zu wahren. Diese Verpflichtung zum Dienst ist keine Privatsache; die ganze Kirche muß sich davon ergreifen lassen, alle, die in der Nachfolge Christi stehen. Als einzelne wie auch als Kirche müssen wir uns selbst, unsere Zeit, unsere Kräfte und unsere Anstrengung Gott und den Mitmenschen schenken. Dieser Gedanke liegt jeder Verpflichtung der Kirche gegenüber der Gesellschaft und den einzelnen Menschen zugrunde.

Es ist manchmal schwer, die Gegenwart so zu sehen, wie sie ist. Sicherlich hat das II. Vatikanische Konzil uns geholfen, den Sinn unserer christlichen Berufung in der heutigen Zeit zu erkennen. Unter anderem gab uns das Konzil eine „Magna Charta" der Laien. In der Konstitution über die Kirche (Lumen Gentium) wird den Laien ein rechtmäßiger Platz in der Kirche zuerkannt, und das Programm für ihr Wirken in der Welt wurde in dem Dokument „Die Kirche in der Welt von heute" (Gaudium et Spes) niedergelegt.

In der Vergangenheit hatte die Soziallehre der Kirche tiefgreifende Auswirkungen auf die christliche Bildung von Generationen von Katholiken, größtenteils das Werk der apostolischen Laien-Organisationen. Als Ergebnis dessen engagierten sich viele katholische Christen in der lokalen und nationalen Politik, im öffentlichen und zivilen Leben. Weiter bedeutete es, daß einige Katholiken sich auf internationaler Ebene für Gerechtigkeit und Frieden und weltweit für die Verteidigung der Menschenrechte einsetzten.

Wenn wir uns aufmachen, das Reich Gottes zu suchen, eine bessere Welt aufzubauen, müssen wir bereit sein, uns der Kritik zu stellen. Manche Kritik basiert auf Mißverständnissen, und es wird einfach und unqualifiziert behauptet: „Die Kirche soll sich aus der Politik heraushalten." Sicherlich sollen Bischöfe und Priester sich nicht in Parteipolitik einmischen. Sicherlich sollten die Amtsträger der Kirche niemals mit einer bestimmten Partei identifiziert werden, noch sollten sie in die gesetzlich garantierte Wahlfreiheit eingreifen. Aber viele politische Fragen berühren moralische Entscheidungen und die Rechte wie auch das Wohlbefinden einzelner oder eines Teils der Bürger. Bischöfe und Priester sind dann angesprochen, wenn es um Fragen der Moral, der Menschenwürde und der Menschenrechte geht.

Es ist wichtig, daran zu erinnern, daß auch die Laien Kirche sind. Sie sind wirklich ernsthaft verpflichtet, sich für ihre eigene Welt der Arbeit, der sozialen und politischen Belange einzusetzen. Hier handeln sie nach ihrem Gewissen. Sie wählen ihre politische Zugehörigkeit. Tatsächlich gibt es niemals nur eine einzige Möglichkeit für eine christliche Lösung. Zwar gibt es christliche Wertvorstellungen, die alle Menschen teilen, aber die Christen kommen bei der Anwendung ihrer Grundsätze auf politische, soziale und wirtschaftliche Probleme zu anderen Konsequenzen.

Christen sollten in den verschiedensten Parteien vertreten sein, auch in den Gewerkschaften. Sie sollten ihren berechtigten Platz auf allen Ebenen des öffentlichen Lebens und Dienstes einnehmen. Sie sollten geeint sein in ihrer Treue zu Christus und zu den Werten des Evangeliums und in ihrem Verständnis für christliche Brüderlichkeit.

Manche behaupten, es sei Aufgabe der kirchlichen Amtsträger und der Gläubigen, aktiv – unter Umständen sogar mit Gewalt – in den Kampf um Gerechtigkeit und Frieden einzugreifen, für die praktische Reform ungerechter Strukturen einzutreten und auf die Politik auf allen Ebenen einzuwirken, um eine neue Sozialordnung herbeizuführen. Die Kirche sollte sich nach dieser Auffassung nicht scheuen, Seite an Seite mit denen zusammenzuarbeiten, die andere Ansichten haben. Sie sollte sich frei fühlen, Konzepte und Methoden fremder Systeme zu übernehmen. Andere möchten genau das Gegenteil, nämlich die Kirche darauf festlegen, sich nur um die Seelen und die ewige Bestimmung des Menschen zu kümmern. Nach dieser Auffassung müßte die Kirche sich auf eine ausschließlich spirituelle Funktion beschränken.

Keine der beiden Ansichten ist ausgewogen. Die Kirche kann niemals Dienerin einer Ideologie oder eines politischen Systems sein, aber sie kann sich auch nicht einzig um die zukünftige Welt kümmern. Im Januar 1979 wies Papst Johannes Paul II. in Puebla in seiner großen programmatischen Rede vor den versammelten Bischöfen Lateinamerikas den Weg. Er sagte: „Wenn die Kirche in der Verteidigung und Förderung der Menschenwürde gegenwärtig wird, so tut sie dies im Rahmen ihrer Sendung, die, obgleich sie einen religiösen Charakter hat – und nicht einen sozialen oder politischen – den Menschen in der Ganzheit seines Wesens betrachten muß ... Sie hat es nicht nötig, zu Systemen und Ideologien ihre Zuflucht zu nehmen, um die Befreiung des Menschen zu lieben, zu verteidigen und mitzuverwirklichen: im Zentrum der Botschaft, welche die Kirche zu hüten und zu verkündigen hat, findet sie die Motive für ihr Eintreten für Brüderlichkeit, Gerechtigkeit und Frieden und gegen alle Formen von Unterdrückung, Versklavung, Diskriminierung, Gewalt, Anschläge auf Religionsfreiheit, Angriffe gegen den Menschen und gegen das Leben ... Die Kirche möchte sich frei halten von gegensätzlichen Systemen, um sich allein für den Menschen zu entscheiden. Was für Leid und Elend die Menschen auch immer befallen: nicht durch Gewalt, durch Zusammenwirken von Macht und politischen Systemen, sondern durch die Wahrheit über den Menschen wird dieser Mensch den Weg in eine bessere Zukunft gehen können."

Es ist nicht Sache der ganzen Kirche, für diese oder jene politische Verfassung einzutreten. Es ist nicht Sache ihrer geistlichen Amtsträger, die beste Finanzpolitik oder das beste Wirtschaftssystem zu verkünden. Stattdessen beschäftigt sich die Kirche mit viel tieferen und viel weitreichenderen Problemen. Sie ist Hüterin eines kostbaren Schatzes, weil sie sich hauptsächlich für die „Wahrheit über den Menschen" einsetzt. In Übereinstimmung mit ihrer prophetischen Rolle hat sie, soweit ihr das möglich ist, sicherzustellen, daß das geistliche Wohl jedes einzelnen gewahrt bleibt und daß die Menschen frei werden, um zu ihrer vollen Größe heranzuwachsen. Die Kirche weiß, daß weder das eine noch das andere erreicht werden kann, solange einzelne oder Gemeinschaften das Gesetz Gottes ignorieren oder sich dagegen auflehnen. Sie weiß auch, daß sie bereit sein muß zu energischem Handeln und zum öffentlichen Zeugnis. Die Menschen brauchen sowohl ein Ziel als auch eine Hoffnung, wenn sie sich daran machen sollen, das Reich Gottes aufzubauen. Dieses Ziel und diese Hoffnung werden ihnen geschenkt durch Gottes Offenbarung.

Einzelfragen

Mächte des Unglaubens

Der einzelne Pilger und die ganze pilgernde Kirche können nicht unberührt und unversehrt die Welt durchwandern, die sie umgibt. Unsere Zeit und unsere Welt werden gemäß der Vorsehung des Herrn der Geschichte durch uns gestaltet. Als Gesandte Christi und seiner Botschaft können wir uns der Verantwortung für unsere eigene Gesellschaft und für die Umgebung, in der wir leben, nicht entziehen. Dabei müssen wir uns der Gefahren bewußt sein, denen wir gegenüberstehen, ohne uns von ihnen überwältigen oder lähmen zu lassen.

Atheismus und Humanismus – die Mächte des Unglaubens – sind wohlbekannte Feinde des Evangeliums. Die Bedrohung, die von ihnen ausgeht, stellt sich in Osteuropa anders dar als im Westen. Im Westen unterwandern sie die Gesellschaft und bedrohen ihre Fundamente. Die Massenmedien verschaffen ihren Verfechtern Zugang zu jeder Familie; langsam, aber wirksam, verbreitet sich eine Atmosphäre des Säkularismus. Es wird zunehmend schwerer, diesem Zeitgeist entgegenzutreten.

In Osteuropa wiederum stellt der Atheismus eine mehr

aggressive Bedrohung dar und ist das Motiv für die Politik der staatlichen Institutionen. Seit mehr als dreißig Jahren hat der atheistische Kommunismus der Religionsfreiheit schwerwiegende Einschränkungen auferlegt. Während er vielleicht sogar öffentlich Gottesdienste toleriert, fordert er von der Bevölkerung, das Regime und seine Politik zu unterstützen und beschränkt ernsthaft die Unabhängigkeit der religiösen Meinungsäußerung, die Möglichkeit, mit Fragen der Religion an die Öffentlichkeit zu treten, und die Freiheit der Kirche in der Erziehung der Jugend zum christlichen Glauben.

Es ist eine harte Tatsache, daß in vielen Ländern heute eine weitverbreitete Entchristlichung zu beobachten ist. Viele Menschen sind vielleicht getauft, leben aber praktisch ziemlich außerhalb der Kirche. Irgendwie müssen wir lernen, daß die christliche Verkündigung auch die erreicht, die zwar getauft sind, die aber ihrem Glaubenswissen und ihrem Lebensstil nach ganz bestimmt keine Christen sind. Wie können die Intellektuellen erreicht werden, die das Christentum als für ihr Leben irrelevant ablehnen?

Die vom Glauben Abgefallenen, die Nichtpraktizierenden, stellen die christliche Verkündigung vor eine vielschichtige Aufgabe. Es gibt viele Stufen und Arten von Glaubensabfall. Papst Paul VI. stellte fest: „Daß es Nichtpraktizierende gibt, ist eine sehr alte Erscheinung in der Geschichte des Christentums; das gehört zu einer natürlichen Schwäche, zu einem tiefen Widerstreit, der leider unser Innerstes durchzieht. Aber sie nimmt heute neue Formen an. Die Gründe dafür liegen häufig in einer für unsere Zeit typischen Entwurzelung. Ein weiterer Grund liegt darin, daß die Christen heute Seite an Seite mit den Nichtglaubenden leben und ständig die Rückwirkungen des Unglaubens zu spüren bekommen. Mehr als früher suchen Nichtpraktizierende ihre Position dadurch zu erklären und zu rechtfertigen, daß sie sich auf ein religiöses Inneres, auf die Eigenverantwortung oder auf persönliche Echtheit berufen." (Evangelii Nuntiandi, Nr. 56). Zweifellos wächst die Zahl der nichtpraktizierenden Christen alarmierend. In Großbritannien zum Beispiel gehen bereits weniger als zehn Prozent der Gesamtbevölkerung sonntags zur Kirche, und auch in anderen Ländern nimmt die Zahl der Katholiken, die jeden Sonntag die Messe besuchen, langsam ab. Ein Teil des Problems liegt darin, daß viele zwar die Sakramente empfangen haben, wenn auch unregelmäßig, aber niemals zu einer persönlichen Christusbeziehung geführt wurden. Man könnte auch sagen: zu viele wurden „sakramentalisiert", aber nicht „evangelisiert".

Wir brauchen keine Evangelisation im strengen Sinn einer ersten Verkündigung des Evangeliums, sondern eine lebendigere Katechese, die so tiefreichend und anhaltend weitergeführt wird, daß man sie eine „fortwährende Evangelisation" nennen könnte. Der Gläubige muß sich unentwegt durch die Person und die Botschaft Jesu Christi, durch den Reichtum des Wortes Gottes herausfordern lassen. Glaube bedarf der Vertiefung und Stärkung, er muß reifen. In diesem Zusammenhang forderte die römische Bischofssynode im Jahr 1979 ein Programm für die Katechese der Erwachsenen, denn „diese ist die hauptsächlichste Form der Katechese. Sie richtet sich an Personen, welche die größte Verantwortung und Fähigkeit besitzen, die christliche Botschaft in ihrer voll entwickelten Form zu leben" (Catechesi Tradendae Nr. 43).

Krieg und Frieden

Krieg, blinde Zerstörung, die vorsätzliche Hinwendung zum Terrorismus, um politische Ziele durchzusetzen, errichten hohe Barrieren und behindern die Verkündigung der Botschaft Christi in unseren Tagen. Die Kirche versucht, in einer Welt der Sünde, in der einzelne und ganze Staaten Aggression und Gewalt als Mittel zur Sicherstellung ihrer Ziele gebrauchen, Liebe, Versöhnung und universale Brüderlichkeit zu verkünden.

Die christliche Sicht des Friedens ist anders als das Friedensverständnis der säkularisierten Welt. Friede ist nicht einfach das Nichtvorhandensein bewaffneter Feindseligkeiten. Christus hat der Kirche aufgetragen, seinen Frieden in die Welt zu bringen: „Frieden hinterlasse ich euch, meinen Frieden gebe ich euch" (Joh 14,27). Paulus lehrt uns, daß Jesus Christus selbst unser Friede ist. Er hat die Spaltung der sündigen Menschheit überwunden, die Welt mit Gott versöhnt und die Einheit unter den Menschen wiederhergestellt (vgl. Eph 2,13–18).

Das biblische und christliche Friedensverständnis ist notwendigerweise mit den Idealen von Recht und Gerechtigkeit, mit der Achtung vor der Verantwortlichkeit des Menschen gegenüber Gott und dem Nächsten verbunden. Das Neue Testament offenbart Gottes erlösende Liebe zu den Menschen und gibt uns das neue Gebot, daß wir einander lieben sollen, wie Christus uns geliebt hat (vgl. Joh 13,34). Hier kommen wir zum Herzstück des neuen Bundes und des Evangeliums vom Frieden. Wir sollen die Versöhnung verkünden und das bedeutet, daß wir Friedensstifter sein müssen.

Wer die Frohbotschaft predigt, muß für den Aufbau des Reiches Gottes unter den Menschen arbeiten. Das heißt, die Kirche und der einzelne Christ sind dazu aufgerufen, das Entzweite miteinander zu versöhnen, Ungerechtigkeit und Ungleichheit, die Bitterkeit und Konflikte nach sich ziehen, zu heilen, jederzeit Zeugen der Brüderlichkeit unter den Menschen zu sein. Wir sind verpflichtet, in unsere Welt Christus, ihren Frieden, hineinzutragen. Wir müssen für jene Bekehrung des Herzens arbeiten, welche die notwendige Voraussetzung des Friedens ist, müssen versuchen, eine Gesellschaft aufzubauen, in der Krieg undenkbar ist.

Man könnte meinen, daß das christliche Ideal hier seinen Bezug zur Wirklichkeit verloren hätte. Die Geschichte zeigt eine Kette von Fehlschlägen und scheint zu beweisen, daß Kriege unvermeidlich sind. Im Gegensatz zu solchem Pessimismus haben Johannes XXIII., Paul VI. und Johannes Paul II. immer wieder erklärt, daß Friede möglich und notwendig ist. Eine neue Ahnung davon, wie grauenvoll ein Krieg heute sein würde, beginnt das Gewissen der Menschen aufzurütteln. Der Krieg hat seine Form gewandelt. Er wird nicht mehr zwischen Berufsarmeen geführt. Seine Auswirkungen und der Verlust an Menschenleben, den er fordert, sind nicht mehr begrenzt. Konventionelle und nukleare Waffen stellen heute eine erschreckende Macht dar. Die einzelnen Christen und die Kirche als Ganze beginnen langsam, die sittlichen Verflechtungen der neuen Weltlage zu sehen. Jahrhundertelang schien es, daß die klassische Tradition des „gerechten Krieges" als Leitfaden für das christliche Gewissen ausreichte. Nun scheint es, daß ein Kreuzzug für den Frieden zum vordringlichsten Anliegen der Kirche gehört – ein Kreuzzug, der nicht politisch, sondern Teil ihres Verkündigungsauftrages ist.

Hierin sehe ich eine neue und wichtige Rolle für die Kirche in Europa. 1982 nahm ich an einem Treffen von rund achtzig Bischöfen in Rom teil, bei dem man sich mit unserer gemeinsamen Verantwortung für die Evangelisierung Europas beschäftigte. Bischöfe aus Ost und West, vom Atlantik bis zum Ural, von Skandinavien bis Malta waren hier zusammengekommen. Es herrschte Brüderlichkeit, Gemeinschaft und Einigkeit in der Sache. Wir waren ungeteilt in einem geteilten Kontinent, vertraten Ortsgemeinden, die bereits zur Gemeinschaft der Versöhnten gehörten. Dabei wurde mir bewußt, wie gewaltig unser Einfluß sein könnte, die Wunden der Spaltung in unserem Erdteil heilen zu helfen. Wir können eine gewichtige Stimme sein, die auf Zurückhaltung, Verständigung und Frieden drängt. Wir können unsere Fähigkeiten und Mittel einsetzen, um zwischen unversöhnlichen Nachbarn Brücken zu bauen. Wir können helfen, Spannungen zu verringern und Vertrauen aufzubauen. Wir können eine entscheidende Rolle spielen, wenn es darum geht, unsere eigenen Gemeinden und unsere Kinder zum Frieden zu erziehen. Da liegt für unsere Kirche sicherlich ein Weg in die Zukunft.

Schon zu anderer Zeit und an anderer Stelle habe ich versucht, das vielschichtige Problem der nuklearen Abschreckung und deren moralische Beurteilung von verschiedenen Seiten zu beleuchten. Hier, wo es mir nur um Grundhaltungen des pilgernden Christen geht, möchte ich vor allem betonen, daß der Pilger sich nach dem Frieden Christi sehnen, um ihn beten, kämpfen und für ihn arbeiten sollte. Die ganze Kirche kämpft darum, in einer wahnsinnig gewordenen Welt normal zu bleiben. Wir treten in keiner Weise für die Anwendung von Gewalt und für Krieg ein. Einige Christen wollen mit dem größten Widerstreben und mit Bedauern zulassen, daß in unserer gefallenen Welt Gewalt als äußerstes Mittel zur Verteidigung fundamentaler Freiheiten und menschlicher Rechte eingesetzt werden kann. Sie möchten allerdings strikte Normen dafür festlegen. Sie drängen unaufhörlich darauf, die zerstörende Kraft menschlicher Konflikte zu begrenzen. Sie halten der Welt fortgesetzt das christliche Ideal von Frieden und allumfassender Brüderlichkeit vor Augen. Die Politik der nuklearen Abschreckung verheißt der Menschheit keine Sicherheiten für die Zukunft.

Mein Alptraum ist, daß der Mensch eines Tages am Ende der Zeiten vernichten wird, was Gott am Anfang geschaffen hat. Ich habe Angst, daß die Geschichte der Menschheit, deren Anfang im Buch Genesis beschrieben wird, mit einem furchtbaren Kapitel endet, das dann Nemesis schreiben wird. Werden wir eine Rückkehr der Welt zum Ur-Chaos, aus dem sie hervorging, erleiden müssen? Mit dem Verstand kann ich akzeptieren, daß die Politik der Abschreckung moralisch verfechtbar ist, aber einzig unter der Voraussetzung, daß es nur eines Schrittes bedarf bis hin zur allseitigen, totalen Abrüstung. Aber dennoch lehnt sich alles in mir auf gegen die grauenvolle Vorstellung von einer Welt, in der diese Waffen überhaupt existieren.

Spaltung der Christenheit

Die Uneinigkeit auf allen Ebenen ist zweifellos ein Haupthindernis für das Wirken und das Wohlergehen des pilgernden Gottesvolkes. Papst Paul VI. fragte einmal, ob sie nicht eines der großen Übel für die Verkündigung heute ist (Evangelii Nuntiandi Nr. 77). Im Laufe dieses Jahrhunderts wurde deutlich, daß sich unter den Christen – durch Einwirkung des Geistes Gottes – eine wachsende Ungeduld und Unzufriedenheit über die mangelnde Einheit untereinander ausbreitete. Auch Nicht-Glaubende sind schnell bereit, die Kritik an der Spaltung der Christenheit zur eigenen Rechtfertigung zu benutzen. Man könnte leicht entmutigt sein vom langsamen Tempo unseres Fortschritts. Stattdessen erscheint es mir hilfreich, zurückzublicken und erstaunt festzustellen, welche Strecke wir schon zurückgelegt haben. Wer in der Unbeweglichkeit und religiösen Isolation der dreißiger und vierziger Jahre aufgewachsen ist, muß sich nun dem neuen Klima der Achtung und Zusammenarbeit unter den Kirchen anpassen.

Während seines Besuches in Großbritannien im Jahr 1982 unterzeichneten Papst Johannes Paul II. und der Erzbischof von Canterbury Dr. Runcy eine gemeinsame Erklärung, die bemerkenswerte Sätze enthält: „Unser Ziel ist nicht nur die Einheit unserer beiden Kirchen. Die anderen Christen sind nicht ausgeschlossen. Vielmehr richtet sich unser Ziel auf die Erfüllung des Willens Gottes für die sichtbare Einheit seines ganzen Volkes. Sowohl in diesem unserem gegenwärtigen Dialog, wie auch in den Gesprächen, die andere Christen untereinander oder mit uns führen, erkennen wir in den Übereinstimmungen, die wir erreichen können und auch in den bisher noch bestehenden Schwierigkeiten eine erneute Herausforderung, uns selbst ganz der Wahrheit des Evangeliums zu überlassen."

Nur, wenn wir uns selbst ganz der Wahrheit des Evangeliums ausliefern, kann die Spaltung der Christenheit überwunden werden, kann der Weg zur christlichen Einheit demütig und mit äußerstem Vertrauen fortgesetzt werden. Unsere Spaltung darf die Christen nicht länger daran hindern, ihre dringendste Aufgabe wahrzunehmen: das Evangelium Jesu Christi zu verkünden.

Gedanken zur Ökumene

Wir Christen haben auf unserem gemeinsamen Weg einen Punkt erreicht, an dem wir ehrlich und mutig den vor uns liegenden Hindernissen entgegentreten müssen. Es gibt noch viele ungelöste Fragen zwischen uns. Römisch-ka-

tholische Christen wünschen sich vor allem einen Fortschritt in drei Bereichen: Papsttum, Aufgabe und Sendung
der Bischöfe und Sakramente. Einige dieser Probleme
wurden bereits in Gesprächen mit anderen christlichen
Kirchen angeschnitten, aber wir müssen über diese Themen vermehrt miteinander beten, wir müssen sie einge-
hender studieren und mehr miteinander darüber sprechen. Jedoch wurde uns bereits ein neuer Kontext, eine
neue Perspektive gegeben:

Als unlängst der Bischof von Rom nach Großbritannien
kam, besuchte er seine eigenen Glaubensbrüder, um mit
ihnen zu beten, ihnen die Sakramente zu spenden und ihren Glauben zu stärken. Das erwartete man auch von ihm.
Zur großen Überraschung besuchte dieser Bischof von
Rom aber auch feierlich die anglikanischen Kathedralen
von Canterbury und Liverpool und setzte damit ein Zeichen. Der langanhaltende Applaus der Menschen, als der
Papst die Kathedralen betrat, und der Ausdruck ihrer Ge-
sichter waren schon für sich eine Bitte an Gott um die
kostbare Gabe der Einheit. Darüber hinaus führte der
Papst Gespräche mit anderen Kirchenführern und lud sie
ein, den Dialog in Rom fortzusetzen. Wo er auch hinkam,
sprach er von seiner tiefen Sorge um die Wiederherstellung der Einheit unter den Christen. Das war mehr als nur
konventionelle Höflichkeit. Auch nach dem Besuch
sprach der Papst in Rom von Großbritannien als dem „besonderen Gebiet der Ökumene".

Das braucht nicht zu verwundern. In seiner Sorge um
die Einheit setzt Johannes Paul II. eine ehrwürdige Tradition des Römischen Stuhles fort. In der Geschichte ver-
tiefte und erweiterte sich das Ansehen und die Autorität
des Römischen Stuhles in seiner universalen Bedeutung
in dem Maß, als man erkannte, daß er eine Sendung der
Einheit für die ganze Kirche zu erfüllen hat. Man betrachtete es als Aufgabe des Römischen Stuhles, die Glaubens-

und Lebensgemeinschaft aller Kirchen, in denen der apostolische Glaube verkündet und aufrechterhalten wird, zu leiten.

Der Primat des Papstes hat die Einheit zum Ziel. Richtig verstanden schließt er ein, daß der Bischof von Rom seine Aufsicht ausübt, um die Treue aller Kirchen zu Christus und der Kirchen zueinander zu festigen. Gemeinschaft mit ihm soll die Katholizität der einzelnen Ortskirchen schützen, sie ist ein Zeichen der Einheit aller Kirchen.

Die Internationale Anglikanisch/Römisch-Katholische Kommission ringt seit mehreren Jahren um die Lösung des vielschichtigen Problems des Papsttums und um die Frage, in welcher Beziehung es steht zur Stellung des Petrus, wie sie im Neuen Testament bezeugt ist. Die gleichen Fragen müssen wir mit jeder Kirche, mit der wir gemeinsam auf die Einheit zugehen, erörtern.

Papst Paul VI. sagte einmal: „Wie Sie sehr wohl wissen, ist das Papsttum zweifellos das schwerwiegendste Hindernis auf dem Weg zur Ökumene." Als römisch-katholische Christen sollten wir es als unsere Aufgabe betrachten, zu zeigen, daß der Nachfolger des Petrus keineswegs ein Hindernis zur Einheit, sondern vielmehr für das Zustandekommen der Einheit unerläßlich ist. Wir glauben, daß die Autorität des Papstes von Gott gegeben wurde als *das* Mittel, „Wahrheit, Liebe und Einheit" unter den Christen zu bewahren. Gleichzeitig müssen sich katholische Christen folgendes bewußt machen:

Wenn wir darauf bestehen, daß die Autorität des Papstes sich aus der Tatsache herleitet, daß er rechtmäßiger Nachfolger des Petrus ist, dann behaupten wir damit nicht, daß man jeden Regierungsstil in der Kirche zu jeder Zeit in der Geschichte vollkommen kritiklos als richtig annehmen muß. Wir dürfen nicht das Wesentliche mit dem Relativen verwechseln. Außerdem ist das universale Papstamt nicht getrennt zu sehen vom Amt in der Kirche überhaupt. Es verfolgt kein anderes Ziel als die Gesamtkirche. Es steht in Beziehung zur Einheit der ganzen Herde wie der Bischof in Beziehung zur Einheit seiner eigenen Ortskirche steht, und das von frühester Zeit an.

Es war bemerkenswert, wieviel Aufmerksamkeit und Respekt Papst Johannes Paul II. gegenüber den Amtsträgern der anderen Kirchen, mit denen er während seines England-Besuches zusammentraf, zeigte. Ich hoffe, daß entschiedene Anstrengungen folgen werden, um die Hindernisse zur gegenseitigen Anerkennung der kirchlichen Ämter im Geist der Gemeinsamen Erklärung von Papst Johannes Paul II. und Erzbischof Runcie in Canterbury in Angriff zu nehmen. Die Internationale Anglikanisch/Römisch-Katholische Kommission vertrat den Grundsatz, daß „ein Einvernehmen über das Wesen des kirchlichen Amtes Vorrang hat vor den Erwägungen hinsichtlich der gegenseitigen Anerkennung der Ämter". Diese Arbeit, die im anglikanisch/römisch-katholischen Dialog begonnen hat und in vielen anderen Dialogen fortgesetzt wird, muß nun mit neuer Entschlossenheit weitergeführt werden.

Die gegenseitige Anerkennung der kirchlichen Ämter läßt sich nicht billig erkaufen oder aus reiner Bequemlichkeit anstreben. Der Prozeß wird lang und beschwerlich sein. Wir sollten nicht zulassen, daß diese Erkenntnis die Tatsache verschleiert, daß zu allen Zeiten durch die Amtsträger der verschiedenen Kirchen Gnadengaben vermittelt wurden. Außerdem müssen wir alle zu den Anfängen zurückkehren und uns in die große Tradition der ungeteilten Kirche einreihen. Der Begriff „Insularität" bezieht sich nicht nur darauf, daß man auf einer Insel lebt. Es gibt eine Art Insularität, die sich auf die Zeit bezieht; sie kann uns alle anfechten, wenn wir nur die Teile der Geschichte betrachten, die uns genehm sind.

Die Sakramente sind Teil dieses Erbes aus der Zeit der noch ungeteilten Kirche. Ein Grund, warum der Papstbe-

such in England Menschen auch außerhalb der Grenzen
der römisch-katholischen Kirche anzog und beeindruckte,
war, daß man ihn mitten im Herzen des kirchlichen Lebens wirken sah, nämlich als er die Sakramente spendete.
Das große Sakrament, die Eucharistie, stand von Anfang
an im Zentrum der ökumenischen Gespräche, ebenso die
Taufe. Die zentrale Bedeutung des sakramentalen Prinzips
führte das II. Vatikanische Konzil dahin, die Konstitution
über die Kirche mit einer Beschreibung der Kirche selbst
zu beginnen: „Die Kirche ist nämlich in Christus gleichsam das Sakrament, das heißt Zeichen und Werkzeug für
die innerste Vereinigung mit Gott wie für die Einheit der
ganzen Menschheit." Die Konzilskonstitution über die Liturgie betont sogar noch treffender das alles durchdrin-
gende Wesen des sakramentalen Prinzips, indem sie
feststellt: „Die Wirkung der Liturgie der Sakramente und
Sakramentalien ist also diese: Wenn die Gläubigen recht
bereitet sind, wird ihnen nahezu jedes Ereignis ihres Lebens geheiligt." Eine wachsende Annäherung zwischen
den Kirchen hinsichtlich der Anerkennung der tief
menschlichen und theologischen Bedeutsamkeit des sakramentalen Prinzips wird eine machtvolle Kraft in unserem Streben nach Einheit sein. Das wird deutlich durch
das sogenannte Lima-Papier über Taufe, Eucharistie und
Amt, das eine Übereinkunft aller großen Kirchen der Welt
darstellt.

Ich bin überzeugt, daß diese drei Themen – Petrusamt,
Apostolizität und Sakramente – alle Kirchen derzeit auf ir-
gendeine Weise beschäftigen. Sie sind Teil des ganzen Pla-
nes zur Erlösung der Menschheit, sind der Weg, auf dem
wir, die wir am Ende des 20. Jahrhunderts leben, in lebendiger Berührung mit der Lehre, dem Erlösungswerk und
dem konkreten Leben Jesu, der Weg, Wahrheit und Leben
ist, sein können.

Hunger in der Welt

Als die Bischöfe aus aller Welt beim II. Vatikanischen Konzil über die Kirche in der Welt von heute nachdachten, gingen sie zum Abschluß ihrer Überlegungen auf das Thema Krieg und Frieden ein und wandten sich dann unmittelbar den reichen und armen Nationen zu. Sie stellten fest: „Zur Begründung des Friedens ist vor allem nötig, daß die Ursachen der Zwietracht unter den Menschen beseitigt werden, die zu Kriegen führen, vor allem die Ungerechtigkeiten. Nicht wenige davon kommen aus den allzu großen wirtschaftlichen Ungleichheiten und der Verzögerung der notwendigen Hilfe. Andere entstehen aus Herrschsucht und Menschenverachtung und, wenn man den tieferen Gründen nachgeht, aus Neid, Mißtrauen, Hochmut und anderen Formen des Egoismus" (Gaudium et Spes Nr. 83). Oder anders gesagt mit den Worten Pauls VI. in seiner Enzyklika „Populorum Progressio": „Entwicklung ist der neue Name für Frieden." Das Problem des Besitzes, wie auch das der Macht, ist auf das Engste verbunden mit der Sünde des Menschen und daher mit dem Verkündigungsauftrag der Kirche und mit der Botschaft von der Versöhnung. Deshalb ist es auch Sache aller Christen, darüber nachzudenken, dafür Sorge zu tragen und sich aktiv dafür einzusetzen.

Dazu nur drei Feststellungen:

1. Das Verständnis der Kirche für die Wichtigkeit der Probleme der Armut, der sozialen Ungleichheit und der Ungerechtigkeit der Strukturen vertieft und entwickelt sich derzeit ebenso, wie das Verständnis von Krieg und Frieden.

2. Die Kirche betrachtet das Problem der Entwicklung der Völker als ein umfassendes Problem menschlichen Lebens, nicht nur als eine Sache der Wirtschaft.

3. Gerechtigkeit ist ein konstitutives Element des Evangeliums, und das Streben nach Gerechtigkeit ist ein Herzstück der kirchlichen Sendung.

1. In der Vergangenheit antworteten die Christen auf die Ungleichheit in der sozialen Ordnung und die schmerzliche Unterdrückung und Armut mit großzügigen Spenden wie auch mit ihrem Engagement in zahlreichen „Werken der Barmherzigkeit". Nach und nach wuchs die Einsicht, daß es nicht genügt, die Krankheitssymptome der Welt zu lindern, sondern daß es darauf ankommt, die Ursachen zu beseitigen. Die römische Bischofssynode von 1971 wies darauf hin, daß sich Gott im Alten Testament als Befreier der Unterdrückten und Anwalt der Armen offenbarte, indem er vom Menschen den Glauben an ihn und die Gerechtigkeit gegenüber dem Nächsten forderte. Nur wenn die Pflichten der Gerechtigkeit erfüllt werden, wird Gott als Befreier der Unterdrückten erkannt (Gerechtigkeit in der Welt, Kap. 2).

Jesus Christus verkündete Gott als den Vater aller Menschen und gab Zeugnis für das Eintreten der göttlichen Gerechtigkeit für die Bedürftigen und Unterdrückten (Lk 6,20–23). Er identifizierte sich mit dem „Letzten der Brüder", als er sagte: „Was ihr für einen meiner geringsten Brüder getan habt, das habt ihr für mich getan" (Mt 25, 40). Die Bischöfe lehren, daß das Verhältnis des Menschen zu seinem Nächsten verbunden ist mit seiner Beziehung zu Gott; die Antwort auf die erlösende Liebe Gottes zu uns in Christus zeigt sich in der Liebe zum Menschen und im Dienst für ihn. Liebe impliziert die Anerkennung der Würde und der Rechte des Nächsten. Gerechtigkeit gelangt nur in der Liebe zu ihrer innersten Fülle. Wie jeder Mensch wahrhaft das sichtbare Abbild des unsichtbaren Gottes und Bruder Christi ist, so findet der Christ in jedem Menschen Gott selbst und Gottes absolute Forderung nach Gerechtigkeit und Liebe (Gerechtigkeit in der Welt, Kap. 2).

Hier sind Anzeichen für eine wirkliche Weiterentwicklung der Lehre der Kirche.

2. Jeder Mensch hat nicht nur das Recht auf Leben, sondern auch das Recht auf wirklich menschliches Wachstum. Papst Paul VI. wies darauf nachdrücklich in seiner Enzyklika „Populorum Progressio" hin. In dem Abschnitt „Die christliche Auffassung von Entwicklung", erklärt der Papst:

„Entwicklung ist nicht einfach gleichbedeutend mit wirtschaftlichem Wachstum. Wahre Entwicklung muß umfassend sein, sie muß den ganzen Menschen im Auge haben und die gesamte Menschheit ... Nach dem Plan Gottes ist jeder Mensch gerufen, sich zu entwickeln; denn das ganze Leben ist Berufung ... Dieses Wachstum ist nicht seinem freien Belieben anheimgestellt. Wie die gesamte Schöpfung auf ihren Schöpfer hingeordnet ist, so ist auch das geistbegabte Geschöpf gehalten, von sich aus sein Leben auf Gott, die erste Wahrheit und das höchste Gut, auszurichten ... Der Mensch ist aber auch Glied der Gemeinschaft. Er gehört zur ganzen Menschheit. Nicht nur einzelne, sondern alle Menschen sind zur vollen Entfaltung berufen."

Als Christen dürfen wir mit nicht weniger zufrieden sein als mit einer neuen Schöpfung und einem neuen Menschen.

3. Die Forderung nach Gerechtigkeit ist, wie schon gesagt, ein Herzstück der christlichen Frohbotschaft. Noch einmal möchte ich in diesem Zusammenhang die vielzitierten Worte der römischen Bischofs-Synode von 1971 anführen: „Arbeit für die Gerechtigkeit und Anteil an der Umgestaltung der Welt sind unserer Meinung nach eine

wesentliche Dimension der Verkündigung des Evangeliums, oder, mit anderen Worten, der Sendung der Kirche zur Erlösung der Menschen und ihrer Befreiung von jeder Art von Unterdrückung" (Gerechtigkeit in der Welt, Einleitung). Ich glaube, daß wir hierfür in den katholischen Gemeinden ein neues Bewußtsein schaffen müssen, denn zu sehr wirkt noch eine Erziehung in der Tradition des Almosengebens und der freiwilligen Hilfe nach. Eine umfassende Sichtweise ist erforderlich. Das Thema der menschlichen Solidarität innerhalb und außerhalb Europas muß neu bedacht werden. Auch darf der unauflösliche Zusammenhang von Gottes- und Nächstenliebe nicht aus dem Blick kommen. Wie in der Frage von Krieg und Frieden erscheinen die Schwierigkeiten auch hier unüberwindbar. Die Zügellosigkeit und Habgier der Welt sind scheinbar nicht zu besiegen. Gleichwohl dürfen die Christen niemals verzweifeln, sich von der Welt zurückziehen und sie sich selbst überlassen. Wir gehen unseren Weg in der Hoffnung auf Christus; „denn Gott wollte mit seiner ganzen Fülle in ihm wohnen, um durch ihn alles zu versöhnen und alles auf Erden und im Himmel zu Christus zu führen, der Frieden gestiftet hat durch das Blut seines Kreuzes" (Kol 1,19–20).

Die Pilger

Berücksichtigen wir, was im ersten Petrusbrief steht: „Ihr seid ein auserwähltes Geschlecht, eine königliche Priesterschaft, ein heiliger Stamm, ein Volk, das sein Eigentum wurde" (1 Petr 2,9), so gibt es keinen „einfachen" Christen. Bei der Taufe spricht der Zelebrant, während er den Täufling mit Chrisam salbt, die Worte:
    „Der allmächtige Gott, der Vater unseres Herrn Jesus

Christus, hat dich von der Schuld Adams befreit und dir aus dem Wasser und dem Heiligen Geist neues Leben geschenkt. Du wirst nun mit dem heiligen Chrisam gesalbt; denn du bist Glied des Volkes Gottes und gehörst für immer Christus an, der gesalbt ist zum Priester, Propheten und König in Ewigkeit."

Jeder Getaufte wurde wie Christus zum Priester, Propheten und König gesalbt. Im Leib Christi, der Kirche, hat jeder Getaufte Anteil an diesem dreifachen Amt des Hauptes. Dem „einfachen Christen" – wenn man diesen Ausdruck gebrauchen will – ist also eine außerordentliche Würde verliehen. Das neugetaufte Kind ist auf wunderbare Weise Priester, Prophet und König; selbst der abgefallene Katholik, der sich weit von der Kirche entfernt hat, bleibt Priester, Prophet und König.

Wir denken heute in wachsendem Maß und zu Recht über die Rolle der Laien in der Kirche nach. Die Grundlage dafür ist die Taufe. Das neue kirchliche Recht faßt im Kanon 204 die Lehre des II. Vatikanischen Konzils über die Laien wie folgt zusammen:

„Gläubige sind jene, die durch die Taufe Christus eingegliedert, zum Volke Gottes gemacht und dadurch auf ihre Weise des priesterlichen, prophetischen und königlichen Amtes Christi teilhaft geworden sind; sie sind gemäß ihrer je eigenen Stellung zur Ausübung der Sendung berufen, die Gott der Kirche zur Erfüllung in der Welt anvertraut hat."

Wir sind Priester

Auf verschiedenen Ebenen erfüllt die ganze Kirche ihre priesterliche Sendung.

Es ist nicht möglich, dieses Thema umfassend darzustellen. Grundlegend ist das Selbstopfer des einzelnen, das seinen Ausdruck findet in der gemeinsamen Feier der Eucharistie, in der das Opfer Christi an Gott vergegenwärtigt wird und das die Menschen mit Gott versöhnt. Diese Anbetung, Danksagung und Fürsprache, die das ganze Volk Gottes darbringt, hat, richtig verstanden, eine tiefe Bedeutung für die Menschheitsfamilie. Sie schafft Gemeinschaft und bringt sie zum Ausdruck, überbrückt den Abgrund zwischen Gott und Mensch, versöhnt die Menschen untereinander im gemeinsamen Mahl, das Opfer und Heilung ist.

Das Priestertum der Getauften reicht noch weiter. Es teilt sich mit in den Zeichen und Symbolen der Sakramente, die die großen Augenblicke und Erfahrungen des Lebens heiligen. Darin erfährt der Christ immer tiefer, was es heißt, Mensch zu sein. Da ist wiederum die tägliche persönliche Beziehung zu Gott, die im Gebet ihren Ausdruck findet und von ihm genährt wird. Auch im Gebet stehen die Getauften als Priester stellvertretend für die ganze Menschheit; durch Christus, mit Christus und in Christus bringen sie ihr Gebet, ihren Lobpreis und ihr immerwährendes Eintreten für eigene und fremde Nöte Gott als Opfer dar.

Obgleich es im Zeitalter des sozialen Engagements vielleicht unmodern ist, möchte ich behaupten, daß die priesterliche Aufgabe des Christen und des ganzen Volkes Gottes der wichtigste Beitrag für den Zusammenhalt unserer Gesellschaft, für ihr Wohlergehen, für ihre geistige und psychische Gesundheit ist. Entwurzelt und oberflächlich, wie wir als einzelne geworden sind, haben wir auch als Gemeinschaft den Sinn für das uns Verbindende verloren. Das Priestertum eines jeden Christen kann, wenn es bewußt angenommen wird, dazu dienen, den Sinn für Transzendenz und wirkliche Gemeinschaft wiederherzustellen und kann der Gesellschaft helfen, die Hierarchie menschlicher Werte und Prioritäten wiederaufzubauen.

Entscheidender Ausgangspunkt ist jedoch das Bewußtsein für das Transzendente.

Wir sind Propheten

Die Getauften haben Anteil am Prophetenamt Christi. Das heißt, daß die Christen sich niemals der Verantwortung entziehen können – ob gelegen oder ungelegen –, denen, die das Wort hören und es befolgen, wie auch denen, die es vielleicht gar verärgert zurückweisen, die Frohbotschaft Jesu Christi zu verkünden. Das heißt aber auch, daß die Christen alle menschliche Erfahrung einfühlsam im Licht des Evangeliums interpretieren müssen, so daß auch der einfache Mensch darin die tiefere Bedeutung für sein eigenes Leben erkennen kann. Letztlich bedeutet das, der Gesellschaft den Spiegel der Wahrheit vorhalten, so daß sie ihr wirkliches Gesicht im Licht des Evangeliums sehen kann. In diesem Sinn bewirkt das Prophetenamt Läuterung und Selbsterkenntnis zugleich.

Wenn wir glauben, daß Jesus Christus die Wahrheit und das Licht ist, dann schließt der Lehrauftrag derer, die ihm nachfolgen, ein, allen Menschen die Wahrheit, die allein frei macht, zu verkünden. Auch hierin ist die Mitwirkung des Christen in der Gesellschaft durch Lehre und Verkündigung wie auch durch sein Zeugnis für die Wahrheit von außerordentlich großer Bedeutung. Gemeinschaft ist abhängig von Kommunikation, und Kommunikation muß von ihrer Natur her wahrhaftig sein. Staat und Gesellschaft gehen zugrunde, wenn sich Unwahrhaftigkeit breitmacht. Die Wahrheit ist unteilbar und führt zu Gott. Die Christen können und sollten – als Zeugen der Wahrheit, als Verteidiger aller wirklich menschlichen Werte – einen heilsamen Einfluß auf die Erziehung und das öffentliche Leben eines jeden Landes ausüben.

Der Reichtum an Weisheit und Erfahrung, den die göttliche Offenbarung und die Tradition der Kirche enthalten, ist für den Dienst am Menschen da. Dieser Dienst der Wahrheit wird von der Gesellschaft oft beiseite geschoben. Dennoch brauchen der einzelne wie die Gemeinschaft ein richtiges Verständnis von der Natur des Menschen und seiner Bestimmung. Dazu erhebt Papst Johannes Paul II. immer wieder seine Stimme, und das Thema von der Würde des Menschen durchzieht seine Enzykliken. Die Sorge des Papstes um den Menschen und seine Würde wurzelt sicherlich in seinen Erfahrungen die er in seiner polnischen Heimat gemacht hat, wo Kommunismus und Christentum grundsätzlich gegenteilige Ansichten über den Menschen vertreten und dennoch zu einer gemeinsamen Grundlage fanden, auf der man miteinander sprechen und einander kennenlernen kann. Genau hier, im vertieften Nachdenken über den Menschen, liegt die besondere christliche Aufgabe in der Gesellschaft. So sagte Papst Johannes Paul II. selbst einmal:

„Es kann sein, daß die auffälligste Schwäche der gegenwärtigen Zivilisation in ihrem unzulänglichen Bild vom Menschen besteht ... Es ist das Drama des Menschen, dem man eine wesentliche Dimension seines Seins amputiert hat – die Dimension des Absoluten. Auf diese Weise sieht er sich der schlimmen Minderung seines Seins selbst ausgesetzt" (Puebla, 28. Januar 1979).

Der Christ leistet den wirksamsten Beitrag, wenn er demütig den Dialog mit anderen eröffnet, den Dialog innerhalb der Kirche, den Dialog mit anderen Religionen, den Dialog mit denen, die nicht an Gott glauben, den Dialog mit der säkularisierten Welt. Das Ziel ist immer, die Wahrheit zu finden, insbesondere die Wahrheit über den Menschen und sich, wenn man sie gefunden hat, ihren Anforderungen zu stellen.

Wir sind Könige

Als Jesus ans Kreuz genagelt war, befestigte man über seinem Haupt eine Tafel mit der Aufschrift: „Jesus von Nazareth, König der Juden". Meinte Pilatus das als Bekenntnis oder als Spott? Sicherlich war es eine der Anklagen, die während des Verhörs gegen Jesus erhoben wurden. Johannes beschreibt, wie die römischen Soldaten ihn verhöhnten, indem sie ihm eine Dornenkrone aufsetzten, einen Purpurmantel umlegten und ihm wie einem König huldigten. Auf dem Höhepunkt des öffentlichen Wirkens Jesu hätte man diese Anschuldigung für nicht so abwegig halten können. Nachdem Jesus die Fünftausend am See gespeist hatte, mußte er in die Berge fliehen, weil die Menge ihn zum König machen wollte. Viel später, bei seinem Verhör, versuchte er dann Pilatus zu erklären, daß er wirklich ein König, aber sein „Königreich nicht von dieser Welt" sei. Früher hatte Jesus – wie Lukas berichtet – zu den Pharisäern gesagt: „Das Reich Gottes kommt nicht so, daß man es an äußeren Zeichen erkennen könnte. Man kann auch nicht sagen: Seht! Hier ist es! oder: Dort ist es! Denn: das Reich Gottes ist schon mitten unter euch" (Lk 17,20.21).

Wir müssen genau bedenken, was das Evangelium vom Reich Gottes und vom Königtum Christi sagt. Wenn wir durch die Taufe Anteil an diesem Königtum haben, sollten wir versuchen, Klarheit darüber zu erhalten, was damit gemeint ist.

Das Reich Gottes ist offensichtlich etwas ganz anderes als ein weltlicher Staat. Es hat nichts zu tun mit Macht, Herrschaft und Zwang und gründet weder auf Rassen-, noch auf Volkszugehörigkeit, noch auf Eigeninteressen. Es hat auch nichts zu tun mit Rangordnungen oder menschlichen Vorstellungen von Wert und Ansehen. Es ist nicht auf Sicherung materiellen Wohlstands und

Sicherheit der Bürger ausgerichtet und unterliegt ganz zweifellos nicht den Begrenzungen durch Zeit und Raum.

Zuallererst ist das Reich Gottes eine innere Wirklichkeit. Jesus selbst sagte, daß diejenigen, welche aus der Wahrheit sind und auf seine Stimme hören zu seiner Königsherrschaft gehören (Joh 18, 37). Bürger seines Königreiches sind jene, die durch die Taufe und den Glauben an Jesus Christus gestorben sind und zu neuem Leben wiedergeboren wurden. Wenn sie an seinem Königtum teilhaben, werden sie nicht äußerlich verwandelt, erhalten keine materiellen Privilegien oder Belohnungen, vielmehr wird ihnen etwas unvorstellbar Größeres geschenkt, etwas, das bleibt: eine innere Freiheit von der Knechtschaft der Sünde und von der Macht des Todes. Zwar gehen sie in das Königreich ein, doch eigentlich kommt das Königreich zu ihnen und formt ihr Innerstes, ihren Geist und ihr Herz um, was zur Folge hat, daß sich ihre Beziehungen zu anderen verändern. Sie leben gleichsam in einer neuen Dimension, außerhalb weltlicher Maßstäbe. Die Größten unter ihnen sind vielleicht die, die im Reich der Menschen am meisten verachtet und abgelehnt werden. Wie ihr König und Meister herrschen sie nur vom Kreuz aus.

Denen, die am Königtum Christi Anteil haben, geht es in erster Linie um die Wahrheit, die in ihnen selbst liegt, um die Erfüllung des Vaterwillens. Sie wollen den Weg der Gerechtigkeit gehen, suchen nicht nach Erfolg in den Augen der Menschen. Die Christus, dem König, nachfolgen, haben eine andere Wertskala. Wer war der wirkliche Sieger auf Golgotha? Pilatus? Oder diejenigen, die es ablehnten, auf Christus zu hören? Die, welche ihn verurteilten und hinrichteten? Oder das unschuldige Opferlamm, das trotz scheinbarer Niederlage triumphierend von den Toten erstand? Wer ist in einem grausamen und ungerechten Staat der wahrhaft freie, der letzte Sieger? Der Diktator, der Peiniger, der Gefangenenwärter? Oder die Unterdrückten, die Gefangenen, die sich ihre Integrität, ihre Ideale und ihren Glauben bewahren?

Es liegt ein großer Adel in denen, die berufen sind, an den Leiden Christi teilzunehmen und die diese Berufung angenommen haben, und das vielleicht für ihr ganzes Leben. Es ist eine besondere Berufung, die man sich im allgemeinen nicht selbst wählt. Die Unterdrückten und Verfolgten sind solche Berufene, die Kranken und die Schwachen, die Behinderten und die Leidgeprüften. Sie bewältigen ihr Leid und ihren Kummer gelassen und frei, denn sie sind die Bevorzugten im Königreich Gottes.

Es gehört zum Christsein, Schweres wie Gutes aus der Hand Gottes anzunehmen. Doch wissen wir, daß, wenn das Leben hier auch schwer ist, es im kommenden Leben anders sein wird.

Das Reich Gottes ist aber auch eine äußere Wirklichkeit. Es ist ein Königtum der Gerechtigkeit, der Wahrheit, der Freiheit und Liebe, und die Kirche hofft, daß dieses Reich auch in unserer gespaltenen und sündigen Welt errichtet werden kann. Die Kirche hat die große Aufgabe, auf Einhaltung ethischer Prinzipien zu achten, die Menschenrechte zu verteidigen und den Werten des Evangeliums wachsende Geltung zu verschaffen.

Um das Reich Gottes zu verstehen und darüber zu sprechen, muß man vier Aspekte, die dieses Reich betreffen, berücksichtigen: Das Reich Gottes ist hier und jetzt gegenwärtig; es ist gleichzeitig eine zukünftige Wirklichkeit. Es lebt zuinnerst in den Herzen der Getauften; zugleich ist es eine äußere Wirklichkeit der Welt. Betont man einen Aspekt, und vernachlässigt die anderen, zeichnet man ein unvollständiges Bild des Reiches Gottes. Das kann uns in verhängnisvoller Weise in die Irre führen und ein Zerrbild von der Rolle der Kirche in der Welt vermitteln.

Anmerkungen über einzelne Pilger und ihre Aufgaben

Das pilgernde Gottesvolk setzt sich aus Menschen verschiedenster Gruppen zusammen. Jede trägt eine besondere Last an Verantwortung – Bischöfe, Priester, Ordensleute und Laien –, jede ist darum bemüht, die Welt, in der sie lebt und arbeitet, zu heiligen. Da gibt es die Pilger, die sich durch ein besonderes Kreuz, das sie tragen, auszeichnen, durch die Art und Weise, wie sie am Mysterium des Leidens Christi teilhaben. Dazu gehören die Behinderten, die Sterbenden, alle, denen Gott abverlangt, schmerzliche Einsamkeit durchzustehen, vor allem diejenigen, die von ihrem Ehepartner verlassen sind und ihre Familie auf sich selbst gestellt durchbringen müssen, oder den Tod des Ehepartners miterleben mußten. Darüber wäre viel zu schreiben. Auf den folgenden wenigen Seiten möchte ich auf besondere Gruppen eingehen, an die ich mich in den letzten Jahren gewandt habe, doch braucht jede Gruppe innerhalb der Kirche die Erfahrung der stärkenden Gegenwart Christi, die Ermutigung durch seine Lehre.

Die Familie

Die Familie ist die universale Schule des Lebens und die Schule der Liebe. Wird die Familie geschwächt, dann wird auch die ganze Lebensqualität in unserer Gesellschaft gemindert, und dem einzelnen fällt es umso schwerer, lieben zu lernen und reife und befriedigende menschliche Beziehungen aufzubauen. Die Kirche darf sich somit nicht einfach auf die christliche Ehe konzentrieren, sondern muß sich auch um die Situation der Familie in der heutigen Gesellschaft sorgen.

Wie sehen wir als katholische Christen die Ehe? Halten

wir uns an das Evangelium, um herauszufinden, was Christus über Ehe und Familie gelehrt hat, werden wir zunächst sicherlich überrascht sein, wie wenig er dazu gesagt hat. Offensichtlich akzeptierte er die Ehe und segnete sie. Das erste Wunder, das erste Zeichen, das er bei seinem öffentlichen Wirken der Welt gab, geschah, als er in Kana Gast bei einer Hochzeit war. Mehr als einmal betonte er das alte Gebot, Vater und Mutter zu ehren. Er lehrte seine Jünger, die eheliche Liebe als ein kostbares Gut anzusehen, das wert ist, gegen alles geschützt zu werden, was sie gefährdet, gegen begehrliche Gedanken ebenso wie gegen offenen Treuebruch.

Die Familie ist etwas Natürliches und Grundlegendes. Sie ist Antwort auf die Tatsache, daß wir einander brauchen. Wesentlich für die Familie ist die Liebe zwischen Mann und Frau, eine Liebe, die natürlich und grundlegend ist und dauerhaft sein muß. Obwohl es in der Kirche ein Sakrament der Ehe gibt, ist die Ehe doch keine Erfindung der Religion. Sie ist nicht den Juden und Christen vorbehalten, sondern sie ist ein allgemein menschliches Gut.

Es ist klar, daß das wichtigste Merkmal der Lehre Christi über die Ehe das Bestehen auf ihrer Unauflöslichkeit ist, auf der lebenslangen Bindung von Mann und Frau aneinander. „Was Gott verbunden hat, darf der Mensch nicht trennen." Christus wollte den Eheleuten keinen Katalog von Vorschriften auferlegen, vielmehr richtete er sein Augenmerk auf das, was er als vorgegebene Realität ansah. Er wußte, was menschliche Liebe ist und sein kann und lehrte, wie die Ehe dieser Liebe am besten Ausdruck zu geben und sie vor Zerstörung und Mißbrauch zu schützen vermag.

So betrifft die christliche Sicht der Ehe nicht nur Gläubige, sondern die Menschen allgemein, Menschen, die einander lieben und zusammen eine Familie gründen wollen. Sie betrifft auch nicht allein die christlichen Familien, sondern die Familien überhaupt. Die christliche Lehre, die die Ehescheidung ablehnt, ist nicht bloß ein moralischer Ratschlag für Gläubige, vielmehr ist sie die notwendige Grundlage für Glück und Erfüllung des Menschen in der Gesellschaft. Das christliche Verständnis der Ehe als einer lebenslangen Verbindung in Liebe zwischen Mann und Frau bringt zum Ausdruck, wonach sich Liebende im letzten sehnen. Es ist eine zutiefst bewegende Erfahrung. Die Vereinigung der Ehepartner ist, wie die ihrer Eltern und wie die überreiche Güte Gottes, von Natur aus auf Schöpfung und Fruchtbarkeit ausgerichtet. So ist nach christlicher Anschauung das Eheband vor allem wegen der Beziehungen der Ehepartner zueinander und wegen der Familie, die sie ins Leben rufen, unauflöslich.

Deswegen ist die Scheidung, die eine Ehe juristisch beendet, mit dem christlichen Verständnis von der Ehe nicht zu vereinbaren. Darin können wir keinen Kompromiß eingehen, obgleich manchmal eine Trennung unvermeidlich ist. Gelegentlich ist es auch möglich festzustellen, daß von Beginn an die notwendigen Bedingungen für einen wirklichen Vollzug der Ehe niemals gegeben waren. In diesen Fällen kann die Ehe annulliert werden. Doch das ist eine Ausnahme, keine Regel. Wie können wir den Menschen helfen, die Konsequenzen aus dieser Lehre zu akzeptieren?

Es ist bedauerlich, daß die meiste, auch pastorale Aufmerksamkeit fast nur der Ehe in der Krise gilt. Wenn wir uns ausschließlich mit der Sorge um die Kranken befassen, vergessen wir allzu leicht die Nöte der Gesunden. Das ist der schnellste Weg, die Zahl der Kranken zu vermehren. Die meisten Ehen halten und sind glücklich, aber alle Ehen könnten besser sein. Das ist zu wichtig, um es dem Zufall zu überlassen. Wir können die Paare nicht einfach nur trauen und sie dann ihrem Schicksal überlassen. Vielmehr müssen wir die Familien auf jeder Stufe ihrer

Entwicklung begleiten und unterstützen, besonders in den ersten Jahren. Wenn sich dennoch Spannungen anbahnen und die Ehe zerbricht, nimmt die Kirche ihre ureigene Aufgabe wahr, nämlich zu heilen, ohne Vorwürfe zu machen. Es kommt immer darauf an, im Grundsätzlichen fest zu bleiben, aber Mitleid mit dem einzelnen Menschen zu haben.

Papst Johannes Paul II. sagte einmal zum Thema „Ehe": „Hegt eure Familien! Schützt ihre Rechte! Unterstützt die Familie durch eure Gesetze und eure Verwaltung! Verschafft in eurer Politik der Familie Gehör! Die Zukunft eurer Gesellschaft, die Zukunft der Menschheit führt über die Familie."

Das Ideal der Mutterschaft

Frauen und Mütter, die Tag für Tag die Last der Hausarbeit tragen, sollten niemals vergessen, wie wichtig ihr Dienst ist. Nicht umsonst hat der Herr dreißig Jahre wie jeder andere in seiner Familie gelebt und nur zwei oder drei Jahre das Evangelium verkündet. Gewöhnliche Verrichtungen des Alltags haben in den Augen Gottes einen außergewöhnlichen Wert, besonders, wenn sie aus Liebe getan werden, aus Liebe zu Gott und aus Liebe zur Familie. Doch der besondere Wert ergibt sich aus der Tatsache, daß Gott Mensch wurde, daß er in Nazareth mit Maria und Joseph das Familienleben teilte und dadurch den Alltag heiligte und ihm Sinn gab.

Christliche Mütter wissen, daß sie in ihrer Familie Heilige werden können, nur vergessen sie es von Zeit zu Zeit. Alles kann zur Heiligkeit führen: das tägliche Einerlei im Büro, in der Fabrik, die Arbeit im Haus, denn Heiligkeit besteht darin, Alltägliches außergewöhnlich gut zu tun. Keine Lebensform, keine Verpflichtung kann den

Menschen vom Streben nach Heiligkeit dispensieren. Jedes Tun, und sei es das kleinste und unbedeutendste, kann Tat der Liebe sein. Eines Tages wird Gott, wenn wir unserer Berufung treu geblieben sind, zu uns sagen: „Das hast du gut gemacht, du warst ein guter und treuer Knecht", weil wir in den kleinen Dingen treu gewesen sind.

Nicht die Zeit, die in der Küche verbracht wird, um den gemeinsamen Tisch oder mit der Hausarbeit, machen das Familienleben aus, sondern die Menschen sind entscheidend. Kann es eine größere Berufung geben als die Sorge für eine Familie? Auch der Herr mußte als Mensch lernen. Wer lehrte ihn zu Beginn seines Lebens, wer gab ihm das Beispiel, das jedes Kind braucht? Wer gab ihm die Liebe und Zärtlichkeit, die einen Heranwachsenden zu einem reifen Erwachsenen werden läßt? Seine Mutter.

Mütter haben ihre Sorgen, ihre Enttäuschungen und ihren Kummer. Auch Maria stand manchmal vor schwierigen Fragen und Situationen. Sie mußte mit ihrem Sohn nach Ägypten fliehen; einmal verlor sie ihn während einer Pilgerreise. Sie sah ihn mit dem Tod ringen und sterben. Manchmal ergeht es Müttern genauso. Dann fällt es schwer, darin einen Sinn zu finden und es heißt vertrauen, immer wieder vertrauen.

Ein Schwert durchbohrte das Herz Marias wie es manchmal das Herz einer Mutter durchbohrt. Maria war ihrem Sohn vielleicht am nächsten, als sie mit ihm litt. So wird es allen Müttern ergehen. Sind sie gerufen, am Leiden Christi teilzunehmen, so sollten sie wissen, daß sie darin dem Herrn und seiner Mutter besonders nahe sind. In jedem Schmerz und Leid liegen Freude und Friede verborgen, die zu entdecken sind. Es ist das Glück, mit Christus eins zu sein.

Arbeit

Da wir einen großen Teil unseres Lebens damit verbringen zu arbeiten, ist es wichtig zu wissen, daß alle menschliche Arbeit geheiligt ist und heiligt. Sie ist durch Christus
geheiligt, der in seinem Leben viel gearbeitet hat. Sie heiligt, weil alles Gute zur Verherrlichung Gottes beiträgt.
Arbeit ist niemals eine Strafe für die Sünde. Sie gehört zur
Natur des Menschen. Ob ich im Büro, zu Hause, in der
Landwirtschaft oder in der Fabrik arbeite: meine Arbeit ist
eine Tat der Liebe. So geben wir im Alltag für Jesus nicht
nur Zeugnis, wenn wir von ihm sprechen, sondern unsere
Arbeit selbst ist Gebet. Darin liegt auch einer der Gründe,
warum Arbeitslosigkeit die Kirche so bedrückt und ihr
Sorge macht. Arbeit gehört zu unserem Menschsein. Wird
sie uns genommen, fühlen wir uns bedroht und abgewer-
tet.

Wenn wir uns ernsthaft bemühen, im Geist Christi zu
leben, werden wir mit ganzem Herzen und mit all unseren
Fähigkeiten unsere Arbeit tun. Dann werden wir auch die
Arbeit niemals nur als Mittel betrachten, um bezahlen und
gut leben zu können, sondern werden mit Recht stolz sein
können auf das, was wir tun, da wir mit unserem Werk zur
Verherrlichung Gottes beitragen.

Sich überflüssig zu fühlen, vorzeitig aus dem Berufsle-
ben ausscheiden zu müssen oder lange arbeitslos zu sein,
ist zweifellos schmerzlich und deprimierend. Viele sind
heute arbeitslos und müssen darin einen Sinn finden.
Vielleicht nähern wir uns einer Zeit, in der durch die fort-
schreitende Entwicklung der Technik die Vollbeschäfti-
gung der Vergangenheit angehört, vielleicht müssen wir
umdenken. Sollen wir weiterhin Arbeit mit bezahlter Beschäftigung gleichsetzen? Wie können wir von unserem
eigenen Wert überzeugt bleiben, wenn wir kein Gehalt
oder keinen Lohn mehr erhalten? Was können wir tun, um

die uns aufgezwungene Untätigkeit zu nutzen? Es wäre für Dauer-Arbeitslose unerträglich, wenn ihnen Außenstehende Vorschläge machen wollten, wie sie aus ihrer Situation das Beste herausholen können. Die Antworten müssen von denen kommen, die selbst betroffen und ernsthaft benachteiligt sind.

Wer Arbeit hat, sollte den Sinn seiner Tätigkeit zu begreifen suchen. Das ist natürlich leichter, wenn man mit Landwirtschaft und Gartenbau, mit lebendigen Dingen zu tun hat, bei denen man erkennen kann, daß wir mit Gott, dem Schöpfer, zusammenarbeiten. Das Land bestellen, den Boden bewässern und die Ernte einbringen gehörte schon immer in besonderer Weise zum Menschsein. Schweiß und Erschöpfung nach anstrengender körperlicher Arbeit können Folge der Sünde sein, Folge unseres gefallenen Menschseins. Die Arbeit selbst ist jedoch kein Fluch, sondern ein Segen. Sie gehört zur Würde des Menschen: sie verleiht Würde. Sie ist edel und adelt.

Denn Arbeit ist Teilnahme am Schöpfungsakt Gottes. Schöpfung ist kein einmaliges Ereignis vor vielen Millionen Jahren, sie geschieht in der Gegenwart. Wenn wir arbeiten, setzen wir die Kraft ein, die Gott uns geschenkt hat, und zwar mit dem Ziel, seine Absichten zu verwirklichen.

Die Natur hat ihre Geheimnisse, ihre eigenen Gesetze, die von einem Höheren über uns und jenseits von uns vorbestimmt sind, wenn ich es einmal ganz menschlich ausdrücken darf. Die Geheimnisse, die sich uns langsam enthüllen, sind dem Schöpfer längst bekannt. Unsere Entdeckungen sind nur Erforschungen seines Plans. Wer mit der Natur verbunden ist, wird ihr gegenüber demütig werden. Wir fangen allmählich an zu erkennen, daß unsere Umwelt und die Rohstoffquellen nicht unerschöpflich sind. Es steht uns nicht frei, die Erde mit Hilfe unserer

Technik auszubeuten. Wir müssen unser begrenztes Erbe nicht nur bewahren, sondern sollten darin die innere Gesetzmäßigkeit zu erkennen suchen. Wir sollten uns bemühen, mit den Kräften der Natur mitzuwirken und nicht die Umwelt mißbrauchen und verschmutzen. Die Menschheit paßt sich nur langsam dem Rhythmus und den Gesetzen der Natur an.

Mir ist durchaus klar, daß es bei mancher Arbeit schwer ist, sie aus gläubiger Sicht zu betrachten. Das ist sicherlich dann möglich, wenn die Arbeit uns in Kontakt mit anderen Menschen bringt, wenn wir Menschen heilen, ihnen dienen oder sie erziehen dürfen. Damit tun wir anderen Gutes. Es ist nicht allzu schwer zu versuchen, in denen, die uns begegnen, Christus zu erkennen. Arbeit für andere läßt sich leicht zu einem Dienst an ihm umwandeln.

Der weitaus größte Teil der arbeitenden Menschen ist nicht in dieser glücklichen Lage. Für viele ist die Arbeit unpersönlicher, wird sie als eintönig erfahren, als langweilig und wenig fordernd. Die meisten, die in Fabriken und Büros arbeiten, sehen selten etwas von dem fertigen Produkt und machen kaum die befriedigende Erfahrung, daß ihre Initiative und Phantasie gefragt ist. Ihnen wird ein gehöriges Maß an Glauben abverlangt, ihr Tun als Teil der fortdauernden Schöpfung Gottes zu sehen.

Selbstverständlich ist ein Bergwerk oder ein Stahlwalzwerk nicht der Ort, um die Arbeit zu unterbrechen und über ihren Sinn nachzudenken. Es ist nicht leicht, mitten im Lärm und Schweiß angestrengter körperlicher Arbeit Herz und Geist auf Gott auszurichten. Dennoch mögen sich kurze Augenblicke für ein Stoßgebet bieten. Im großen und ganzen aber kommt es darauf an, in Zeiten der Entspannung und Ruhe eine positive Haltung zur Arbeit zu entwickeln, so daß wir einen Zugang zu ihr und Verständnis für sie finden.

Auch die eintönigste und erschöpfendste Arbeit läßt

sich Gott darbringen und läßt sich heiligen. Ohne Arbeit würde unsere Wirtschaft, würden unsere Städte nicht funktionieren, hätten wir kein Zuhause, könnten wir nicht essen und uns nicht bekleiden. Der Lebensstandard würde sinken, und die Menschen kämen in Bedrängnis. Alle Arbeit ist für den Menschen da; sie hält das Leben in Gang. In diesem Sinn ist Arbeit Teil der fortdauernden Schöpfung Gottes. Wir müssen sie als ein Ganzes sehen und uns nicht entmutigen lassen, weil wir scheinbar nur eine relativ unbedeutende Rolle spielen.

Kardinal Cardijn, der große Apostel der Arbeiter, pflegte zu sagen: „Keine Arbeit – keine Messe." Das war seine Weise, die Arbeiter daran zu erinnern, daß ihre Anstrengungen das Leben ermöglichen und mithelfen, das Opfer zu bereiten, das wir in jeder Messe darbringen. Architekten konstruieren die Kirche, Steinbrucharbeiter schlagen die Steine für den Altar, Bergarbeiter bauen die Kohle ab, die die Kraftwerke mit Brennstoff zur Erzeugung von Wärme und Licht versorgen; in den Webereien wird Leinen für die Gewänder und Altartücher hergestellt; Landwirte bauen den Weizen für das Brot und die Trauben für den Wein an; die Angestellten der öffentlichen Verkehrsmittel und die Kraftfahrzeugmechaniker ermöglichen es der Gemeinde zusammenzukommen. Alle tragen auf ihre Weise dazu bei, daß wir Eucharistie feiern können. Wir bringen uns selbst, unsere Arbeit, alles, was wir haben, in die Messe ein. Wir opfern Brot und Wein – „die Früchte der menschlichen Arbeit", und wir opfern sie zusammen mit Christus, unserem Bruder. Der Vater nimmt unsere Gaben an, und Christus wird für uns gegenwärtig in den Gestalten von Brot und Wein, die wir durch unsere Arbeit bereitet haben. Das tägliche Wunder Gottes könnte sich nicht ohne die menschliche Arbeit ereignen. Keine Arbeit, keine Messe. Es ist wichtig, diesen Zusammenhang zu sehen.

Selbst wenn jemand unter den ungünstigsten Bedingungen arbeitet, hat er immer noch die Möglichkeit, an seiner Arbeit zu wachsen und sich darin selbst zu finden. Die moderne Arbeitswelt ist in mancher Hinsicht unmenschlich. Dennoch gibt sie den Menschen Gelegenheit, Solidarität zu finden und Freundschaften zu schließen. Dabei sollte jeder dem anderen entgegenkommen und helfen. Ein Lächeln, ein freundliches Wort, eine unaufdringliche Zuwendung kann Wunder bewirken.

Trotz aller Widrigkeiten kann der menschliche Geist nicht ausgelöscht werden, und die Menschenwürde wird sich letzten Endes behaupten. Für jeden Berufstätigen, der Christus nachfolgen will, ist es wichtig, über die Verwirklichung der Menschenrechte zu wachen und die Menschenwürde am Arbeitsplatz zu verteidigen. Die einen werden die Möglichkeit haben, aktiv in den Gewerkschaften mitzuarbeiten, die anderen werden sich darauf beschränken, ihre eigene Integrität und Selbstachtung zu bewahren. Doch auch das kann andere stützen und ermutigen.

Solange es Arbeit gibt, gibt es Hoffnung. Die Arbeit des einzelnen bewirkt Hoffnung, indem sie Leben ermöglicht und Wohlstand mehrt. Als Teilhabe an der fortdauernden Schöpfung Gottes hilft sie uns, erwartungsvoll in die Zukunft zu schauen. Wann immer wir beten, können wir Gott Hände entgegenhalten, die niemals leer sind.

Diener des Glaubens

Einer der bewegendsten Augenblicke bei der Wahl eines Papstes ist für mich, wenn der Neugewählte, noch als Kardinal gekleidet, die Sixtinische Kapelle verläßt, um die päpstlichen Gewänder anzulegen. Er wirkt ernst und gefaßt, die Verantwortung, die auf seine Schultern gelegt ist, scheint schwer auf ihm zu lasten. Er geht durch eine Seitentür hinaus und kommt bald in der weißen Soutane des Papstes wieder. Dieser äußeren Veränderung entspricht irgendwie eine innere Wandlung bei den Kardinälen, die ihn gewählt haben; ihre innere Einstellung gegenüber diesem Mann ist jetzt anders. Eben noch war er einer von ihnen, nun steht er als Oberhaupt der Kirche, als Stellvertreter Christi vor ihnen.

Bald danach tritt jeder Kardinal vor den Neugewählten, um ihm den Papst-Ring zu küssen und Gehorsam zu versprechen. Daraufhin ziehen Papst und Kardinäle in einer Prozession von der Sixtinischen Kapelle zum Balkon der vatikanischen Basilika, von dem der neue Oberhirte den Menschen auf dem Petersplatz zum erstenmal seinen päpstlichen Segen erteilen wird. An der Spitze der Prozession die jungen Kardinäle, gefolgt von den älteren, am Schluß der Papst. Auf dem Weg plötzlich offenstehende Fenster, zu verführerisch, als daß einige Kardinäle nicht einen raschen Blick auf die Menge draußen werfen: Menschen, so weit der Blick reicht. Dann ein Schrei des Jubels und der Freude, als der Papst zum erstenmal zu sehen ist.

In diesem Augenblick dachte ich an das Gleichnis vom guten Hirten, der die neunundneunzig Schafe zurückließ, um das eine verlorene Schaf zu suchen. Hier geschah genau das Gegenteil: die Herde rief nach ihrem Hirten, von dem 700 Millionen Katholiken und Millionen anderer Christen und Nicht-Christen in der heutigen Zeit Weisung erwarten.

Ein eindringliches Erlebnis und eine wertvolle Erinnerung; zugleich aber auch ein Fingerzeig darauf, um was es wirklich geht. Ich bin fest davon überzeugt, daß die Menschen heute Hunger leiden. Vielleicht wissen sie nicht, wonach sie hungern, doch sie haben Hunger: Hunger nach Wahrheit über das Leben insgesamt, nach Wahrheit über ihr eigenes Leben und nach dessen Sinn. Sie sehnen

sich nach einem stärkenden, tröstenden und richtungwei-
senden Wort, wollen wissen, was ihr Leben lebenswert
macht.

So gewiß wir alle auch Augenblicke des Zweifels und
der Verwirrung kennen, ist uns unser Glaube dennoch
aufs Ganze gesehen Stütze und Führung. Wie dunkel, aus-
weglos und leer wäre es ohne jeden Glauben. Die Menschen trachten nach allen möglichen Dingen, die sie aber
doch nicht wirklich glücklich machen und erfüllen. Der
Mensch unserer Zeit bleibt unzufrieden und rastlos.

Diese Gedanken führen hin zur Frage der Berufungen.
Jeder Christ hat, besonders in der heutigen Zeit, eine mis-
sionarische Berufung, den Auftrag, die Botschaft Jesu
Christi in alle Bereiche des Lebens und der Arbeit zu tragen. Diese Verantwortung wurde uns durch Taufe und
Firmung übertragen. Darüber hinaus brauchen wir dringend Männer und Frauen, die bereit sind, sich als Priester
oder als Ordensleute Gott ganz zu weihen, um so in besonderer Weise Zeugnis abzulegen und die ihnen je eigenen Dienste zu übernehmen. Wir brauchen dringend
solche Menschen. Die Zahl derer, die ihr ganzes Leben
diesem Dienst widmen, ist zurückgegangen, und diejenigen, die mitten in der Seelsorge arbeiten, sind heute im
Durchschnitt älter als früher. Die Zeit der Ernte ist näher,
als wir wissen.

Umso mehr müssen wir täglich darum beten, daß sich
junge Männer und Frauen für den Priester- bzw. den Or-
densstand entscheiden. Es gibt genug Spielraum für die
unterschiedlichsten Temperamente und Begabungen. Wir
brauchen Männer und Frauen mit Führungsqualitäten und
Großmut, die auch sonst in der Gesellschaft ihren Beitrag
leisten könnten. Jeder ist willkommen, obwohl wir besonders Begabte brauchen. Beten wir für sie, damit sie groß-
herzig auf ihre Berufung antworten können, denn ich
weiß aus Erfahrung, daß gerade die Begabten das Gefühl

haben, ein größeres Opfer bringen zu müssen. Die Verlokkung, in der Welt erfolgreich zu sein, die Aussicht, es im Leben zu etwas bringen zu können, ist groß. Man braucht Mut und Weitblick, um zu widerstehen und in den kirchlichen Dienst zu gehen. Das sind die Opfer, die man jungen Christen im Westen abverlangt. Gefahr oder konkrete Bedrängnis ist für sie damit nicht verbunden, wie es in manchen osteuropäischen Ländern und in der Dritten Welt der Fall ist. Verglichen mit vielen anderen Kirchen sind wir eher eine etwas verwöhnte und verweichlichte Kirche.

Dennoch haben wir auch ohne den Druck äußerer Verfolgung die Möglichkeit, aus einer Spiritualität und Aszese des Kreuzes zu leben. Wir müssen die Versuchung zu Konsumdenken und Materialismus durchschauen und uns auf die Beschwernisse der Pilgerschaft einstellen.

Das Priestertum

Jesus Christus ist Priester, Lehrer und Hirt. Damit ist bereits klar, welche Prioritäten für jeden Bischof und Priester zu gelten haben. Als Priester ist unsere erste Pflicht, täglich am Altar zu stehen, um der Gemeinde die Teilnahme am größten aller Ereignisse, an der Feier der Eucharistie, zu ermöglichen. Wir wissen, daß dieser Akt des Gottesdienstes nicht ohne den Priester vollzogen werden kann. Seine Rolle dabei ist grundlegend und wesentlich. Niemals ist der Priester gewissermaßen mehr er selbst, als wenn er in der Gemeinde am Altar der Eucharistiefeier vorsteht.

Als Lehrer hat er die Aufgabe, das Wort Gottes zu verkünden und auszulegen. Seine Verkündigung muß lebendig sein. Sie wird die Menschen nur insoweit erreichen, als er sie sich zuvor selbst zu eigen gemacht hat. Der Priester soll das Wort Gottes nicht nur als Wort aus der Schrift verkünden, sondern als ein Wort von Gott, das aus seinem Herzen kommt und das von seiner eigenen Gotteserfahrung erfüllt ist.

Als Hirte ist es Aufgabe des Priesters, für die ihm Anvertrauten zu sorgen und der verwundeten Menschheit auf ihrem Pilgerweg durch die vielfältigen Probleme und Schwierigkeiten des modernen Lebens zu helfen. Der Priester muß das Volk Gottes anleiten, seine Verantwortung wahrzunehmen, die darin besteht, einer säkularisierten Welt, die Gott nicht erkennt oder nicht anerkennt, das Evangelium zu bringen. Die heilende Hand, die er denen hinhalten kann, die genauso schwach und armselig sind wie er, ist die liebende Hand Christi. Die Worte des Priesters sind Worte Christi, seine Gesten sind Gesten Christi.

Das einzige Priestertum ist das Priestertum Christi, und es ist dem Priester anvertraut. Die Gläubigen sollten in ihm gleichsam das Abbild des Hohenpriesters Christus sehen. Die Hände des Priesters berühren die heiligen Gestalten, seine Lippen sprechen sein heiliges Wort aus und erklären es. Damit verbunden ist eine Würde, doch zugleich eine schwere Verantwortung und Last, die Last Christi, die süß, und sein Joch, das leicht ist. Christus gibt die Hilfe, die der Priester braucht. Darum hat dieser nie Grund, sich zu fürchten, vor den Aufgaben zurückzuschrecken oder entmutigt zu sein. Christus gibt jederzeit die Kraft.

Dennoch muß sich der Priester fragen: Habe ich das Herz eines Priesters? Bin ich mit ganzem Herzen Priester? Oder ist mein Schatz etwas anderes als mein Priestertum? Gehe ich noch mit einer gewissen inneren Ergriffenheit an den Altar, um die Messe zu zelebrieren? Oder ist das jetzt ein bißchen anders? Sehne ich mich immer noch danach, zu den Menschen von der frohen Botschaft des Evangeliums zu sprechen, oder ist sie für mich langweilig und uninteressant, und wird sie so auch für die anderen uninteressant, wenn ich darüber spreche? Liebe ich die Kranken und die Armen? Habe ich als Priester noch ein Herz für die Notleidenden? Empfinde ich noch Ehrfurcht vor dem Allerheiligsten oder hat der vertraute Umgang – oder, was schlimmer wäre: der Zweifel – meine Einstellung eingefärbt? Erfahre ich noch etwas von meiner erschreckenden Niedrigkeit und der ehrfurchtgebietenden Verantwortung, wenn ich in der Beichte sage: „Ich spreche dich los von deinen Sünden …?"

Vergib mir, Herr, mein Versagen und meine Unzulänglichkeit, aber tief in meinem Innern weiß ich, daß du mich so brauchst, wie ich bin und trotz allem. Das tröstet mich, aber ich bitte dich, gib mir das Herz eines Priesters, ein Herz, das weiß, was wahre Liebe ist, Liebe zu Gott und Liebe zu den Menschen. Hilf mir, diese Liebe in die Tat umzusetzen, in den Dienst für andere.

Priesterjubiläen

Kein Priester wird jemals ganz die Bedeutung der Vollmacht erfassen können, die ihm bei der Priesterweihe verliehen wurde. Nach fünfzig Jahren sollte ein Priester die Messe jeden Tag mit tieferer Ehrfurcht feiern. Seine Treue und seine tägliche Betrachtung sollten ihm einen Reichtum des Verstehens eröffnet haben, von dem er als junger Priester niemals zu träumen gewagt hätte. Gibt es ein größeres Privileg, als ein halbes Jahrhundert lang das Gedächtnis des Herrn gefeiert zu haben?

Kann es eine größere Aufgabe für einen Priester geben, als Woche für Woche bedrückten und gequälten Menschen zu sagen: „Ich spreche dich los im Namen des Vaters, des Sohnes und des Heiligen Geistes?" Kann es eine tiefere Befriedigung geben, als die Kranken und Sterben-

den zu trösten und sie durch das Sakrament der Kranken-
salbung zu stärken?

Das sind große Taten, doch oft bleibt uns die Wirksam-
keit dessen, was wir tun, verborgen. Darum muß der Priester ein Mann des Glaubens sein. Und das kann er nur
sein, wenn er ein Mann des Gebetes ist. Das Gebet hält
den Glauben lebendig, und durch den Glauben vertieft der
Priester seine Liebe zum Mysterium Gottes, das heißt zu
den Sakramenten.

Kein Priester kann, wenn er zurückblickt, ganz zufrieden sein, denn er erkennt, wie groß und erhaben der
Dienst ist, der ihm aufgetragen wurde. Mit zunehmendem
Alter wird er sich mehr und mehr seiner Schwachheit bewußt. Vielleicht ist es sogar eine Gnade, die eigene Schwäche und Unzulänglichkeit, wie auch die der anderen, zu
erkennen.

Treue, eine der schätzenswertesten Eigenschaften des
Menschen überhaupt, gehört wesentlich zur Nachfolge
Christi. Sie bewirkt in uns, daß wir zu ihm stehen, wenn
die Straße steinig ist, und wenn wir nicht wissen, wohin
der Weg führt. Sie hilft uns, ihm zu antworten, wenn er
uns zuruft: „Folge mir nach!" So, wie wir Glauben brauchen, um die Erhabenheit des Priestertums zu begreifen
und zu würdigen, so erfordert es Treue, um zum Herrn zu
stehen. Dieser Glaube und dieses Vertrauen geben Hoffnung, sie geben dem Priester sein ganzes Leben hindurch
die Kraft, die Menschen zu lieben und ihnen zu dienen.

Berufungen

Die Kirche hat die Verantwortung, Berufungen zu fördern, Männer und Frauen zu ermutigen, den Weg des Or-
denslebens einzuschlagen, und jungen Männern nahezu-
legen, die Möglichkeit einer Berufung zum Priestertum in

Betracht zu ziehen. Die Ausübung dieser Verantwortung liegt vor allem an zwei Stellen: bei den Eltern und den Lehrern. Sie haben als erste die Verantwortung, junge Menschen mit dem Gedanken vertraut zu machen, daß sie vielleicht von Gott zum Ordensleben oder zu einem Leben als Diözesanpriester gerufen sein könnten.

Über das Priestertum und die Berufung zum Ordensleben wäre viel zu sagen. Immer wieder wundere und freue ich mich über die wohl überraschendste aller Berufungen: über die Berufung des Levi, aus dem ein Matthäus wurde. Er war ein Zöllner, der schon von Berufs wegen die strengen Gesetze seines Volkes und seiner Religion nicht einhalten konnte. Er war ein Abtrünniger, und geldgierig dazu. Alle waren gegen ihn. Dennoch rief der Herr ihn, um dadurch zu zeigen, daß Gott in seinen Entscheidungen ganz frei ist. Er beruft nicht aufgrund von Tugend; er beruft und bildet Tugend in denen aus, die er erwählt. Die Berufung des Matthäus war von ganz besonderer Art. Sie unterstreicht die Wahrheit der Worte des Johannes-Evangeliums: „Nicht ihr habt mich erwählt, sondern ich habe euch erwählt."

Berufung ist immer eine Frage von Gottes Wahl. Dennoch ist es in der Praxis möglich, den Ruf zu überhören. Ich kenne viele Menschen, die von sich glauben, die Möglichkeit einer Berufung von sich gewiesen zu haben. „Das ist nichts für mich; ich bin dafür nicht gut genug", oder: „In meiner Familie hat es noch nie eine Berufung gegeben." Es gibt viele Gründe, warum sich Menschen gegen die Möglichkeit, daß Gott sie rufen könnte, verschließen.

In der Weiheliturgie wird der Priester als ein Mitarbeiter des Bischofs beschrieben. Ein Bischof wird bei seiner eigenen Weihe Lehrer und Hirt genannt. Priester sein heißt im engen Sinn derjenige sein, der in das sakramentale Leben der Kirche einbezogen ist. Ein Bischof muß Prophet, Priester und Hirt sein, ein Nachfolger der Apostel, der für die Gläubigen seiner Diözese und im weiteren Sinn für das Wohlergehen der Weltkirche vor Gott verantwortlich ist. Die Priester haben Anteil an der Arbeit des Bischofs, weil sie ihn in den Pfarreien vertreten und seine Mitarbeiter sind.

Den jungen Menschen muß nahegebracht werden, zu welch großem Dienst sie berufen sein könnten, was es heißt, am Altar zu stehen und den Leib und das Blut des Herrn in Händen zu halten. Wenn der Priester sagt: „Das ist mein Leib, das ist mein Blut", spricht er von einer ganz besonderen Beziehung zu Christus.

Es gibt eine tiefere Bedeutung, die dem Bild des Priesters als Diener der Sakramente, als Vermittler des göttlichen Lebens, zugrunde liegt, und die noch nicht voll erkannt worden ist. Auf seinen Pastoralreisen kommt der Heilige Vater zu den Menschen als Hirt, als Verwalter der Sakramente. Dadurch unterstreicht er deren Bedeutung für das Leben der Kirche. Die Sakramente werden ein Herzstück der Erneuerung der Kirche sein. Der Papst ist Nachfolger des Petrus. Wie Petrus stärkt er den Glauben seiner Brüder. So ist er als erster unter den Bischöfen ein Lehrer des Glaubens. Auf seinen Reisen und bei anderer Gelegenheit spricht er offen über viele Fragen, über das Familienleben, über den Frieden, über die Ökumene und über die Einheit der Kirche. Seine Worte reichen weit, Presse, Funk und Fernsehen tragen dazu bei. Es ist eine große und bisher nie gekannte Erfahrung öffentlicher Verkündigung.

Wir sollten seinen Worten Nachdruck verleihen, indem auch wir in Familie, Schule und Beruf über diese Themen sprechen und den Boden bereiten helfen, auf dem der Glaube sich vertiefen kann und neue Berufungen wachsen können.

Förderung der Berufungen

Jesus sagte: „Die Ernte ist groß, aber es gibt nur wenige Arbeiter. Bittet daher den Herrn der Ernte, Arbeiter in seine Ernte zu senden." Bei einer Berufung ist vieles wichtig: Zuerst ist sie ein Geschenk Gottes als Antwort auf das Gebet. Häufig kommt dieses Gebet von einem Menschen, den man gar nicht kennt, der vielleicht leidend und einsam ist, aber um Priester- und Ordensberufe betet.

Weiter ist zweifellos ein gutes Familienlieben entscheidend; Eltern, die sich ganz auf Gott ausrichten, die ein Beispiel gut gelebten Christentums geben, die instinktiv die Dinge im Licht des Evangeliums beurteilen, die ohne viel Aufhebens Gott nüchtern und froh dienen. In solch einer Familie aufzuwachsen, ist unersetzlich, es ist, meiner Erfahrung nach, gleichsam das erste Noviziat einer Berufung. Die erste Anleitung zum Beten wird nicht im Priesterseminar oder Noviziat gegeben, sondern zu Hause.

Der dritte wichtige Faktor für die Förderung von Berufungen ist die Schule. Nicht das, was im Religionsunterricht der einzelnen Schulklassen geschieht, übt den größten Einfluß aus, sondern das gelebte Beispiel der Lehrer. Wenn sich die Lehrer als Christen bekennen, werden sie auch den Schülern etwas von ihrem religiösen Interesse und von ihrer Begeisterung für das Evangelium vermitteln. Wenn ich wiederum aus meiner eigenen Erfahrung sprechen darf: Ich kenne Menschen, die ins Kloster gingen aufgrund einer beiläufigen Bemerkung eines Lehrers, die sie in einer ganz bestimmten Situation traf, von der der Lehrer aber gar nicht wußte, daß er sie gemacht hatte. Manchmal war es sogar der Einfluß eines nicht einmal sehr guten Lehrers. Dennoch fühlten die jungen Leute instinktiv, daß da jemand war, der in seinem Leben bestimmte Werte verkörperte.

So wichtig also Gebet, Familie und Schule als Anstoß für neue Berufungen sind, so sehr müssen wir uns zugleich bewußt sein, daß der Ruf Gottes an einen Matthäus und an eine Maria Magdalena erging – aus heiterem Himmel und gegen alle Voraussetzungen.

Ordensleben

Wir leben in einer Zeit, in der die Orden mit Gottes Hilfe neue schöpferische Kraft, vielleicht sogar Originalität unter Beweis stellen müssen. Die Zeichen der Zeit zu deuten und ihnen zu entsprechen, ist niemals leicht; die Aufgabe scheint zu groß, die Probleme sind zu zahlreich. Jeder, der einem aktiven Orden angehört, sollte innerlich gleichsam enttäuscht sein, daß er kein Leben unablässigen Gebetes führen kann. In jeder Sacré-Coeur-Schwester sollte eine verhinderte Karmelitin leben, in jedem Benediktiner ein verhinderter Karthäuser. Die Ordensleute dürfen niemals eine gewisse Sehnsucht nach Einsamkeit verlieren. Wenn sie die Sehnsucht nach der Wüste kennen, werden sie auf dem Marktplatz sicher sein*.

Ordensleute müssen treu zu ihrer Profeß stehen und sich darüber klar sein, was es heißt, Gehorsam, Armut und Jungfräulichkeit gelobt zu haben. Es ist ein radikales Leben, und wenn es ganz gelebt wird, wird es manchmal sehr schmerzhaft sein. Dennoch ist es immer eine Quelle tiefsten Glücks und für jeden Ordenschristen der Weg zur Vereinigung mit Gott.

---

* „Mit Wüste meine ich den Rückzug aus dem Betrieb und von den Leuten, um Gott zu begegnen. Mit Marktplatz jegliche Art von Einsatz im pastoralen Bereich" (Basil Hume, Gott suchen, S. 41).

Die Kranken und Behinderten

Lourdes kann uns etwas Wichtiges lehren. Im Mittelpunkt stehen dort die Kranken und Behinderten. Ihnen überläßt man überall die ersten Plätze, in der Messe wie bei den Prozessionen. Alle machen den Weg frei, wenn sie vorbeikommen.

Wir besuchen sie in den Krankenhäusern und erweisen ihnen unsere Achtung. Wir tun das, weil wir wissen, daß der Herr die Kranken und Behinderten besonders liebte. Wenn das beim Herrn so war, muß es auch bei uns so sein. Sie haben einen Platz im Plan Gottes. Wir durchschauen und verstehen diesen Plan nicht, sind oft bestürzt, wenn wir sehen, welches Leid so viele Kranke und Behinderte ertragen müssen, besonders dann, wenn es einen aus der eigenen Familie trifft. Wir müssen auf Gottes große Güte und Liebe vertrauen und dürfen dieses Vertrauen niemals aufgeben.

Die Kranken und Behinderten haben in der Kirche eine besondere Berufung. Krankheit und Behinderung sind –, geduldig und mutig im Namen Jesu Christi getragen –, genauso wertvoll wie Leiden und Tod eines Martyrers, der seinen Tod annahm, um den Glauben zu verteidigen. Für viele ist es schwerer, täglich Geduld und Mut aufzubringen, als ein für allemal Leiden und Tod anzunehmen. Eine Gemeinschaft, die ihre Alten, Kranken und Behinderten nicht ehrt, ist unzulänglich; irgend etwas fehlt. Sie muß noch etwas hinzulernen.

In gewisser Hinsicht sind wir alle behindert. Einige sind durch körperliche Gebrechen von anderen abhängig und brauchen Hilfe. Doch gibt es einen unter uns, der keine Last, keinen verborgenen Kummer, keine zermürbende Sorge und keine versteckte Angst trägt? Oder wer ist nicht mit einer Schuld beladen oder steht nicht unter irgendeinem seelischen Druck?

So sind wir alle mehr oder weniger Behinderte. Die Kranken oder Behinderten können uns, die wir vielleicht nicht körperlich, aber in anderer Hinsicht „behindert" sind, durch ihr Leben vieles lehren.

Die Geduld, der Mut, die Fröhlichkeit und die Glaubenskraft der Leidenden geben uns oft mehr, als wir ihnen zu geben vermögen.

Wir können stark und vertrauensvoll auf Gott zugehen; wir können wie der Gelähmte im Evangelium, der von Christus geheilt wurde, von der Bahre springen; aber die meisten von uns bewegen sich nur stolpernd vom Tod zum Leben. Wir straucheln auf dem Weg, erfahren die Schwerfälligkeit und Brüchigkeit in unserer Vergangenheit und in unserem Versagen. Wir begegnen wirklichem Schmerz und Leid. Jeder kennt Augenblicke der Enttäuschung und Niedergeschlagenheit. Vielleicht sind wir krank oder behindert. Vielleicht wird uns plötzlich klar, daß wir alt und ungeliebt sind. Vielleicht sind wir vereinsamt und verlassen. Vielleicht sind wir arbeitslos und verlieren darüber unser Selbstvertrauen.

In Zeiten der Niedergeschlagenheit und Ratlosigkeit wird Grübeln den Schmerz vermutlich nur mehren; beten wird dann auch unmöglich sein. In solchen Fällen hilft nur eins: sich vor das Kreuz knien oder setzen und es anschauen, das Bild des sterbenden Christus betrachten. Vielleicht wird tatsächlich von uns verlangt, mit Christus die Dunkelheit zu durchleiden, in der er am Kreuz betete: „Mein Gott, mein Gott, warum hast du mich verlassen?" Wir können nicht mehr tun, als das Kreuz anschauen, doch können wir auch nichts Besseres tun, denn auf diese Weise wird es uns sein Geheimnis preisgeben. Es wird zu uns in unserem Elend von Hoffnung und Ermutigung sprechen.

Es gibt keine vernünftige, befriedigende Erklärung für

die drückende Last des Leidens. Wir dürfen auf die Frage nach dem Warum nicht vorschnell antworten. Gott gab uns keine Antwort, sondern wies uns nur den Weg, auf dem wir sie finden können. Das Kreuz wird sie uns offenbaren, wenngleich wir sie ganz persönlich darin entdecken müssen. Sinn und Zweck des Leidens lassen sich erst dann verstehen, wenn man das Kreuz kennengelernt hat, und wenn man sich blind von Jesus aus der Verzweiflung in die Hoffnung führen läßt.

Noch so viele Worte vermögen nicht die unmittelbare Erfahrung mit Behinderten und Leidenden zu ersetzen. Bei einem meiner Besuche in einem Krankenhaus für geistig Behinderte war ich zutiefst betroffen, als ich auf eine kleine Station kam, auf der nur Jugendliche lagen. Sie alle waren von Geburt an blind, taub und gehirngeschädigt.

Man muß einen wirklichen Glaubensakt setzen, um mit dem heiligen Thomas Morus sagen zu können: „Nichts kann geschehen, was nicht im Willen Gottes liegt, und genau das wird das Beste sein."

Als ich die Station wieder verließ, konnte ich nur daran denken, daß ich diese Kranken eines Tages wiedersehen werde, und daß sie dann die Bevorzugten unter denen sein werden, die Gott liebt. Er sieht in ihnen eine Schönheit, die uns verborgen ist. Er hat mit ihnen einen Plan, den wir nicht begreifen. Diese Blindgeborenen werden eines Tages ihre Augen öffnen und zu ihrer Freude als erstes den Ganz-Schönen schauen, Gott selbst.

Herausforderung für die Jugend

„Ihr, meine lieben Freunde, seid die Kirche von heute und die Hoffnung von morgen." Diese Worte richtete Papst Johannes Paul II. während seines Besuches in England an die Jugend, die begeistert war und Beifall klatschte. Ich dachte mir damals: Was wird sein, wenn die Begeisterung und der Beifall sich gelegt haben? Werden sich diese jungen Menschen in einigen Monaten noch daran erinnern, und was werden sie damit anfangen? Wird die Begeisterung von heute schon morgen zu einem vergessenen Ideal? Diese Frage stellt sich bei Gelegenheiten wie einem Papst-Besuch oder etwa einem Heiligen Jahr. Wir jubeln uns hoch und sind dann in Gefahr, wieder in unsere alte Gleichgültigkeit zurückzufallen.

Noch an ein anderes Wort Papst Johannes Pauls II. sollten wir uns erinnern: „Das ist das Größte, was Ihr in Eurem Leben tun könnt: Der Welt Christus verkünden." Wie können wir das verwirklichen? Wie könnte das jemals einer von uns, wenn er nicht zuvor Christus kennengelernt hat und weiß, wer er ist, was er ist, was er fordert und was er uns aufträgt? Als der Papst von den vielen Möglichkeiten, bei denen wir uns engagieren können, vor allem das Mittel herausgriff, durch das wir etwas über Christus lernen können, sprach er vom Gebet und meinte: „Das Gebet ist der Weg, auf dem Ihr etwas von Christus lernen könnt. Im Gebet bekommt Ihr ein Bewußtsein Eurer Sendung." Wenn wir erst einmal mit dem Beten angefangen, wenn wir erst einmal etwas von Christus entdeckt haben, dann wollen wir auch mit anderen über ihn sprechen, wollen die frohe Botschaft weitersagen. Das ist ganz selbstverständlich; wir bekommen ein Bewußtsein für unsere Sendung.

Weiter sagte Papst Johannes Paul II., daß wir, wenn wir beten, wenn wir vom Herrn lernen, in der Lage sein werden, die Zeichen der Zeit zu verstehen, das heißt wir lernen zu erkennen, was Gott anscheinend von unserer Zeit und unserer Gesellschaft erwartet. Das läuft auf zweierlei Dinge hinaus und betrifft das, was der Papst bei seinem Besuch vielleicht am meisten betonte: Einheit der Christen und Friede. Jeder einzelne hat die Verantwortung, daran mitzuarbeiten. Immer wieder, in jeder Ansprache, erwähnte der Papst, wie wichtig es ist, Frieden zu stiften, Friede in unseren Herzen, in unseren Familien, in unserer Nachbarschaft, in unserem Land und unter den Völkern.

Die Menschen sind oft entmutigt angesichts so großer Forderungen wie der nach Einheit und Frieden, die sich nur schrittweise erfüllen lassen. Die einzelnen müssen damit beginnen, Einheit zu schaffen, Einheit in ihrer eigenen Nachbarschaft, in ihrem Freundeskreis, wo immer sie leben. Ebenso müssen sie auch für den Frieden arbeiten: an ihrem Arbeitsplatz, in ihren Familien, in ihrem eigenen Volk. Es ist leicht, sich großen Idealen zu verschreiben und dabei die Anforderungen der konkreten Situation an Ort und Stelle zu vernachlässigen. Wir sollen da anfangen, wo wir stehen.

Fünfter Teil

Die letzte Wegstrecke
des Pilgers

Der Lebensabend

„Der Wind legte sich, und es trat völlige Stille ein." Der Herr war mit seinen Jüngern zusammen in einem Boot. Da kam ein starker Sturm auf, und die Wellen schlugen ins Boot. Jesus war im Heck des Bootes und schlief. Die Jünger weckten ihn und sagten: „Meister, kümmert es dich nicht, daß wir untergehen?" Da stand er auf, drohte dem Wind und sagte zu dem See: Schweig, sei still!" Und der Wind legte sich und es trat völlige Stille ein. Dann sagte er zu ihnen: „Warum habt ihr solche Angst? Habt ihr keinen Glauben?" Da ergriff sie große Furcht.

So ergeht es uns im Leben. Wenn wir aus der Kindheit in die Welt der Erwachsenen hineinwachsen, verlassen wir den Hafen, in dem das Wasser noch ruhig ist. Dann beginnt der Kampf gegen die Stürme des Alltags, gegen die Probleme und Konflikte des Lebens. Nähert sich dann der Lebensabend, fahren wir wieder in ruhige Wasser ein, wo sich der Wind gelegt hat und wo völlige Stille herrscht. In den Jahren der Lebensmitte – auf unserem Höhepunkt – scheint es manchmal so, als schliefe der Herr, oder jedenfalls meinen wir, er kümmere sich nicht um uns und sei an uns nicht interessiert. Doch dafür gibt es freilich eine andere Erklärung. Wir haben so viel zu tun, haben so vieles im Blick, sind so beschäftigt mit unseren eigenen Vorhaben, daß wir uns nicht genug um ihn kümmern. Die Hetze des Alltags verdrängt ihn oft aus unserem Denken und Wünschen.

„Hoffnung", „Erwartung" und „Ausschau halten" sind meines Erachtens ganz zu Unrecht zu Begriffen geworden, die man nicht mehr mit dem Alter, sondern mit der Jugend in Verbindung bringt. Und dabei wären sie doch gerade für die Älteren wichtig, weil diese schon von Natur aus mehr nach Gott ausschauen. Es ist eine Ausschau nach der Erfüllung all dessen, wonach sie jemals strebten; sie sehnen sich nach höchster Liebe in der Vereinigung mit Gott. Wenn es am Ende eines gut gelebten Lebens nicht zu einer solchen Erfüllung kommt, waren die Mühen des Lebens umsonst. Eine solche Enttäuschung ist unvorstellbar. Freude und Frieden, die wir von Zeit zu Zeit in kurzen Augenblicken erfuhren, werden dann für uns zur ewigen Wirklichkeit. Ganz allein dafür sind wir geschaffen.

Alte Menschen besitzen in Gottes Vorsehung eine Art Vorrangstellung. Sie befinden sich gleichsam im „Vorzimmer" und warten auf den endgültigen Einlaß in das Reich Gottes, ein Gedanke, der Anlaß zu Friede und Freude sein sollte; jeder Tag ist ein Schritt näher zum Reich Gottes.

Zeichne ich ein zu rosiges Bild vom Lebensabend? Denn schließlich haben unsere Kräfte doch nachgelassen. Das Alter bringt Probleme, Schmerzen und Nöte, die man zu Beginn der zweiten Lebenshälfte nicht kannte. Auch in solchen Zeiten bleibt nur der Blick auf den gekreuzigten Christus. Er wird dem, was uns widerfährt, Sinn geben. Jedes Leid ist auf geheimnisvolle Weise auch ein Geschenk Gottes, das wir annehmen sollten, weil Schmerz zu reinigen und uns auf die Schau Gottes vorzubereiten vermag. Seine Liebe ist stärker als alle menschliche Liebe.

Jede geordnete Gesellschaft ehrt und achtet ihre alten Mitbürger, sorgt für sie und sichert ihr Wohlergehen. Die Alten besitzen eine einzigartige Gabe: Sie haben in der Schule des Lebens Weisheit erworben.

Die Stunde unseres Todes

Wir leben in einer sich rasch verändernden Welt. Nichts ist sicher – außer einem: wir alle müssen sterben.

Ein düsterer Gedanke. Wir erfinden alles mögliche, um den Tod zu vergessen, verwenden Begriffe, die das Endgültige und Bedrohliche des Todes mildern sollen. Wir sprechen von „hinübergehen" und „entschlafen". Und doch mahnt uns unser christlicher Instinkt, tapfer zu sein und sich dem Sinn des Todes offen und ehrlich zu stellen. Wir tun das, weil der Tod unausweichlich ist und zur rauhen Wirklichkeit unseres Lebens gehört. Immer, wenn einer unserer nächsten Angehörigen, ein Freund oder ein Arbeitskollege stirbt, werden wir daran erinnert, daß der Tod einmal jeden von uns treffen wird. Sterben kann eine sehr einsame Erfahrung sein, denn nichts isoliert den Menschen mehr als das Leid. Eines Tages werde ich sterben. Es ist gut, daran zu denken und hilft mir, darauf zu achten, wie ich lebe. Es gibt mir die rechte Perspektive. Ich weiß, daß ich nicht für immer in dieser Welt bleiben werde. Ich bin gezwungen, mir wichtige Fragen zu stellen: „Mache ich das Beste aus meinem Leben? Versuche ich immer, nach meinem Gewissen zu leben? Woran orientiere ich mich in meinem Leben? Was will ich wirklich? Was suche ich wirklich?" Ganz einfache, aber grundlegende Fragen; Fragen, die wir uns selbst stellen müssen.

Solche Gedanken wirken ernüchternd. Doch obwohl sie ihre Bedeutung haben, wäre es ganz falsch, bei ihnen stehen zu bleiben. Der Christ sieht dem Tod realistisch entgegen, aber er weiß auch, daß der Tod Durchgang ist, ein neuer Anfang, eine Erfüllung des menschlichen Lebens.

Ich kann nicht begreifen, wie jemand durch das Leben gehen kann mit der Vorstellung, daß mit dem Tod alles zu Ende ist. So zu denken ist ganz unmenschlich. Gewiß ist das Leben für die meisten Menschen nicht leicht. Es gibt Zeiten der Freude und des Glücklichseins, Zeiten, in denen alles glatt und reibungslos läuft. Doch oft genug ist das Leben auf lange Strecken hin eine Last. Freud und Leid wechseln sich ab. Wir sehnen uns danach zu leben; wir möchten, daß es weitergeht. Es drängt uns weiterzuleben, voll und ganz. Im Innersten sehnen wir uns nach Frieden, Freude und Glück, aber all das entzieht sich uns unaufhörlich. Wir können es nicht ergreifen und festhalten.

Für diese tiefe Freude und dieses Glück sind wir geschaffen. Und es wird uns eines Tages geschenkt werden. Ohne diese Aussicht würde unser Leben in einer Enttäuschung enden, bliebe es unerfüllt. Eine nicht nur schreckliche, sondern zweifellos auch unvernünftige Vorstellung!

Wir sind Menschen, die wie Pilger durch das Leben gehen auf ihr endgültiges Ziel zu. Es ist heilsam, nach vorn auf dieses Ziel zu blicken, wo wir volle Erfüllung finden werden. Diese Erfüllung muß in einer Erfahrung der Liebe bestehen, weil Liebe die größte aller menschlichen Erfahrungen ist: ganz lieben und ganz wiedergeliebt werden. In der Vereinigung mit dem, was wir am meisten lieben, werden wir ganz wir selbst.

Wir brauchen uns vor dem Tod nicht zu fürchten! Nehmen wir ihn an, ja heißen wir ihn willkommen! Durch den Tod dessen, der für uns gestorben und auferstanden ist, wurde unser Tod geheiligt.

Nach dem Tod

Ein Priester begann einmal seine Predigt bei einer Beerdigung mit den Worten: „Ich möchte jetzt über das Gericht sprechen." Die Gemeinde war bestürzt. Doch der Priester fuhr fort: „Gericht heißt: einem barmherzigen Gott meine Lebensgeschichte, die ich bisher niemals erzählen konnte, ins Ohr flüstern."

Viele von uns haben eine Geschichte, oder wenigstens teilweise eine Geschichte, über die wir niemals mit irgendjemand sprechen konnten. Die Angst, nicht verstanden zu werden, die Unfähigkeit, uns selbst zu verstehen, unser mangelndes Wissen um die in uns verborgenen Schattenseiten oder auch einfach nur Scham – das alles erschwert es vielen, über sich selbst zu sprechen. Unsere wahre Geschichte kommt nicht ins Wort, oder höchstens die Häfte davon. Es wird sehr befreiend sein, diese Geschichte offen und ohne Abstriche dem barmherzigen und mitleidenden Gott anvertrauen zu können! Dies war es ja, was sich Gott immer von uns gewünscht hat. Er wartet darauf, daß wir zu ihm heimkehren. Er nimmt uns auf als seine verlorenen Kinder, die nun reumütig und demütig sind, und umarmt uns. In seinen Armen fangen wir an, unsere Geschichte zu erzählen, und er beginnt mit dem Prozeß der Heilung und Vorbereitung, den wir Fegfeuer nennen.

Die Apostel Petrus, Jakobus und Johannes hatten die ganze Nacht gefischt und nichts gefangen. Der Herr befahl ihnen, die Netze auszuwerfen, und sie taten es. Der Fang war gut. „Als Simon Petrus das sah, fiel er Jesus zu Füßen und sagte: Geh fort von mir, Herr, ich bin ein Sünder" (Lk 5, 8).

Petrus wollte nicht von Jesus getrennt werden. Deshalb fiel er vor ihm nieder und umklammerte ihn. Zugleich erkannte er seine eigene Unwürdigkeit. Er fühlte, daß er nicht in der Gegenwart des Herrn bleiben konnte. Er wollte ihm nahe sein und fühlte doch, daß er fernbleiben sollte. Er war nicht würdig.

Vielleicht wird es uns nach dem Tod ebenso ergehen. Wir haben gelebt und gearbeitet, zuweilen waren wir erfolgreich, manchmal haben wir versagt. Und er wartete auf uns.

Jetzt sind wir bei ihm und flüstern ihm, der Mitleid mit uns hat, unsere Geschichte zu. Wir wissen, daß er versteht.

Aber wir sind noch nicht bereit, ihn zu schauen. Dazu bedarf es noch der Heilung und Läuterung. Wir werden ihn nicht eher sehen wollen, bis wir dafür bereitet sind. Wir werden das Fegefeuer willig auf uns nehmen im Wissen, daß es nur für eine vorübergehende Zeit ist. Er wartet auf uns.

Wir können uns auch weigern, zu Gott zu gehen. Es ist möglich, ihn zu verleugnen; es ist möglich, nicht ihn, sondern falsche Götter anzubeten; ja es ist sogar möglich, Gott zu hassen. Wir können uns in freier Entscheidung abwenden. Wir können selbst wählen, wir allein, in jeder Hinsicht. Und wir werden weiterleben – allein, arm, elend und leer. Das ist die Hölle.

Die Erfahrung höchster Seligkeit

Dieses Leben ist eine Zeit der Einübung, der Vorbereitung, während der wir die Kunst des Liebens lernen, die Kunst der Liebe zu Gott und zu unserem Nächsten: das Herzstück der Frohbotschaft Jesu. Manchmal gelingt uns das, manchmal hingegen nicht.

Der Tod ist der Weg, der uns zur Anschauung Gottes führt, zu dem Augenblick, da wir ihn sehen, wie er in Wahrheit ist, und da wir in der endgültigen Entscheidung für die Liebe unsere letzte Erfüllung finden.

Diese letzte Vereinigung mit dem, auf den sich unsere tiefste Liebe richtet, das Einssein mit Gott, ist der Augenblick der Seligkeit, das ewige „Jetzt" unendlichen Glücks. Darauf werden wir nur mit Staunen, Überraschung und Freude antworten können. Das wird zugleich Ausdruck unseres ewigen Lobgebetes sein. Dafür sind wir geschaffen.